2012年教育部哲学社会科学重大课题攻关项目阶段性成果
中国政法大学网络法研究中心文库17

作者简介

于志刚 男，1973年生，洛阳人。中国政法大学网络研究中心主任，教育部长江学者特聘教授。法学学士（1995年，中国人民大学）、法学硕士（1998年，中国人民大学）、法学博士（2001年，中国人民大学），2001年进入中国政法大学任教，次年破格晋升副教授。2004年至2005年赴英国牛津大学做访问学者，2005年破格晋升教授，2006年被遴选为博士生导师，同年开始兼任北京市顺义区人民检察院副检察长至今，2009年至2012年5月任研究生院副院长，2012年5月任教务处处长，2015年5月任中国政法大学副校长。2007年入选教育部新世纪优秀人才支持计划，2010年获北京市五四青年奖章，当选第11届全国青联委员，2013年受聘为最高人民法院案例指导工作专家委员会委员。

近20余年来在《中国社会科学》《法学研究》《中国法学》等刊物发表学术论文200余篇，出版《传统犯罪的网络异化研究》等个人专著12部，合著多部，主持教育部哲学社会科学重大课题攻关项目、国家科技支撑计划项目、国家社科基金项目等省部级以上科研项目近20项。曾获教育部高校优秀科研成果奖、霍英东青年教师奖、钱端升法学研究成果奖、司法部科研成果奖等科研奖励，以及宝钢优秀教师奖、北京市优秀教学成果奖等教学奖励。2010年11月，当选第六届全国十大杰出青年法学家。

田刚 男，1986年生，中国黑龙江齐齐哈尔人。法学博士，美国福特汉姆大学访问学者，中央民族大学法学院讲师。主要研究领域为犯罪实证研究和网络犯罪，近年来发表学术论文十余篇，主编著作一部，参编著作三部，主持部级课题一项，校级课题四项，参与国家、省部级课题十项。

法学格致文库
穷究法理 探求真知

丛书主编 于志刚

本书主编 田 刚

中国网络法律规则的完善思路·刑诉法卷

中国法制出版社
CHINA LEGAL PUBLISHING HOUSE

中国网络法律规则的完善思路·刑诉法卷

主　编：田　刚
副主编：董林涛
撰写人员：（以姓氏笔画为序）
　马　康　田　刚　付奇艺　柴　华　董林涛

编写说明

2012年3月14日,第十一届全国人民代表大会第五次会议作出了修改1996年《刑事诉讼法》的决定,修改后的《刑事诉讼法》已于2013年1月1日起生效。《刑事诉讼法》完善了证据制度,将证据的定义由传统的"事实说"改为"材料说",并将"电子数据"增加规定为新的证据种类。但是,《刑事诉讼法》并未明确电子数据的取证、质证、认证的具体程序性规定。为应对《刑事诉讼法》中证据制度的修改,最高人民法院、最高人民检察院、公安部分别颁布了与《刑事诉讼法》同步实施的司法解释性文件,其中对电子数据的相关内容进行了解释。然而,综观前述三机关所颁布的司法解释性文件会发现,其中关于电子数据的解释大致存在如下几个方面的问题:首先,遗漏与电子数据有关的重要内容;其次,简单照搬《刑事诉讼法》的条文表述;再次,设计过于抽象、概括的解释条文,从而导致司法实践中可操作性虚无。

从司法实践的角度考量,计算机网络技术等现代科学技术的飞速发展,给传统刑事司法带来了两个方面的挑战:首先,以危害计算机系统安全的犯罪和通过信息网络系统实施的犯罪为代表的网络犯罪日益泛滥,要求侦查机关的侦查从"物理空间"走向"虚拟空间";其次,网络犯罪案件,甚至普通刑事案件中大量出现电子数据,要求公安司法机关必须对电子数据作出适当的处理,发挥其本身所具有的证明案件事实的巨大而独特的作用。刑事司法实践应对挑战、化解法律适用危机的前提则是《刑事诉讼法》及相关司法解释性文件必须设置完善的电子数据取证、质证、认证规范，以保证"有法可依"。显然，《刑事诉讼法》及三机关的司法解释性文件并未成功完成前述任务。诚然，1996年《刑事诉讼法》实施期间，公安司法机关已颁布了较多的有关电子数据（电子证据）的规范性文件，然而《刑事诉讼法》实施后，这些规范性文件面临着修改和整合的问题，有些具体条文已经不再适合当下刑事司法实践的需要，同时，司法实践中出现的新问题，需要明确法律依据。为解决以上问题，在近期再次修改《刑事诉讼法》不太可能的现实情境下，设立新的司法解释无疑是最现实、最可行的方式。

2013年8月，中央政法委出台的《关于切实防止冤假错案的规定》明确要求"坚持证据裁判原则"。所谓证据裁判原则，是指依据证据认定案件事实的原则，亦即必须依据经过法定的正式的证据调查程序后具有证据能力的证据来认定案件事实。从理论层面分析，证据裁判原则贯穿整个刑事诉讼全过程，不仅要求侦查机关依照法定程序收集、获取证据，更要求据以认定案件事实的证据必须是经过正式法庭调查所认定的证据。为此，本书所起草的司法解释草案，均是在证据裁判原则指导下，严格遵守《刑事诉讼法》及司法解释的规定，针对司法实践中亟待明确的与电子数据取证、质证、审查判断有关的相关问题所作出的规定，以期为刑事司法实践提供具体、可操作的规程指引。由此，本书努力兼顾刑事诉讼法学理论，证据理论和司法实践的现实，力图使相关条文既有扎实的理论基础，又能反映与解决司法实践中的热点、难点问题。

本书对当前网络犯罪引发的司法困境和立法缺陷进行了全面的审视，对于重点领域提出了可行性的司法完善思路，能够迅速地提升司法实践中网络犯罪的预防和制裁效果，并在此基础上提出了未来刑事诉讼法完善的整体思路。本书内容共分为五章，第一章为网络犯罪案件调查取证领域的司法完善，提出了司法解释建议稿《关于办理网络犯罪案件调查取证若干问题的规定（草案）》；第二章为技术侦查措施领域的司法完善，提出了司法解释建议稿《关于技术侦查措施具体应用法律若干问题的解释（草案）》；第三章为刑事诉讼审查判断电子数据领域的司法完善，提出了司法解释建议稿《关于办理刑事案件审查判断电子数据若干问题的解释（草案）》；第四章为刑事诉讼电子数据鉴定领域的司法完善，提出了司法解释建议稿《关于办理刑事案件电子数据鉴定规则（草案）》，第五章为网络犯罪刑事诉讼法的立法完善，提出了《刑事诉讼法修正案（草案）》。本书第一至四章中，每章又分为三个部分，分别为草案条文、草案条文的说明和理由、草案所要解决的主要问题的实证案例分析，以期理论研究与司法实践相结合。第五章为对《刑事诉讼法》相关条文进行修改的建议稿，按照《刑事诉讼法》现有条文顺序排列。

本书由田刚博士（中央民族大学法学院讲师）担任主编。在研究分工和撰写执笔上，本书由主编确定本书的整体思路和主要结构体例，并负责最后的修订和统稿，撰写人员包括（以姓氏笔画为序）：马康（中国政法大学刑事司法学院博士研究生）、田刚（中央民族大学法学院讲师）、付奇艺（中国政法大学刑事司法学院博士研究生）、柴华（中国政法大学刑事司法学院硕士研究生）、董林涛（中国政法大学刑事司法学院博士研究生）。在本书的编写过程中，董林涛博士承担了大量的编务工作，并负责了初稿的审读、修改，保证了本书的顺利出版，在此深表谢意。

虚拟性和技术性是网络犯罪的两大基本特征，面对信息时代的网络犯罪浪潮，很多情况下并非是犯罪的本质属性发生了变化，而是网络犯罪借助于网络技术和信息技术，将犯罪转移到虚拟的网络空间，犯罪的痕迹亦随之"数字化"，导致司法机关在认定、制裁犯罪时无所适从，客观上放纵了网络犯罪。网络犯罪对于刑事法律体系的冲击是全面性的，实体法和程序法都必须以全新视角审视自身，当前，我们最为迫切需要的不是理论而是行之有效的司法对策和立法对策，这亦是本书编写的初衷。

我们正站在网络法时代更新的大门口，网络法律体系法律规则的建构是一个庞大又紧迫的课题,这不仅关系到中国法律的现代化进程,更关系到中国法律能否在时隔千年之后重新回到世界的前列。在这个变革的时代,从复杂多变的司法实践中,寻找问题的法律本质,回应司法、立法的困惑是每一个法律人的使命。本书编写组不敢妄谈本书之价值,但希望本书的出版能够引发更多的理论关注和实践回应,因此,本书真诚地期待学术界和法律实务界同仁的共同思考、批评指正。

　　本书系中国网络法律规则完善思路丛书的刑事诉讼法卷部分,丛书的初步设想是分为民商法卷、行政法卷、刑法卷和刑事诉讼法卷四本,以后视情况将会续加其他类别。本套丛书系教育部哲学社会科学重大课题攻关项目"信息时代网络法律体系的整体建构研究"的阶段性成果,同时亦是中国政法大学网络法研究中心文库的一部分。本书的出版,受到中国法制出版社的大力支持,尤其是刘峰、孙璐璐编辑从中做了大量的工作,在此深表谢忱!

目 录

第一章　网络犯罪案件调查取证领域的司法完善 ················· 1

　　第一节　《关于办理网络犯罪案件调查取证若干问题的
　　　　　　规定（草案）》 ··· 1
　　第二节　《关于办理网络犯罪案件调查取证若干问题的
　　　　　　规定（草案）》草拟说明及理由 ························ 4
　　第三节　《关于办理网络犯罪案件调查取证若干问题的
　　　　　　规定（草案）》实证案例分析 ·························· 35

第二章　技术侦查措施领域的司法完善 ································ 44

　　第一节　《关于技术侦查措施具体应用法律若干问题的
　　　　　　解释（草案）》 ··· 44
　　第二节　《关于技术侦查措施具体应用法律若干问题的
　　　　　　解释（草案）》草拟说明及理由 ······················ 46
　　第三节　《关于技术侦查措施具体应用法律若干问题的
　　　　　　解释（草案）》实证案例分析 ·························· 70

第三章　刑事诉讼审查判断电子数据领域的司法完善 ············ 85

　　第一节　《关于办理刑事案件审查判断电子数据若干
　　　　　　问题的解释（草案）》 ····································· 85
　　第二节　《关于办理刑事案件审查判断电子数据若干
　　　　　　问题的解释（草案）》草拟说明及理由 ············· 88

第三节 《关于办理刑事案件审查判断电子数据若干问题的解释（草案）》实证案例分析 …………… 137

第四章 刑事诉讼电子数据鉴定领域的司法完善 …………… 164

第一节 《关于办理刑事案件电子数据鉴定规则（草案）》 …………… 164

第二节 《关于办理刑事案件电子数据鉴定规则（草案）》草拟说明及理由 …………… 168

第三节 《关于办理刑事案件电子数据鉴定规则（草案）》实证案例分析 …………… 194

第五章 刑事诉讼法的未来立法完善 …………… 205

第一节 电子数据规则的立法完善 …………… 205

第二节 侦查人员勘验、检查、搜查规则的立法完善 …………… 209

第三节 检析规则的立法完善 …………… 212

第四节 技术侦查规则的立法完善 …………… 214

第一章　网络犯罪案件调查取证领域的司法完善

第一节　《关于办理网络犯罪案件调查取证若干问题的规定（草案）》

第一条　为解决近年来公安机关、人民检察院、人民法院在办理网络犯罪案件收集电子数据时遇到的新情况、新问题，依法惩治网络犯罪活动，根据《中华人民共和国刑法》《中华人民共和国刑事诉讼法》及有关司法解释的规定，结合侦查实践，制定本规定。

第二条　除有特殊规定，本规定适用于以下案件：

（一）危害计算机信息系统安全的犯罪案件；

（二）通过信息系统和网络实施的犯罪案件；

（三）其他涉及电子数据收集的犯罪案件。

第三条　侦查人员调查取证时应当严格遵守法定程序，及时、全面、客观地调查、收集证据，不得对公民的合法权利造成不必要的损害。

第四条　侦查人员应当收集能够证明案件真实情况的事实信息、证明事实信息客观真实的鉴证信息以及承载上述信息的存储介质和电子设备。

第五条　收集、提取电子数据，应当由二名以上具备相关专业知识的侦查人员进行。取证设备和过程应当符合相关技术标准，并保证所收集、提取的电子数据完整、真实。

第六条 收集、提取电子数据，能够获取原始存储介质的，应当封存原始存储介质。具有下列情形之一，无法获取原始存储介质的，可以提取电子数据：

（一）原始存储介质不便封存的；

（二）提取计算机内存存储的数据、网络传输的数据等不是存储在存储介质上的电子数据的；

（三）原始存储介质位于境外的；

（四）其他无法获取原始存储介质的情形。

第七条 收集、提取电子数据应当制作笔录，记录案由、对象、内容，原始存储介质的封存状态或者不能获取原始存储介质的原因、原始存储介质的存放地点等情况，收集、提取电子数据的时间、地点、方法、过程，电子数据的清单、规格、类别、文件格式、完整性校验值等。笔录应当由侦查人员、电子数据持有人、提供人签名或者盖章，持有人、提供人无法签名或者拒绝签名的，应当在笔录中注明，由见证人签名或者盖章。

通过数据恢复、破解等方式获取被删除、隐藏或者加密的电子数据的，应当对恢复、破解过程和方法作出说明。

必要时，侦查人员应当对相关活动进行录像。

第八条 侦查人员对于与网络犯罪有关的信息系统应当进行勘验。在必要的时候，可以聘请其他具有专门知识的人，在侦查人员的主持下进行勘验。

第九条 侦查人员进行勘验时，应当固定、封存和收集电子数据，除非特殊情况，一般不得进行在线分析：

（一）不实施在线分析可能会导致电子证据灭失、变异的；

（二）不能关闭或扣押电子设备的；

（三）其他不进行在线分析可能会造成严重后果的情形。

在线分析是指在现场不关闭电子设备的情况下直接分析和提取电子设备中的数据。在线分析不能损害电子数据的完整性和真实性。

第十条 为了收集犯罪证据、查获犯罪人，经过批准，侦查人员可以对可能隐藏犯罪证据的信息系统进行搜查。必要的时候，可以聘请具有专门知识的人参加。

第十一条 侦查人员进行搜查，应当取得搜查证。在执行逮捕、拘留的时候，遇有下列紧急情况之一，不另用搜查证也可以进行搜查：

（一）可能隐匿、毁弃、转移电子证据的；

（二）信息系统持有人或保管人同意的；

（三）其他紧急情况。

搜查结束后，搜查人员应当在二十四小时内向检察长或者县级以上公安机关负责人报告，及时补办有关手续。

第十二条 在侦查活动中发现的可用以证明犯罪嫌疑人有罪或者无罪的电子数据、存储媒介和电子设备，应当查封、扣押；但与案件无关的电子证据、存储媒介和电子设备，不得查封、扣押。

持有人拒绝交出应当扣押的电子数据、存储媒介和电子设备的，侦查机关可以强制查封、扣押。

第十三条 侦查人员可以凭证明文件命令有关单位和个人提供其所控制的与案件有关的电子数据，命令网络服务提供者提供其控制范围内的与网络服务相关的用户数据。有关单位、个人应当对侦查人员调取电子数据的活动进行保密，违反保密义务的，应当承担法律责任。

第十四条 侦查机关办理案件，需要向本辖区以外的有关单位和个人调取电子数据的，办案人员应当携带工作证、证明文件和有关法律文书，与当地侦查机关联系，当地侦查机关应当予以协助。

必要时，可以向电子数据所在地的侦查机关发送办案协作函和相关法律文书请求代为调取电子数据。调取证据的函件应当注明取证对象的具体内容和确切地址。协作地的侦查机关经审查确认，在传来的法律文书上加盖本地侦查机关印章后，可以代为调查取证。

第十五条 对于符合刑事诉讼法第 148 条规定的犯罪类型的网络犯罪，侦查人员可以适用技术措施收集或者记录计算机系统传输的特定通信的实时往来数据和内容数据。

侦查人员可以命令网络服务提供者在技术范围内通过技术手段收集、记录或者协助侦查机关收集、记录计算机系统传输的特定通信的实时往来数据和内容数据。相关网络服务提供者应当保守秘密，违反保密义务的，应当承担法律责任。

第十六条　人民法院调查核实电子数据，进行勘验、查封、扣押、检析等活动时应当遵守本解释的相关规定。

第二节　《关于办理网络犯罪案件调查取证若干问题的规定（草案）》草拟说明及理由

第一条　制定解释的依据

为解决近年来公安机关、人民检察院、人民法院在办理网络犯罪案件收集电子数据时遇到的新情况、新问题，依法惩治网络犯罪活动，根据《中华人民共和国刑法》《中华人民共和国刑事诉讼法》及有关司法解释的规定，结合侦查实践，制定本规定。

● 说明及理由

中国计算机网络技术随着改革开放而迅猛发展起来。我国投入大量资金建设互联网基础设施。经过努力，截至2009年，"中国99.3%的乡镇和91.5%的行政村接通了互联网，96.0%的乡镇接通了宽带。"[1] 随着互联网基础设施的建设和完善，互联网也得到了较广的普及和应用。中国互联网络信息中心发布的《第33次中国互联网络发展状况统计报告》显示，截至2013年12月，中国网民规模达6.18亿，互联网普及率为45.8%。[2] 互联网深刻地改变了人类的生活方式

---

[1] 参见《中国互联网状况》，http://news.xinhuanet.com/politics/2010-06/08/c_12195221.htm，访问日期2014年8月5日。

[2] 参见《第33次中国互联网络发展状况统计报告》，http://chanye.07073.com/shuju/776968.html，访问日期2014年8月5日。

和行为方式,给人们的生活带来了极大便利,也促进了社会的巨大进步。与此同时,互联网的发展也不可避免地引发了网络犯罪的泛滥,侵害人们人身权利、财产权利,危害社会稳定甚至国家安全。网络犯罪包括危害计算机系统安全的犯罪,如非法侵入计算机系统罪、非法获取计算机数据罪;利用信息网络系统实施的犯罪,如网络诽谤、盗窃、诈骗等犯罪案件。"近年来,网络犯罪案件的发案数以30%的速度逐年递增,2012年全国公安机关累计查办各类网络犯罪案件11.8万件,抓获犯罪嫌疑人21.6万人。"[1] 根据赛门铁克诺顿公司发布的诺顿安全报告,2011年7月至2012年7月,中国估计有超过2.57亿人成为网络犯罪受害者,直接经济损失达人民币2890亿元。[2] 由此可见,网络犯罪呈高发状态,且增长迅速,受害人数众多,经济损失巨大。

为了应对迅猛蔓延的网络犯罪,我国不断修改完善网络犯罪的相关实体立法。1997年对1979年《刑法》进行修订时增设非法侵入计算机信息系统罪和破坏计算机信息系统罪,并在《刑法》第287条规定:"利用计算机实施金融诈骗、盗窃、贪污、挪用公款、窃取国家秘密或者其他犯罪的,依照本法有关规定定罪处罚。"2000年12月28日全国人大会常委会颁布的《关于维护互联网安全的决定》明确了针对互联网或者利用、通过互联网实施的行为构成犯罪的多种情形。2009年3月1日生效的《刑法修正案(七)》根据前述情形增设了三个新的罪名,即非法获取计算机数据罪,非法控制计算机信息、系统罪和为非法侵入、控制计算机信息系统非法提供程序、工具罪。除了不断更新刑事实体立法,有关网络犯罪的实体司法解释也层出不穷,多达十余个,如最高人民法院、最高人民检察院《关于办理利用互联网、移动通讯终端、声讯台制作、复制、出版、贩卖、传播淫秽电子信息刑事案件具体应用法律若干问题的解释(一)》,最高人民法

---

[1] 参见《2012年中国互联网违法犯罪问题年度报告》,http://www.cpd.com.cn/attachment/2012baogao.pdf,访问日期2014年8月5日。

[2] 参见《诺顿网络安全报告:网络犯罪致中国年损失2890亿元》,http://news.xinhuanet.com/legal/2012-09/12/c_113056800.htm,访问日期2014年8月5日。

院、最高人民检察院《关于办理利用互联网、移动通讯终端、声讯台制作、复制、出版、贩卖、传播淫秽电子信息刑事案件具体应用法律若干问题的解释（二）》《关于办理网络赌博犯罪案件适用法律若干问题的意见》，最高人民法院、最高人民检察院《关于办理危害计算机信息系统安全刑事案件应用法律若干问题的解释》，最高人民法院、最高人民检察院《关于办理利用信息网络实施诽谤等刑事案件适用法律若干问题的解释》等。

　　反观我国网络犯罪的刑事程序立法和解释，在很长一段时间都停滞不前，基本上没有什么发展。刑事诉讼法修正之前，最高人民检察院《人民检察院刑事诉讼规则（试行）》（2012年发布）（以下简称最高人民检察院《规则》），公安部《公安机关办理刑事案件程序规定》（2012年发布）（以下简称公安部《规定》），最高人民检察院《关于检察机关侦查工作贯彻刑诉法若干问题的意见》《计算机犯罪现场勘验与电子证据检查规则》（2005年颁布），最高人民法院、最高人民检察院、公安部（以下简称"两院一部"）《关于办理网络赌博犯罪案件适用法律若干问题的意见》中虽然对网络犯罪的刑事侦查程序有所规定，但是非常零散。《刑事诉讼法》第48条增加"电子数据"作为证据的种类之一，在第二编第二章"侦查"中增加技术侦查措施一节，至此立法才对网络犯罪有所规定。这标志着立法首次对网络犯罪进行了正面回应。但是，只是粗线条地规定了通过侦查措施调查、收集电子数据的程序，对勘验、搜查、扣押以获取电子数据的程序则没有规定，不够全面和完善。最高人民检察院《规则》基本延续之前关于电子数据调查取证的规定，没有突破和进步。公安部《规定》对电子数据的调查取证则几乎没有规定。2014年5月4日颁布的两院一部《关于办理网络犯罪案件适用刑事诉讼程序若干问题的意见》对网络犯罪案件的范围、管辖、初查、跨地域取证、电子数据的取证与审查等做了规定，一定程度上弥补了网络犯罪调查取证程序的立法和解释不完整的缺陷。然而，对于网络犯罪的勘验、搜查、扣押、电子数据的提交和实时截获等问题依然没有涉及。因此，有必要起草一个新的司法解释以整合刑事诉讼法和相关司法解释，完善关于办理网络犯罪调查取证程序，以更好地惩治网络犯罪，保护人民的合法权利。

第二条　本《规定（草案）》的适用范围

除有特殊规定，本规定适用于以下案件：

（一）危害计算机信息系统安全的犯罪案件；

（二）通过信息系统和网络实施的犯罪案件；

（三）其他涉及电子数据收集的犯罪案件。

● **说明及理由**

本条是对本《规定（草案）》的适用范围的界定，其实也是对网络犯罪的外延范围进行划定。两院一部《关于办理网络犯罪案件适用刑事诉讼程序若干问题的意见》第1条规定了网络犯罪案件的范围，包括：（1）危害计算机信息系统安全犯罪案件；（2）通过危害计算机信息系统安全实施的盗窃、诈骗、敲诈勒索等犯罪案件；（3）在网络上发布信息或者设立主要用于实施犯罪活动的网站、通讯群组，针对或者组织、教唆、帮助不特定多数人实施的犯罪案件；（4）主要犯罪行为在网络上实施的其他案件。其中第二、三、四种情形可以概括为利用信息系统和网络实施的犯罪案件。据此，网络犯罪包括危害计算机信息系统安全的犯罪案件和利用信息系统和网络实施的犯罪案件这两类案件。上述规定一方面不够简明扼要，后面三种情形其实都属于利用信息系统和网络实施的犯罪案件的情形；另一方面忽视了"其他涉及电子数据收集的犯罪案件"的情形，不够全面。欧洲理事会《网络犯罪公约》)[①] 第14条第2款规定："除第21条的特别规定外，缔约方应实行本条第1款规定的权利和程序。a.《公约》第2条至第

---

① 本文所引用欧洲理事会《网络犯罪公约》的中文版为武汉大学皮勇教授所译，参见皮勇：《刑事诉讼中的电子证据规则研究》，中国人民公安大学出版社2005年版，第286~307页。

11条规定的犯罪；① b. 其他通过计算机系统实施的犯罪；c. 电子形式的犯罪证据的收集。"欧洲理事会《网络犯罪公约》规定的前两种情形其实就是危害计算机信息系统安全的犯罪案件和通过计算机信息系统实施的犯罪案件这两类案件。但是这一规定也存在一个缺憾，即"b. 其他通过计算机系统实施的犯罪"过于狭窄，没有涵盖广播电视网络、固定通信网络和移动通信网络。为了尽量扩大欧洲理事会《网络犯罪公约》的适用范围，使其得到更广泛的实行，增加了"c. 电子形式的犯罪证据的收集"作为兜底条款以囊括可能疏漏的犯罪案件。因此，本条出于这样的考虑而借鉴了前述的做法，即将"其他涉及电子数据收集的犯罪案件"作为本《规定（草案）》前两种适用范围的一个有益补充。有鉴于此，本条将本《规定（草案）》的适用范围规定为：（一）危害计算机信息系统安全的犯罪案件；（二）通过信息系统和网络实施的犯罪案件；（三）其他涉及电子数据收集的犯罪案件。

为了便于理解，有必要对一些术语的概念和相关问题进行简要说明。首先，计算机系统的概念。根据最高人民法院、最高人民检察院《关于办理利用信息网络实施诽谤等刑事案件适用法律若干问题的解释》第11条的规定，"计算机信息系统"是指具备自动处理数据功能的系统，包括计算机、网络设备、通信设备、自动化控制设备等。其次，信息系统和网络的概念。最高人民法院、最高人民检察院《关于办理利用信息网络实施诽谤等刑事案件适用法律若干问题的解释》第10条规定，"本解释所称信息网络，包括以计算机、电视机、固定电话机、移动电话机等电子设备为终端的计算机互联网、广播电视网、固定通信网、移动通信网等信息网络，以及向公众开放的局域网络。"结合上述规定，本起草小组认为，信息系统和网络是指具备自动处理

---

① 《公约》第2条至第11条规定的犯罪，包含非法入侵犯罪、非法拦截犯罪、数据干扰犯罪、系统干扰犯罪、设备滥用犯罪、计算机相关的伪造犯罪、计算机相关的诈骗犯罪、与儿童色情相关的犯罪、与侵犯著作权及相关权利有关的犯罪和帮助、教唆上述犯罪的犯罪。

数据功能的系统和以此为终端的信息网络。本《规定（草案）》所称信息系统和网络主要是指计算机信息系统、移动电话信息系统等信息系统和计算机互联网、移动通信网等信息网络。再次，"其他涉及电子数据收集的犯罪案件"主要是指作案人并没有危害计算机信息系统安全，也没有通过计算机信息系统和网络实施犯罪的犯罪案件，也就是说行为人的犯罪行为并非在网络上实施，但是却在网络上进行了预备行为和非犯罪行为等，如在网上购买毒鼠强，杀人后在网上查询逃匿地点的交通、住房信息等。虽然，这并不属于网络犯罪案件，但是与网络犯罪案件一样涉及电子数据的收集，因此，网络犯罪的电子数据调查、收集程序同样适用于"其他涉及电子数据收集的犯罪案件"。为了扩大本《规定（草案）》的适用范围，增强侦查机关破案和调查取证的能力，本条借鉴欧洲理事会《网络犯罪公约》作此补充规定。复次，本《规定（草案）》，包括本条规定的第三种适用范围采用"电子数据"而非"电子证据"的措辞，原因主要在于：第一，沿袭《刑事诉讼法》第48条"电子数据"的规定；第二，《刑事诉讼法》第48条除了"物证""书证"，其他六种证据并未在后面冠以"证据"二字或"证"字；第三，根据《刑事诉讼法》第48条的规定，证据是可以用于证明案件事实的材料。《刑事诉讼法》抛弃了以往的"证据事实说"，转而投向"证据材料说"的怀抱。而"电子数据"的提法更能呼应"证据材料说"。最后，有关特殊规定的问题。欧洲理事会《网络犯罪公约》的第14条规定的一个程序适用范围的例外是第21条有关内容数据的截获的特别规定。第21条的规定并非满足第14条规定的程序适用范围就能适用，还需是国内法规定的严重犯罪才能适用。因此，本条的适用范围也存在例外情况，并非所有的电子调查取证措施满足了本条规定就能适用，有些电子证据调查措施只适用于某些严重犯罪，如本《规定（草案）》第15条规定的数据的实时截获。

第三条　取证的主体与原则

侦查人员调查取证时应当严格遵守法定程序，及时、全面、客观地调查、收集证据，不得对公民的合法权利造成不必要的损害。

● **说明及理由**

本条是关于网络犯罪取证主体和取证原则的规定。在刑事诉讼程序中，证据收集的主体包括公安机关、检察机关、人民法院和辩护人。《刑事诉讼法》第 50 条规定，"审判人员、检察人员、侦查人员必须依照法定程序，收集能够证实犯罪嫌疑人、被告人有罪或者无罪、犯罪情节轻重的各种证据。"第 52 条规定，"人民法院、人民检察院和公安机关有权向有关单位和个人收集、调取证据。有关单位和个人应当如实提供证据。"《刑事诉讼法》第二编第二章"侦查"规定的主要是侦查机关调查取证的程序。第 191 条规定："法庭审理过程中，合议庭对证据有疑问的，可以宣布休庭，对证据进行调查核实。人民法院调查核实证据，可以进行勘验、检查、查封、扣押、鉴定和查询、冻结。"由于人民法院的主要功能在于审判，对于证据主要在于审查判断，调查核实证据只是辅助、补充的司法活动，调查取证的任务主要由行使侦查权的公安机关、人民检察院行使。因此，本条为了用语的简便，采用了"侦查机关"的措辞。另外，侦查机关收集电子数据的措施和程序同样适用于法庭对电子数据的调查核实，这也为后面的条文所规定。《刑事诉讼法》第 41 条规定了辩护律师的调查取证权。从法理上来说，当事人和诉讼代理人也应享有调查取证权，事实上在行政诉讼和民事诉讼中当事人和诉讼代理人就依法享有调查取证权。《民事诉讼法》第 49 条规定，"当事人有权委托代理人，提出回避申请，收集、提供证据，进行辩论，请求调解，提起上诉，申请执行。"《民事诉讼法》第 64 条规定，"当事人对自己提出的主张，有责任提供证据。"《行政诉讼法》第 34 条规定，"人民法院有权要求当事人提供或者补充证据。"《民事诉讼法》第 61 条规定，

"代理诉讼的律师和其他诉讼代理人有权调查收集证据,可以查阅本案有关材料。查阅本案有关材料的范围和办法由最高人民法院规定。"《行政诉讼法》第32条规定,"代理诉讼的律师,有权按照规定查阅、复制本案有关材料、有权向有关组织和公民调查、收集与本案有关的证据。对涉及国家秘密、商业秘密和个人隐私的材料应当依照法律规定保密。"最高人民法院《关于适用中华人民共和国刑事诉讼法的解释》(以下简称最高人民法院《解释》)和最高人民检察院《规则》也规定了诉讼代理人的调查取证权。最高人民法院《解释》第57条第2款规定:"律师担任诉讼代理人,需要收集、调取与本案有关的证据材料的,参照适用本解释第五十一条至第五十三条的规定。"最高人民检察院《规则》第56条第2款规定:"律师担任诉讼代理人,需要申请人民检察院收集、调取证据的,参照本规则第五十二条的规定办理。"但是《刑事诉讼法》并未赋予诉讼代理人和当事人以调查取证权。而且,本《规定(草案)》的主要目的在于规范公安司法机关收集电子数据的行为,以防其违反法定程序,侵害公民的合法权利。因此,本《规定(草案)》严格遵照法律的规定也没有规定诉讼代理人和当事人的调查取证权。《刑事诉讼法》第52条第2款规定,"行政机关在行政执法和查办案件过程中收集的物证、书证、视听资料、电子数据等证据材料,在刑事诉讼中可以作为证据使用。"但是此条只是规定了行政机关在行政执法和查办案件过程中收集的证据材料与刑事诉讼证据的转化问题,并不意味着行政机关在刑事诉讼中有调查取证权。本《规定(草案)》旨在规范拥有公权力的国家机关的调查取证活动,因此,本《规定(草案)》规定网络犯罪调查取证的主体是公安机关、检察机关和人民法院。

  公安司法人员进行网络犯罪调查取证应当遵循合法性原则,及时、全面、客观原则和利益衡量原则。合法性原则是指公安司法人员必须依照法定程序调查取证。《刑事诉讼法》第50条规定,审判人员、检察人员、侦查人员必须依照法定程序,收集……各种证据。最高人民法院《解释》第62条规定:"审判人员应当依照法定程序收集、审查、核实、认定证据。"公安部《规定》第57条规定,"公安机关必须依照法定程序,收集能够证实犯罪嫌疑人有罪或者无罪、犯罪情节轻重的各种证据。"两院三部《关于办理死刑案件审查判断证据若干问题的规定》(以下简称《办理死刑案件证据规定》)第3条保留了合法性原则,"侦查人员、检察人员、审判人员应当严格遵守法定程序,全面、客观地收集、审查、核实和认定证据。"合法性是证据的基本属性之一,如果公安司法人员不遵守法定的调查取证程序,那么证据很有可能因为合法性问题而被排除。《刑事诉讼法》第54条规定,"收集物证、书证不符合法定程序,可能严重影响司法公正的,应当予以补正或者作出合理解释;不能补正或者作出合理解释的,对该证据应当予以排除。"最高人民法院《解释》第95条规定,"认定刑事诉讼法第五十四条规定的'可能严重影响司法公正',应当综合考虑收集物证、书证违反法定程序以及所造成后果的严重程度等情况。"最高人民检察院《规则》第66条第一款规定,"收集物证、书证不符合法定程序,可能严重影响司法公正的,人民检察院应当及时要求侦查机关补正或者作出书面解释;不能补正或者无法作出合理解释的,对该证据应当予以排除。"公安部《规定》第67条第二款规定,"收集物证、书证违反法定程序,可能严重影响司法公正的,应当予以补正或者作出合理解释;不能补正或者作出合理解释的,对该证据应当予以排除。"合法性原则也是尊重和保障人权的要求。2004年修改宪法时就规定"国家尊重和保障人权",2012年修改刑事诉讼法时也将"尊重和保障人权"作为刑事诉讼法的任务。"正义不仅应当实现,而且应当以看得见的方式实现",依照法定程序收集证据有利于保障被追诉人和其他人的合法权利,并且以看得见的方式实现正义。

及时、全面、客观原则是指公安司法人员办理网络犯罪收集、调查电子数据时应当及时、全面和客观。《刑事诉讼法》第2条规定,"中华人民共和国刑事诉讼法的任务,是保证准确、及时地查明犯罪事实。"及时收集、调查证据是为了防止证据的灭失、损毁,而如果不能及时收集到证明犯罪的证据就不能及时地查明犯罪事实，进而影响惩罚犯罪目的的实现。同时，如果收集电子数据不及时，也可能造成证据的收集不够全面和客观。《刑事诉讼法》第50条规定，"审判人员、检察人员、侦查人员必须依照法定程序，收集能够证实犯罪嫌疑人、被告人有罪或者无罪、犯罪情节轻重的各种证据。"相关司法解释强调了全面、客观调查取证的原则。最高人民检察院《规则》第186条规定："人民检察院办理直接受理立案侦查的案件，应当全面、客观地收集、调取犯罪嫌疑人有罪或者无罪、罪轻或者罪重的证据材料，并依法进行审查、核实。"公安部《规定》第57条规定："公安机关必须依照法定程序，收集能够证实犯罪嫌疑人有罪或者无罪、犯罪情节轻重的各种证据。必须保证一切与案件有关或者了解案情的公民，有客观地充分地提供证据的条件，除特殊情况外，可以吸收他们协助调查。"两院三部《办理死刑案件证据规定》第3条规定公安司法人员收集证据应当做到全面、客观。全面、客观原则是《刑事诉讼法》第53条规定的"证据确实、充分"的证明标准的要求。只有全面收集证据才能做到证据充分，满足"定罪量刑的事实都有证据证明"的条件；只有客观收集证据才能经过法定程序查证属实从而作为定案的根据；也只有全面、客观地收集证据才能做到"综合全案证据，对所认定事实已排除合理怀疑"，从而实现对被告人定罪处刑。

利益衡量原则，是指公安司法人员在调查取证过程中应当对所采取的措施与被追诉人和其他人的权利进行衡量，使两者比例不致十分失衡。利益衡量原则要求公安司法机关在调查取证时，如果必须对公民权利加以限制或剥夺，应当选择对公民权利损害最小的手段，尽可能避免对公民权利造成不必要的损害。例如，在调查、收集网络服务提供者的计算机系统中的电子证据时应当尽可能不影响其正常经营，如果造成影响，应当给予相应的补偿。由于包括证据调查在内的刑事诉讼程序会对公民的合法权利产生或多或少的影响，因此无论是立法还是实施法律都要对此加以考虑和重视。欧洲理事会《网络犯罪公约》第15条第1款规定，"缔约方应保证将本部分规定的权力和程序的建立、执行和适用，置于国内法的适用条件和保障下，它们应为人权和自由提供足够的保护，包括承担国际公约义务而引起的人的权利：《1950年欧洲理事会人权及基本自由保护公约》《1966年联合国公民权利和政治权利国际公约》和其他生效的国际人权公约，他们应与相称性原则相一致。"欧洲理事会《网络犯罪公约》第15条第3款规定，"为了与公共利益相一致，特别是为了司法公正，缔约方应考虑本部分规定的权力和程序对权力、责任和第三方正当利益的影响。"由此可见，欧洲理事会《网络犯罪公约》十分重视公民权利和自由的保护。利益衡量原则在相关司法解释中也有体现。最高人民检察院《规则》第237条第2款规定："人民检察院查封不动产和置于该不动产上不宜移动的设施、家具和其他相关财物，以及涉案的车辆、船舶、航空器和大型机械、设备等财物，应当在保证侦查活动正常进行的同时，尽量不影响有关当事人的正常生活和生产经营活动。必要时，可以将被查封的财物交持有人或者其近亲属保管，并书面告知保管人对被查封的财物应当妥善保管，不得转移、变卖、毁损、出租、抵押、赠予等。"公安部《规定》第223条第1款规定："在侦查过程中需要扣押财物、文件的，应当经办案部门负责人批准，制作扣押决定书；在现场勘查或者搜查中需要扣押财物、文件的，由现场指挥人员决定；但扣押财物、文件价值较高或者可能严重影响正常生产经营的，应当经县级以上公安机关负责人批准，制作扣押决定书。"最高人民检察院《人民检察院扣押、冻结涉案款物工作规定》（2010年发布）第6条规定，"扣押、冻结单位的涉案款物，应当尽量不影响该单位正常的办公、生产、经营等活动。"作为一个正迈向法治的大国，我们理当积极主动地践行利益衡量原则。

第四条　取证范围

侦查人员应当收集能够证明案件真实情况的事实信息、证明事实信息客观真实的鉴证信息以及承载上述信息的存储介质和电子设备。

●说明及理由

本条是关于网络犯罪调查取证的范围的规定。取证范围是指侦查人员调查取证时应当收集哪些证据材料。《刑事诉讼法》第 50 条要求侦查人员调查取证应当全面，及时、全面、客观亦是本《规定（草案）》第 3 条规定的取证原则之一。明确调查取证的范围有利于引导侦查人员全面地收集证据材料。首先，事实信息是侦查人员在调查取证过程中最主要的收集对象。事实信息决定着能否查清案件的真实情况，从而实现对被告人的定罪量刑。其次，鉴证信息[①]是审查事实信息是否客观真实的基础。鉴证信息是指记录事实信息形成、存储、传送、接受过程的信息，它包括计算机系统产生的鉴证信息、用户注册内容中的鉴证信息、电子取证设备中的鉴证信息和人工取证记录中的鉴证信息。[②] 鉴证信息能够证明事实信息是否客观真实。证据具有客观性，而且证据应经过法定程序查证属实才能作为定案的根据。如果不能核实事实信息的客观真实，那么该事实信息就不能用来证明案件事实。因此，鉴证信息的收集也至关重要。最后，存储介质和电子设备是承载事实信息与鉴证信息的载体。如果没有存储介质和电子设备作为载体，那么侦查人员也就无法收集事实信息与鉴证信息，因而就不能证明案件事实客观存在。欧洲理事会《网络犯罪公约》第 19 条就将存储计算机数据的存储媒体作为搜查的对象。其第 19 条第 1 款规定，"1. 各缔约方应调整必要的国内法或者规定，授权有权机关搜查或者相似地进入其境内的：a. 一个计算机系统或者其中某部分和存储在其中的计算机数据；b. 可能存储计算机数据的计算机数据存储媒体。"所以，存储介质和设备也是侦查人员调查取证时收集的对象。

[①] 有学者将其称为审计信息，参见熊志海：《网络证据收集与保全法律制度研究》，法律出版社 2013 年版，第 103~104 页。笔者认为"审计信息"为经济学用词，而"鉴证信息"一词的法学专业色彩更强，故本书采用"鉴证信息"的措辞。

[②] 熊志海：《网络证据收集与保全法律制度研究》，法律出版社 2013 年版，第 103~104 页。

第五条　取证的专业要求

收集、提取电子数据，应当由二名以上具备相关专业知识的侦查人员进行。取证设备和过程应当符合相关技术标准，并保证所收集、提取的电子数据完整、真实。

●说明及理由

本条是关于调查取证的专业要求的规定，是对两院一部《关于办理网络犯罪案件适用刑事诉讼程序若干问题的意见》第13条的保留。该条规定："收集、提取电子数据，应当由二名以上具备相关专业知识的侦查人员进行。取证设备和过程应当符合相关技术标准，并保证所收集、提取的电子数据的完整性、客观性。"电子数据的收集、提取不同于传统证据的调查取证，它是计算机网络技术发展引发的侦查技术的相应革新，具有很强的专业性和科技性。因此，要求收集、提取电子数据的侦查人员的数量是两名以上，并且具备相关专业知识，而且取证设备和过程应当符合相关技术标准。侦查人员的数量是两名以上可以互相见证取证过程并且相互协作。公安部《规定》第210条、第218条、第224条均规定进行勘验、检查，搜查，查封、扣押的侦查人员不得少于两人，最高人民检察院《规则》第223条、第235条也有类似的规定。公安部《规定》第210条规定，"公安机关对案件现场进行勘查不得少于二人。勘查现场时，应当邀请与案件无关的公民作为见证人。"第218条规定，"进行搜查，必须向被搜查人出示搜查证，执行搜查的侦查人员不得少于二人。"第224条规定，"执行查封、扣押的侦查人员不得少于二人，并出示本规定第二百二十三条规定的有关法律文书。"最高人民检察院《规则》第223条规定，"搜查应当在检察人员的主持下进行，可以有司法警察参加。必要的时候，可以指派检察技术人员参加或者邀请当地公安机关、有关单位协助进行。执行搜查的检察人员不得少于二人。"第235条第1款规定，"人民检察院查封、扣押财物和文件，应当经检察长批准，由两名以上检察人员执行。"具备相关专业知识是指侦查人员经过专业的培训或者已经取得相应的专业证书，了解计算机网络的相关知识，并且熟练掌握电子取证的技术、步骤等。公安部《计算机犯罪现场勘验与电子证据检查规则》对进行计算机犯罪现场勘验和电子数据检查的侦查人员的专业要求进行了规定。该规则第 6 条规定，"执行计算机犯罪现场勘验与电子证据检查任务的人员，应当具备计算机现场勘验与电子证据检查的专业知识和技能。"取证的技术标准能够指引侦查人员科学取证，保障完整、客观地收集、提取到电子数据。电子证据科学小组于 1999 年 10 月在伦敦举办的国际技术犯罪和取证会议上就曾主张，为了能够准确、可靠和安全地收集、保存电子数据，法律部门和取证机关必须建立一个有效的质量体系并需编制一份标准化操作规程，① 例如不能对原始电子证据进行分析、检验和鉴定，收集、保存电子证据的活动必须用书面文字记录下来等等。如果收集电子数据的侦查人员不具备相关专业知识和技能，就难以保证所收集、提取的电子数据完整、真实，经过法院的审查判断可能不能作为定案的根据。最高人民法院《解释》第 93 条规定，"对电子邮件、电子数据交换、网上聊天记录、博客、微博客、手机短信、电子签名、域名等电子数据，应当着重审查以下内容：……（二）收集程序、方式是否符合法律及有关技术规范……"第 94 条规定，"视听资料、电子数据具有下列情形之一的，不得作为定案的根据：（一）经审查无法确定真伪的；（二）制作、取得的时间、地点、方式等有疑问，不能提供必要证明或者作出合理解释的。"

第六条　优先获取电子数据的原始存储介质及其例外

收集、提取电子数据，能够获取原始存储介质的，应当封存原始存储介质。具有下列情形之一，无法获取原始存储介质的，可以提取电子数据：

（一）原始存储介质不便封存的；

---

① 刘品新主编：《电子取证的法律规制》，中国法制出版社 2010 年版，第 12 页。

（二）提取计算机内存存储的数据、网络传输的数据等不是存储在存储介质上的电子数据的；

（三）原始存储介质位于境外的；

（四）其他无法获取原始存储介质的情形。

● **说明及理由**

本条是关于应当优先收集、提取电子数据的原始存储介质及其例外情况的规定。本条是在两院一部《关于办理网络犯罪案件适用刑事诉讼程序若干问题的意见》第 14 条、第 15 条的基础上修改整合而成的。第 14 条规定，"收集、提取电子数据，能够获取原始存储介质的，应当封存原始存储介质，并制作笔录，记录原始存储介质的封存状态，由侦查人员、原始存储介质持有人签名或者盖章；持有人无法签名或者拒绝签名的，应当在笔录中注明，由见证人签名或者盖章。有条件的，侦查人员应当对相关活动进行录像。"第 15 条规定，"具有下列情形之一，无法获取原始存储介质的，可以提取电子数据，但应当在笔录中注明不能获取原始存储介质的原因、原始存储介质的存放地点等情况，并由侦查人员、电子数据持有人、提供人签名或者盖章；持有人、提供人无法签名或者拒绝签名的，应当在笔录中注明，由见证人签名或者盖章；有条件的，侦查人员应当对相关活动进行录像：（1）原始存储介质不便封存的；（2）提取计算机内存存储的数据、网络传输的数据等不是存储在存储介质上的电子数据的；（3）原始存储介质位于境外的；（4）其他无法获取原始存储介质的情形。"本条综合了第 14 条关于应当优先获取原始存储介质的规定和第 15 条关于无法获取原始存储介质可以提取电子数据的规定，删去了第 14 条、第 15 条关于笔录制作、笔录签名和条件允许情况下对调查取证过程录像的规定。①

优先收集、提取电子数据的原始存储介质是最佳证据规则的要

---

① 这放在本《规定（草案）》第 7 条集中规定。

求。这在相关司法解释中都有体现。最高人民检察院《规则》第233条规定,"调取物证应当调取原物。原物不便搬运、保存,或者依法应当返还被害人,或者因保密工作需要不能调取原物的,可以将原物封存,并拍照、录像。对原物拍照或者录像应当足以反映原物的外形、内容。调取书证、视听资料应当调取原件。取得原件确有困难或者因保密需要不能调取原件的,可以调取副本或者复制件。调取书证、视听资料的副本、复制件和物证的照片、录像的,应当书面记明不能调取原件、原物的原因,制作过程和原件、原物存放地点,并由制作人员和原书证、视听资料、物证持有人签名或者盖章。"公安部《规定》第61条规定,"收集、调取的物证应当是原物。只有在原物不便搬运、不易保存或者依法应当由有关部门保管、处理或者依法应当返还时,才可以拍摄或者制作足以反映原物外形或者内容的照片、录像或者复制品。"第62条规定,"收集、调取的书证应当是原件。只有在取得原件确有困难时,才可以使用副本或者复制件。"两院三部《办理死刑案件证据规定》第8条规定,"据以定案的物证应当是原物。只有在原物不便搬运、不易保存或者依法应当由有关部门保管、处理或者依法应当返还时,才可以拍摄或者制作足以反映原物外形或者内容的照片、录像或者复制品。物证的照片、录像或者复制品,经与原物核实无误或者经鉴定证明为真实的,或者以其他方式确能证明其真实的,可以作为定案的根据。原物的照片、录像或者复制品,不能反映原物的外形和特征的,不能作为定案的根据。据以定案的书证应当是原件。只有在取得原件确有困难时,才可以使用副本或者复制件。书证的副本、复制件,经与原件核实无误或者经鉴定证明为真实的,或者以其他方式确能证明其真实的,可以作为定案的根据。书证有更改或者更改迹象不能作出合理解释的,书证的副本、复制件不能反映书证原件及其内容的,不能作为定案的根据。"最高人民法院《解释》第70条规定,"据以定案的物证应当是原物。原物不便搬运,不易保存,依法应当由有关部门保管、处理,或者依法应当返还的,可以拍摄、制作足以反映原物外形和特征的照片、录像、复制品。"第71条规定,"据以定案的书证应当是原件。取得原件确有困难,可以使用副本、复制件。"第93条规定了获取原始存储介质的例外情形,"对电子邮件、电子数据交换、网上聊天记录、博客、微博客、手机短信、电子签名、域名等电子数据,应当着重审查以下内容:(一)是否随原始存储介质移送;在原始存储介质无法封存、不便移动或者依法应当由有关部门保管、处理、返还时,提取、复制电子数据是否由二人以上进行,是否足以保证电子数据的完整性,有无提取、复制过程及原始存储介质存放地点的文字说明和签名。"现实当中确实存在不能获取原始证据的情况,那么这时对相关电子数据证据进行复制、提取也应当承认其证明力。因此,本条规定了在一些无法获取原始存储介质的特殊情况下,可以提取电子数据。

第七条　笔录制作、签名与录像

收集、提取电子数据应当制作笔录,记录案由、对象、内容,原始存储介质的封存状态或者不能获取原始存储介质的原因、原始存储介质的存放地点等情况,收集、提取电子数据的时间、地点、方法、过程,电子数据的清单、规格、类别、文件格式、完整性校验值等。笔录应当由侦查人员、电子数据持有人、提供人签名或者盖章,持有人、提供人无法签名或者拒绝签名的,应当在笔录中注明,由见证人签名或者盖章。

通过数据恢复、破解等方式获取被删除、隐藏或者加密的电子数据的,应当对恢复、破解过程和方法作出说明。

必要时,侦查人员应当对相关活动进行录像。

●说明及理由

本条是关于收集、提取电子数据笔录的制作、签名与必要时对相关活动进行录像的规定。本条是在两院一部《关于办理网络犯罪案件适用刑事诉讼程序若干问题的意见》第14条、第15条、第16条的基础上修改整合而成的。本条保留了第 16 条的内容，并吸收了第 14 条、第 15 条有关笔录制作和必要时对相关活动进行录像的规定。其第 14 条规定，"收集、提取电子数据，能够获取原始存储介质的，应当封存原始存储介质，并制作笔录，记录原始存储介质的封存状态，由侦查人员、原始存储介质持有人签名或者盖章；持有人无法签名或者拒绝签名的，应当在笔录中注明，由见证人签名或者盖章。有条件的，侦查人员应当对相关活动进行录像。"第 15 条规定，"具有下列情形之一，无法获取原始存储介质的，可以提取电子数据，但应当在笔录中注明不能获取原始存储介质的原因、原始存储介质的存放地点等情况，并由侦查人员、电子数据持有人、提供人签名或者盖章；持有人、提供人无法签名或者拒绝签名的，应当在笔录中注明，由见证人签名或者盖章；有条件的，侦查人员应当对相关活动进行录像：……"第 16 条规定，"收集、提取电子数据应当制作笔录，记录案由、对象、内容，收集、提取电子数据的时间、地点、方法、过程，电子数据的清单、规格、类别、文件格式、完整性校验值等，并由收集、提取电子数据的侦查人员签名或者盖章。远程提取电子数据的，应当说明原因，有条件的，应当对相关活动进行录像。通过数据恢复、破解等方式获取被删除、隐藏或者加密的电子数据的，应当对恢复、破解过程和方法作出说明。"本条第一款是对笔录的内容和签名规则的规定，第二款规定了通过数据恢复、破解等方式获取被删除、隐藏或者加密的电子数据的情形制作笔录时对笔录内容的特殊要求，第三款要求必要时应当对相关活动进行录像。应当说明的是本条删去了远程提取电子数据应当在笔录中说明原因的规定。这是因为传统的勘验、搜查针对的是与犯罪有关的场所、住处、物品等有形物体和物理空间，而远程提取电子数据针对的是信息网络创造的虚拟空间，前者显然不能涵盖后者。解释对此加以规定有突破法律之嫌，因此，我们主张修改法律以适应司法实践的变化。

关于收集、提取电子数据的笔录制作内容及签名要求，相关司法解释也做了规定。最高人民检察院《规则》第 238 条第 3 款规定，

"对于可以作为证据使用的录音、录像带、电子数据存储介质,应当记明案由、对象、内容、录取、复制的时间、地点、规格、类别、应用长度、文件格式及长度等,妥为保管,并制作清单,随案移送。"第239条第1款、第2款规定,"查封单位的涉密电子设备、文件等物品,应当在拍照或者录像后当场密封,由检察人员、见证人、单位有关负责人签名或者盖章。启封时应当有见证人、单位有关负责人在场并签名或者盖章。对于有关人员拒绝按照前款有关规定签名或者盖章的,人民检察院应当在相关文书上注明。"两院一部《关于办理网络赌博犯罪案件适用法律若干问题的意见》第5条第2款规定,"侦查人员应当对提取、复制、固定电子数据的过程制作相关文字说明,记录案由、对象、内容以及提取、复制、固定的时间、地点、方法,电子数据的规格、类别、文件格式等,并由提取、复制、固定电子数据的制作人、电子数据的持有人签名或者盖章,附所提取、复制、固定的电子数据一并随案移送。"

关于收集、提取电子证据必要时应当录像,除了两院一部《关于办理网络犯罪案件适用刑事诉讼程序若干问题的意见》第14条、第15条、第16条有规定外,两院一部《关于办理网络赌博犯罪案件适用法律若干问题的意见》第5条第3款也有规定,"对于电子数据存储在境外的计算机上的,或者侦查机关从赌博网站提取电子数据时犯罪嫌疑人未到案的,或者电子数据的持有人无法签字或者拒绝签字的,应当由能够证明提取、复制、固定过程的见证人签名或者盖章,记明有关情况。必要时,可对提取、复制、固定有关电子数据的过程拍照或者录像。"

之所以规定收集、提取电子证据的笔录制作、签名和条件允许时录像是因为一方面这本身是证据,如勘验笔录、搜查笔录,或者是固定证据的一种方式,如录像;另一方面它可以证明收集、提取电子数据的过程符合法定程序和专业标准,有利于法官审查判断证据,以确定电子证据来源的可靠性、真实性,亦即"鉴证"。最高人民法院《解释》第93条有关于笔录制作、签名的规定,"对电子邮件、电子数据交换、网上聊天记录、博客、微博客、手机短信、电子签名、域名等电子数据,应当着重审查以下内容:(一)是否随原始存储介质移送;在原始存储介质无法封存、不便移动或者依法应当由有关部门保管、处理、返还时,提取、复制电子数据是否由二人以上进行,是否足以保证电子数据的完整性,有无提取、复制过程及原始存储介质存放地点的文字说明和签名;(二)收集程序、方式是否符合法律及有关技术规范;经勘验、检查、搜查等侦查活动收集的电子数据,是否附有笔录、清单,并经侦查人员、电子数据持有人、见证人签名;没有持有人签名的,是否注明原因;远程调取境外或者异地的电子数据的,是否注明相关情况;对电子数据的规格、类别、文件格式等注明是否清楚……"第94条规定,"试听资料、电子数据具有下列情形之一的,不得作为定案的根据:(一)经审查无法确定真伪的;(二)制作、取得的时间、地点、方式等有疑问,不能提供必要证明或者作出合理解释的。"据此,如果收集、提取电子证据制作的笔录、笔录签名和录像不符合相关条件,又不能提供必要证明或者作出合理解释,那么这些电子证据就不能作为定案的根据。

第八条 勘验的主体、对象和协助勘验

侦查人员对于与网络犯罪有关的信息系统应当进行勘验。在必要的时候,可以聘请其他具有专门知识的人,在侦查人员的主持下进行勘验。

● **说明及理由**

本条是关于网络犯罪勘验的主体、对象和聘请具有专门知识的人协助勘验的规定,是对《刑事诉讼法》第126条的解释。第126条规定,"侦查人员对于与犯罪有关的场所、物品、人身、尸体应当进行勘验或者检查。在必要的时候,可以指派或者聘请具有专门知识的人,在侦查人员的主持下进行勘验、检查。"相关司法解释也对此做了规定,但是只是"复制"了《刑事诉讼法》第126条的规定而没有

做实质的具体的说明，更没有对网络犯罪的勘验进行解释。最高人民检察院《规则》第209条规定，"检察人员对于与犯罪有关的场所、物品、人身、尸体应当进行勘验或者检查。在必要的时候，可以指派检察技术人员或者聘请其他具有专门知识的人，在检察人员的主持下进行勘验、检查。"公安部《规定》第208条规定，"侦查人员对于与犯罪有关的场所、物品、人身、尸体应当进行勘验或者检查，及时提取、采集与案件有关的痕迹、物证、生物样本等。在必要的时候，可以指派或者聘请具有专门知识的人，在侦查人员的主持下进行勘验、检查。"公安部《计算机犯罪现场勘验与电子证据检查规则》第3条规定，"计算机犯罪现场勘验与电子证据检查包括：（一）现场勘验检查。是指在犯罪现场实施勘验，以提取、固定现场存留的与犯罪有关电子证据和其他相关证据。（二）远程勘验。是指通过网络对远程目标系统实施勘验，以提取、固定远程目标系统的状态和存留的电子数据。（三）电子证据检查。是指检查已扣押、封存、固定的电子证据，以发现和提取与案件相关的线索和证据。"正如前文所述，远程勘验已超出了一般人对传统勘验含义的理解，属于违法解释。因此，本条并未规定远程勘验。

网络犯罪是信息网络时代下不同于传统犯罪的新型犯罪，其勘验也具有不同于传统犯罪勘验的特点。因此，能否对网络犯罪勘验以及如何勘验需要司法解释作出回答。根据《刑事诉讼法》第126条的规定，侦查人员对于与犯罪有关的场所、物品应当进行勘验。根据文义解释的解释方法，网络犯罪属于犯罪的一种，网络犯罪所涉及的信息系统当然属于与犯罪有关的场所、物品，因此可以对其进行勘验。网络犯罪勘验的主体是侦查人员，勘验的对象是与网络犯罪有关的信息系统。信息系统是指具备自动处理数据功能的系统，包括计算机、移动电话、网络设备、通信设备、自动化控制设备等电子设备。由于网络犯罪的勘验具有很强的专业性，当遇到重大、复杂、疑难情况时，侦查人员可以邀请具有专门知识的人参与勘验，但是他们应当在侦查人员的主持下协助勘验。因为，侦查人员才是勘验的主体，而且侦查人员更熟悉刑事诉讼程序，在侦查人员的主持下才不至主客颠倒和违背刑事诉讼程序。

第九条　勘验的内容和在线分析的情形

侦查人员进行勘验时，应当固定、封存和收集电子数据，除非特殊情况，一般不得进行在线分析：

（一）不实施在线分析可能导致电子证据灭失、变异的；

（二）不能关闭或扣押电子设备的；

（三）其他不进行在线分析可能会造成严重后果的情形。

在线分析是指在现场不关闭电子设备的情况下直接分析和提取电子设备中的数据。在线分析不能损害电子数据的完整性和真实性。

◉ **说明及理由**

本条是关于网络犯罪勘验的内容和可以进行在线分析的情形的规定。网络犯罪勘验的主要内容包括固定、封存和收集电子证据。固定是指通过复制、制作原始存储媒介的备份和完整校验性等方式对电子证据加以保护。封存应当保证在不解除封存状态的情况下，无法使用被封存的存储媒介和启动被封存的电子设备。网络犯罪勘验的最终目的是收集电子证据，侦查人员可以通过扣押、在线分析的方式收集、提取电子证据。在线分析是指在现场不关闭电子设备的情况下直接分析和提取电子设备中的数据。在线分析不能损害电子数据的完整性和真实性，这是"证据确实、充分"的必然要求。一般情况下不能进行在线分析，因为在线分析是在现场用涉案的电子设备所进行的活动，一方面可能会影响勘验的效率，更为重要的是在线分析不能保持电子设备和数据的原始状态，可能会造成电子数据发生变化。因此，除非出现特殊情况，不得进行在线分析。首先，勘验的目的在于收集证据，如果情况紧急，不实施在线分析可能导致电子证据灭失、变异的，那么可以进行在线分析。其次，由于在线分析是在现场不关闭电子设备的情况下进行的，当不允许关闭或扣押电子设备的时候自然可以进行在线分析。最后，除了上述两种情形，司法实践中可能还会遇到现在没有预想到的有必要进行在线分析的情形，因此规定"其他不进行在线分析可能会造成严重后果的情形"以避免遗漏之处。

第十条　搜查的主体、对象和协助搜查

为了收集犯罪证据、查获犯罪人，经过批准，侦查人员可以对可能隐藏犯罪证据的信息系统进行搜查。必要的时候，可以聘请具有专门知识的人参加。

●说明及理由

本条是关于网络犯罪搜查的主体、对象和协助搜查的规定。《刑事诉讼法》第134条规定，"为了收集犯罪证据、查获犯罪人，侦查人员可以对犯罪嫌疑人以及可能隐藏罪犯或者犯罪证据的人的身体、物品、住处和其他有关的地方进行搜查。"相关司法解释也对此做了规定，但是依旧只是照搬了《刑事诉讼法》第134条的规定而没有做进一步解释，更没有对网络犯罪的搜查进行规定。最高人民检察院《规则》第220条规定，"为了收集犯罪证据，查获犯罪人，经检察长批准，检察人员可以对犯罪嫌疑人以及可能隐藏罪犯或者犯罪证据的人的身体、物品、住处、工作地点和其他有关的地方进行搜查。"公安部《规定》第217条规定，"为了收集犯罪证据、查获犯罪人，经县级以上公安机关负责人批准，侦查人员可以对犯罪嫌疑人以及可能隐藏罪犯或者犯罪证据的人的身体、物品、住处和其他有关的地方进行搜查。"欧洲理事会《网络犯罪公约》对计算机数据的搜查做了详细规定。欧洲理事会《网络犯罪公约》第19条规定，"1. 各缔约方应调整必要的国内法或者规定，授权有权机关搜查或者相似地进入其境内的：a. 一个计算机系统或者其中某部分和存储在其中的计算机数据；b. 可能存储计算机数据的计算机数据存储媒体。2. 各缔约方应

调整必要的国内法或者规定，保证如果有权机关搜查或者类似地进入第一款a规定的特定的计算机或者其部分，并有理由相信要搜寻的计算机数据存储在领域内另一计算机系统中或者某部分中，而且，这些数据对起始系统是公开的或者可以合法进入的，有权机关应能够快速展开搜寻或者类似地进入其他系统。"但是，欧洲理事会《网络犯罪公约》规定的搜查范围较小，限于计算机系统中的计算机数据和远程进入另一计算机系统中获取计算机数据。有鉴于此，本条规定电子数据的搜查范围是信息系统。

根据文义解释的解释方法，网络犯罪属于犯罪的一种，网络犯罪所涉及的信息系统当然属于可能隐藏犯罪证据的物品和其他有关地方，因此可以对其进行搜查。网络犯罪搜查的主体是侦查人员，搜查的对象是与网络犯罪有关的信息系统。传统的搜查对象是人的身体、物品、住处和其他有关的地方，而电子数据搜查则不同，它不仅包括进入一个物理空间找到电子设备，更重要的是进入计算机等信息系统和网址等信息网络构造的虚拟空间。因此，本条严格遵守司法解释的原则和方法，只规定了对信息系统的搜查。《刑事诉讼法》和相关司法解释都没有规定搜查时可以邀请具有专门知识的人参与，这是因为传统犯罪的搜查技术性不强，一般的侦查人员即可完成。但是，网络犯罪的搜查不同于传统犯罪的搜查，具有很强的专业性、科技性，因此，如果有必要应当允许侦查人员邀请具有专门知识的人参与搜查，这样更能保证电子证据搜查顺利进行并且取得良好效果。

第十一条　搜查证例外情形

侦查人员进行搜查，应当取得搜查证。在执行逮捕、拘留的时候，遇有下列紧急情况之一，不另用搜查证也可以进行搜查：

（一）可能隐匿、毁弃、转移电子数据的；

（二）信息系统持有人或保管人同意的；

（三）其他紧急情况。

搜查结束后，搜查人员应当在二十四小时内向检察长或者县级以上公安机关负责人报告，及时补办有关手续。

● **说明及理由**

本条是关于紧急情况下不用搜查证也可以进行搜查的情形的规定。《刑事诉讼法》第136条规定，"进行搜查，必须向被搜查人出示搜查证。在执行逮捕、拘留的时候，遇有紧急情况，不另用搜查证也可以进行搜查。"相关司法解释对此做了规定，但是没有对电子数据进行搜查时不用搜查证的情形做具体解释。最高人民检察院《规则》第224条规定，"在执行逮捕、拘留的时候，遇有下列紧急情况之一，不另用搜查证也可以进行搜查：（一）可能随身携带凶器的；（二）可能隐藏爆炸、剧毒等危险物品的；（三）可能隐匿、毁弃、转移犯罪证据的；（四）可能隐匿其他犯罪嫌疑人的；（五）其他紧急情况。搜查结束后，搜查人员应当在二十四小时内向检察长报告，及时补办有关手续。"公安部《规定》第219条规定，"执行拘留、逮捕的时候，遇有下列紧急情况之一的，不用搜查证也可以进行搜查：（一）可能随身携带凶器的；（二）可能隐藏爆炸、剧毒等危险物品的；（三）可能隐匿、毁弃、转移犯罪证据的；（四）可能隐匿其他犯罪嫌疑人的；（五）其他突然发生的紧急情况。"本条结合电子数据搜查的特殊情况，保留了"可能隐匿、毁弃、转移犯罪证据的"和"其他突然发生的紧急情况"这两种情况，增加了"信息系统持有人或保管人同意的"的情形。如果计算机持有人或保管人是犯罪嫌疑人，那么很有可能他们不会同意，但是如果计算机持有人或保管人是第三人的话，那么他们还是很有可能会同意的。

第十二条　查封、扣押的对象与强制查封、扣押

在侦查活动中发现的可用以证明犯罪嫌疑人有罪或者无罪的电子数据、存储媒介和电子设备，应当查封、扣押；但与案件无关的电子数据、存储媒介和电子设备，不得查封、扣押。

持有人拒绝交出应当扣押的电子数据、存储媒介和电子设备的，侦查机关可以强制查封、扣押。

◉说明及理由

本条是关于电子数据的扣押和强制扣押的规定。《刑事诉讼法》第 139 条规定，"在侦查活动中发现的可用以证明犯罪嫌疑人有罪或者无罪的各种财物、文件，应当查封、扣押；与案件无关的财物、文件，不得查封、扣押。对查封、扣押的财物、文件，要妥善保管或者封存，不得使用、调换或者损毁。"相关司法解释对此进行了解释。最高人民检察院《规则》第 238 条规定，"扣押犯罪嫌疑人的邮件、电报或者电子邮件，应当经检察长批准，通知邮电部门或者网络服务单位将有关的邮件、电报或者电子邮件检交扣押。不需要继续扣押的时候，应当立即通知邮电部门或者网络服务单位。对于可以作为证据使用的录音、录像带、电子数据存储介质，应当记明案由、对象、内容、录取、复制的时间、地点、规格、类别、应用长度、文件格式及长度等，妥为保管，并制作清单，随案移送。"第 239 条规定，"查封单位的涉密电子设备、文件等物品，应当在拍照或者录像后当场密封，由检察人员、见证人、单位有关负责人签名或者盖章。启封时应当有见证人、单位有关负责人在场并签名或者盖章。"公安部《规定》第 227 条规定，"扣押犯罪嫌疑人的邮件、电子邮件、电报，应当经县级以上公安机关负责人批准，制作扣押邮件、电报通知书，通知邮电部门或者网络服务单位检交扣押。"可以看出，最高人民检察院《规则》的解释较为全面，既规定了电子数据的扣押也规定了电子设备的查封，但是却没有规定电子设备的扣押，不能不说是一个遗憾。公安部《规定》的解释只规定了电子邮件的扣押，没有涉及除电子邮件以外的其他电子数据和电子设备的扣押以及电子设备的查封。因此，本条针对上述缺漏做了较为全面的规定。欧洲理事会《网络犯罪公约》对计算机数据的扣押做了详细规定。欧洲理事会《网络犯罪公约》第 19 条第 3 款规定，"3. 各缔约方应调整必要的国内法或者规定，授权有权机关扣押或者采取相似的安全措施，保护第 1 款、第 2 款规定的计算机数据。这些措施应包括以下权力：a. 扣押或者使用相似的安全措施保护计算机系统或者其一部分，或者一个计算机数据存储媒体；b. 制作或者获取这些计算机数据的备份；c. 保持相关的存储的计算机数据的完整性；d. 使其不可访问或者将其从可访问的计算机系统中移走。"欧洲理事会《网络犯罪公约》的扣押范围是计算机数据，范围稍小，有鉴于此，本条规定的电子数据的扣押范围是包括计算机数据在内的电子数据及存储媒介和电子设备。

另外，本条规定与案件无关的电子数据及存储媒介，不得查封、扣押，这是出于利益衡量的考虑。进行查封、扣押活动要注重保护被查封、扣押人的合法权利，不能将查封、扣押的范围任意扩大。这也是证据关联性的体现。与案件无关的电子数据不具有关联性，不能起到证明案件事实的作用，因此不能对其进行查封、扣押。

第十三条　电子证据的调取和相关人员的保密义务

侦查人员可以凭证明文件命令有关单位和个人提供其所控制的与案件有关的电子数据，命令网络服务提供者提供其控制范围内的与网络服务相关的用户数据。有关单位、个人应当对侦查人员调取电子数据的活动进行保密，违反保密义务的，应当承担法律责任。

● **说明及理由**

本条是关于电子数据的调取和相关人员的保密义务的规定，是对《刑事诉讼法》第 52 条的解释。第 52 条规定，"人民法院、人民检察院和公安机关有权向有关单位和个人收集、调取证据。有关单位和个人应当如实提供证据。"相关司法解释也做了规定。最高人民检察院《规则》第 231 条规定，"检察人员可以凭人民检察院的证明文件，向有关单位和个人调取能够证明犯罪嫌疑人有罪或者无罪以及犯罪情节轻重的证据材料，并且可以根据需要拍照、录像、复印和复制。"公安部《规定》第 59 条规定,"公安机关向有关单位和个人调取证据,应当经办案部门负责人批准,开具调取证据通知书。被调取单位、个人应当在通知书上盖章或者签名,拒绝盖章或者签名的,公安机关应当注明。必要时,应当采用录音或者录像等方式固定证据内容及取证过程。"本条正是对上述司法解释的规定的保留、修改。本条进一步明确了侦查人员可以凭证明文件调查与案件有关的电子数据。同时,本条还借鉴了欧洲理事会《网络犯罪公约》第 18 条第 1 款的规定,规定调取的对象除了与案件有关的电子数据还包括网络服务提供者提供其控制范围内的与网络服务相关的用户数据。欧洲理事会《网络犯罪公约》第 18 条第 1 款规定,"各缔约方应调整必要的国内法或者规定,授权其有权机关可以指令:a. 个人在其控制范围内提交个人所有或者控制的特定计算机数据,这些计算机数据储存在一计算机系统中,或者是某计算机数据存储媒体中;b. 在缔约方国内提供服务的服务商在服务商所有或者控制范围内,提交与这些服务相关的用户信息。"根据欧洲理事会《网络犯罪公约》第 18 条第 3 款的规定,用户信息是指以计算机数据或任何其他形式包含的任何信息,这些信息由服务商所持有,与服务用户有关,是往来数据、内容数据以外的信息。

另外,本条还规定,有关单位、个人应当对侦查人员的调取电子数据的活动进行保密,违反保密命令的,应当承担法律责任。这是为了保障侦查活动顺利、隐秘地进行,否则可能会出现犯罪嫌疑人毁灭电子数据、采取反侦察措施等阻碍侦查活动的情形。

第十四条 跨地调取电子数据

侦查机关办理案件,需要向本辖区以外的有关单位和个人调取电子数据的,办案人员应当携带工作证、证明文件和有关法律文书,与当地侦查机关联系,当地侦查机关应当予以协助。

必要时,可以向电子数据所在地的侦查机关发送办案协作函和相关法律文书请求代为调取电子数据。调取证据的函件应当注明取证对象的具体内容和确切地址。协作地的侦查机关经审查确认，在传来的法律文书上加盖本地侦查机关印章后，可以代为调查取证。

◉ 说明及理由

本条是关于跨地调取电子数据的规定。本条第 1 款是对最高人民检察院《规则》第 232 条第 1 款的保留和细化。本条第 2 款是在最高人民检察院《规则》第 232 条第 1 款和两院一部《关于办理网络犯罪案件适用刑事诉讼程序若干问题的意见》第 1 款的基础上整合而成的。最高人民检察院《规则》第 232 条第 1 款规定，"人民检察院办理案件，需要向本辖区以外的有关单位和个人调取物证、书证等证据材料的，办案人员应当携带工作证、人民检察院的证明文件和有关法律文书，与当地人民检察院联系，当地人民检察院应当予以协助。"其第 232 条第 2 款规定，"必要时，可以向证据所在地的人民检察院发函调取证据。调取证据的函件应当注明取证对象的具体内容和确切地址。协助的人民检察院应当在收到函件后一个月内将调查结果送达请求的人民检察院。"两院一部《关于办理网络犯罪案件适用刑事诉讼程序若干问题的意见》第 11 条规定，"公安机关跨地域调查取证的，可以将办案协作函和相关法律文书及凭证电传或者通过公安机关信息化系统传输至协作地公安机关。协作地公安机关经审查确认，在传来的法律文书上加盖本地公安机关印章后，可以代为调查取证。"

侦查人员跨地调取证据，一方面受人员、设备的限制，另一方面对当地情况不是特别熟悉，因此需要电子证据所在地的侦查机关予以协助，以使调取电子数据的活动顺利完成。如果路途十分遥远或者情况非常紧急，不尽快调查取证可能导致证据的灭失等，这时候可以向电子数据所在地的侦查机关请求代为调取电子数据。但是应当履行相关的手续：发送办案协作函和相关法律文书；调取证据的函件应当注明取证对象的具体内容和确切地址等。

第十五条　数据实时截获的范围及相关人员协助与保密义务

对于符合刑事诉讼法第148条规定的犯罪类型的网络犯罪，侦查人员可以适用技术措施收集或者记录计算机系统传输的特定通信的实时往来数据和内容数据。

侦查人员可以命令网络服务提供者在技术范围内通过技术手段收集、记录或者协助侦查机关收集、记录计算机系统传输的特定通信的实时往来数据和内容数据。相关网络服务提供者应当保守秘密，违反保密义务的，应当承担法律责任。

◉ 说明及理由

本条是有关数据实时截获的范围及相关人员的协助与保密义务。本条是在借鉴欧洲理事会《网络犯罪公约》第20条和第21条的规定的基础上修改而成的。欧洲理事会《网络犯罪公约》第20条第1款规定，"各缔约方应调整必要的国内法或者规定，授权有权机关：a. 在缔约方境内应用技术手段收集或者记录；b. 强令服务提供商在其技术能力范围内：（i）通过技术手段方式在缔约方境内收集或者记录；或者（ii）与有权机关合作并协助有权机关收集或者记录在缔约方境内的通过计算机系统传输的特定通信的实时的往来数据。"第21条规定，"各缔约方应调整必要的国内法或者规定，就国内法规定的一类严重犯罪，授权有权机关：a. 在缔约方境内应用技术手段收集或者记录；b. 强令服务提供商在其技术能力范围内：（i）通过技术手段方式在缔约方境内收集或者记录；或者（ii）与有权机关合作并协助有权机关收集或者记录在缔约方境内的通过计算机系统传输的特定通信的实时的内容数据。"欧洲理事会《网络犯罪公约》第20条对往来数据的实时截获的案件适用范围并没有做具体要求，但是第21条却规定内容数据的实时截获的案件适用范围必须是国内法规定的一类严重犯罪。这是因为相比往来数据，内容数据的个人隐私程度更大，这意味着对内容数据的实时截获对个人隐私侵犯程度更大,因此要经过更加严格的限制。往来数据是指与计算机系统进行通信由计算机系统自动生成的计算机数据,表明通信的发出地、目标的、路径、时间、日期等;内容数据是表明通信内容的数据。本条没有突破《刑事诉讼法》,而是对其相关内容的进一步解释。《刑事诉讼法》第148条规定,"公安机关在立案后,对于危害国家安全犯罪、恐怖活动犯罪、黑社会性质的组织犯罪、重大毒品犯罪或者其他严重危害社会的犯罪案件,根据侦查犯罪的需要,经过严格的批准手续,可以采取技术侦查措施。人民检察院在立案后,对于重大的贪污、贿赂犯罪案件以及利用职权实施的严重侵犯公民人身权利的重大犯罪案件,根据侦查犯罪的需要,经过严格的批准手续,可以采取技术侦查措施,按照规定交有关机关执行。"数据的实时截获属于技术侦查措施的一种。本条将数据实时截获的范围确定为符合《刑事诉讼法》第148条规定的犯罪类型的网络犯罪,这样既明确了侦查机关可以在符合条件的情况下采取数据的实时截获这种电子数据调查措施,而且又没有违反刑事诉讼法的规定。

网络服务提供者具有掌握技术和信息的专业优势,为了便利侦查,加强网络犯罪的侦查能力,将他们吸收进来参与电子数据的实时截获是很有必要的。因此,本条借鉴欧洲理事会《网络犯罪公约》的相关内容,规定侦查人员可以命令网络服务提供者在技术范围内通过技术手段截获或者协助侦查机关截获电子数据。欧洲理事会《网络犯罪公约》第20条的第3款和第21条的第3款都规定,"各缔约方应调整必要的国内法或者规定,要求服务提供商对本条规定的执行和任何与此相关的信息保守秘密。"这是出于侦查秘密的考虑,有利于保障侦查的顺利进行,因此本条也对此加以规定。

第十六条　人民法院调查核实电子数据适用相关规定

人民法院调查核实电子数据,进行勘验、查封、扣押、检析等活动时应当遵守本解释的相关规定。

● 说明及理由

本条是对人民法院调查核实电子数据应当遵守相关程序的规定。《刑事诉讼法》第 191 条规定，"法庭审理过程中，合议庭对证据有疑问的，可以宣布休庭，对证据进行调查核实。人民法院调查核实证据，可以进行勘验、检查、查封、扣押、鉴定和查询、冻结。"最高人民法院《解释》第 220 条规定，"法庭对证据有疑问的，可以告知公诉人、当事人及其法定代理人、辩护人、诉讼代理人补充证据或者作出说明；必要时，可以宣布休庭，对证据进行调查核实。"既然法庭调查核实证据可以进行勘验、检查、查封、扣押等活动，那么自然应该遵循相关的程序。因此，本条规定人民法院调查核实电子数据，进行勘验、查封、扣押、检析等活动时应当遵守本解释的相关规定。

第三节　《关于办理网络犯罪案件调查取证若干问题的规定（草案）》实证案例分析

一、明确取证的原则和范围

《刑事诉讼法》第 50 条、公安部《规定》第 57 条规定了合法、全面的取证原则，两院三部《办理死刑案件证据规定》第 3 条规定了合法、全面和客观的取证原则。但是它们都没有规定及时取证原则和利益衡量原则。这两个原则对于网络犯罪调查取证尤为重要。由于网络犯罪所留下的电子数据很容易被删除、修改，及时收集电子数据对于及时查明犯罪事实至关重要。电子数据记载着持有人、保管人的诸多隐私，侦查机关在收集电子数据时应当对所采取的调查措施与公民权利受到的损害进行衡量，尽量选择对公民权利损害较小的手段。而且，应当尽量不影响网络服务提供商的正常经营。有鉴于此，本司法解释草案规定了取证的三原则：合法性原则，及时、全面、客观原则和利益衡量原则。

《刑事诉讼法》第 50 条、公安部《规定》第 57 条虽然规定了侦查人员应当收集证实犯罪嫌疑人、被告人有罪或者无罪、犯罪情节轻重的各种证据，但是，电子数据的收集范围依然并不明确。因此，本草案针对电子数据收集的特点，规定侦查人员收集电子数据的范围是能够证明案件真实情况的事实信息、证明事实信息客观真实的鉴证信息以及承载上述信息的存储介质和电子设备。

相关问题的案例对比分析——陈智峰编造、故意传播虚假恐怖信息、破坏计算机信息系统案（2008）青刑初字第 375 号

1. 案件基本案情

2008 年 5 月 31 日下午 15 时，被告人陈智峰在网络上收集到广西近期有地震的信息后，即通过互联网登录广西防震减灾网（www. gxsin. gov. com）（由广西地震局主办并将网站服务器安置于南宁市青秀区古城路 33 号）查看相关信息。陈智峰发现该网站的网页存在明显的设计漏洞，便在江苏省太仓市阿凡提科技公司内使用自己的一台清华同方笔记本电脑通过互联网，运用 nbsi3 和 13vip. asp 工具获取了广西防震减灾网系统控制权后，删除了原管理员权限（admin），建立了一个新的管理权限（123321）。然后通过该权限将网页原横幅广告图片"四川汶川强烈地震悼念四川汶川大地震遇难同胞"篡改为"广西近期将发生 9 级以上重大地震，请市民尽早做好准备"，并将该网站首页左侧的"为您服务"栏目中的"滚动信息"全部篡改为"专家预测广西有可能在近期将发生 9 级以上重大地震灾情"。陈智峰以"不是佐助""alexTl5413"的用户名将已篡改的网页截屏图片上传到天涯社区的汶川地震板块并命题为"广西地震局官方网站发布地震预告，是不是真的？"之后，陈智峰又在网易论坛上发布"因为有朋友在广西没事的时候去看了广西地震局的网，官方网站上发布了地震预报吓死人了 9 级大家自己去看吧骗人我死全家"的帖子。截至 6 月 5 日，网民点击量为 13242 次。

2008 年 6 月 1 日 21 时许，被告人陈智峰在江苏省太仓市自家中登录广西防震减灾网，发现被其篡改的网页已被恢复。陈智峰为了不

让该网站的网页正常运行，即利用 nbsi3（注入程序软件）的软件程序获取该网页的管理权限后，上传 clean.bat（批处理程序软件）软件程序至该网页上，并利用 clean.bat 将广西防震减灾网的计算机服务器 D 盘内的数据和应用程序全部内容进行删除，造成广西防震减灾网不能正常运行的严重后果。同年 6 月 3 日 10 时，被告人陈智峰上网登录广西防震减灾网后发现被其删除的网页已恢复，又用相同的方式入侵广西防震减灾网将网页内容删除，造成广西防震减灾网再次无法运行的严重后果。

2. 程序与评析

本案中，侦查人员对广西地震局的一台用于广西防震减灾网网站运行的曙光牌服务器和被告人陈智峰持有的一台红色清华同方笔记本进行勘验，在网易论坛上勘查到 ID 为"alex715413"的网民在 2008 年 5 月 31 日 16 时 14 分 58 秒发布题为"大家去看下广西地震局的网，上面发布了地震预报广西要地震了"的帖子。侦查人员在被告人陈智峰住处扣押作案工具清华同方笔记本电脑一台、电脑主机一台、硬盘一个等物品。侦查人员较为全面地收集了电子证据，不仅对广西防震减灾网网站的曙光牌服务器进行了勘验，而且搜查了被告人陈智峰的住处，扣押了涉案电子设备，勘查了其散布谣言的帖子。

3. 新司法解释草案下的重新审视

在本司法解释草案下，侦查人员应当遵循合法性原则，及时、全面、客观原则和利益衡量原则。侦查人员必须依照法定程序调查取证，否则证据可能被排除。侦查人员收集、调查证据应当及时不拖延，有罪无罪、犯罪情节轻重、犯罪构成要件的情节都要收集，并且应当采取科学的步骤和手段保障收集到的证据客观真实。侦查人员在调查取证过程中应当对所采取的措施与被追诉人和其他人的权利进行衡量，如果必须对公民权利加以限制或剥夺，应当选择对公民权利损害最小的手段，尽可能避免对公民权利造成不必要的损害。

关于取证的范围，侦查人员应当收集能够证明案件真实情况的事实信息、证明事实信息客观真实的鉴真信息以及承载上述信息的网络设备。

二、明确可以对电子数据进行勘验

《刑事诉讼法》第 126 条、最高人民检察院《规则》第 209 条、公安部《规定》第 208 条规定，侦查人员对于与犯罪有关的场所、物品、人身、尸体应当进行勘验或者检查。在必要的时候，可以指派或者聘请具有专门知识的人，在侦查人员的主持下进行勘验、检查。但是他们对侦查人员可否对电子数据进行勘验未置可否。本司法解释草案根据法律解释的原则和方法做出了回答，规定侦查人员可以对电子数据进行勘验。而且，本草案还规定勘验的主要内容是固定、封存和收集电子数据以及在特殊情况下，可以进行在线分析：（一）不实施在线分析可能导致电子证据灭失、变异等；（二）不能关闭或扣押电子设备的；（三）其他不进行在线分析可能会造成严重后果的情形。

相关问题的案例对比分析——赖某某传播淫秽物品牟利案（2011）宝刑初字第 1261 号

1. 案例基本案情

被告人赖某某为牟利，于 2010 年 12 月 1 日注册了一个域名为 bbs.wwb520.com 的网站，并于 2011 年 2 月中旬，利用其事先从同学吴某处骗得的上海市宝山区某路 575-579 号三圣网吧服务器远程登录权限，将其下载的淫秽网站结构模板复制于上述网吧的服务器目录中，以此建立数据库。随后，被告人赖某某又从其他网站下载《国产情侣真实自拍普通话对白》《很不错的正妹》等视频文件上传至上述网站供网民浏览。经鉴定，该网站中包含上述视频文件在内的 50 个视频文件属淫秽视频。

2. 程序与评析

上海市公安局宝山分局网络安全保卫支队登陆该网站页面并对该网站截图，进行现场勘验，查获电脑等电子设备，固定、封存相关电子设备。侦查人员还进行了远程勘验，调取证据，检查和提取淫秽视频等电子数据以及其他活动，制作《电子数据检查工作记录》《远程勘验工作记录》《提取电子证据清单》《固定电子证据清单》《网页、截屏及涉案文件对应关系》《现场勘查笔录》《调查证据清单》《发还物品、文件清单》。

上海市公安局宝山分局进行了现场勘验与远程勘验，固定、封存相关证据，制作相关笔录，较为及时、全面和客观地收集了证据。较为遗憾的是刑事诉讼法和相关司法解释并没有明确侦查人员可以对电子数据进行现场勘验与远程勘验，更没有规定具体的程序。侦查人员对电子数据进行现场勘验并没有违法，而进行远程勘验则有违法之虞。因为根据刑事诉讼法，侦查人员勘验的范围是与犯罪有关的场所、物品，现场勘验是对电子设备的勘验，没有超出"与犯罪有关的场所、物品"的范围，远程勘验则是对信息网络创造的虚拟空间进行勘验，显然超出了"与犯罪有关的场所、物品"的范围。

3. 新司法解释草案下的重新审视

侦查人员的现场勘验，固定、封存相关证据等行为有了更加明确的依据和指南，更加有利于引导侦查人员合法、科学地进行电子数据勘验。根据本司法解释草案的规定，侦查人员如果遇到下列情况，还可以进行在线分析：（一）情况紧急，不实施在线分析电子证据可能会灭失、变异等；（二）情况特殊，不允许关闭或扣押电子设备的；（三）其他不进行在线分析可能会造成严重后果的情形。

三、解决电子数据的调取问题

《刑事诉讼法》第52条、最高人民检察院《规则》第231条、公安部《规定》第59条规定，侦查人员有权向有关单位和个人收集、调取证据。但是，它们对能否调取电子数据没有规定。本司法解释草案规定侦查人员可以凭证明文件调取与案件有关的电子数据，包括与网络服务相关的用户数据以及相关人员的保密义务。本草案借鉴了最高人民检察院《规则》第232条、两院一部《关于办理网络犯罪案件适用刑事诉讼程序若干问题的意见》第11条的内容，规定侦查机关跨地调取电子数据时当地侦查机关的协助义务以及请求外地侦查机代位调取电子数据的程序。这有利于侦查人员顺利地完成电子数据的调取。

相关问题的案例对比分析——黎某某等侵犯著作权案（2013）普刑（知）初字第7号

1. 案件基本案情

2012年2月，被告人黎某某通过植入木马程序，非法入侵注册地位于上海市嘉定区某某路1188号的上海某某信息技术有限公司（以下简称"某某公司"）所属服务器，非法下载该公司拥有计算机软件著作权并营运的网络游戏《某某》游戏程序之源程序。

2012年6月起，被告人黎某某、曹某某、吴某某经合谋，通过租用服务器、注册域名、将非法获取的游戏《某某某》更名为《某某》的方式，架设于租用的服务器上向游戏玩家提供服务进行运营牟利。被告人黎某某负责游戏运营的技术搭建和日常维护，被告人曹某某负责资金管理和客服，被告人吴某某负责客服和游戏推广，三人通过从网上购买的用户名为"杜某某"的银行卡收取游戏玩家的充值金额，共计人民币37万余元。

2. 程序与评析

本案中，涉及侦查人员向服务器出租商和游戏玩家调取电子数据的问题。根据《刑事诉讼法》与相关司法解释的规定，公安司法人员可以向单位和个人调取证据，但是相关法律并未明确规定电子数据的调取问题和电子数据的跨地调取。因此，当侦查人员向在外地的服务器出租商和游戏玩家调取电子数据时不得不亲自出马，到达服务器出租商和游戏玩家所在地才能展开电子数据的调取活动。

3. 新司法解释草案下的重新审视

本司法解释草案不仅规定了侦查机关去外地调取电子数据可以联系当地侦查机关取得协助，而且规定了必要时履行相关手续，便可请求当地的侦查机关代为调取电子数据，以解决路途遥远，不便跨地取证和情况紧急，证据可能灭失的问题。

四、规定数据的实时截获

《刑事诉讼法》第 148 条规定，公安机关对于危害国家安全犯罪、恐怖活动犯罪、黑社会性质的组织犯罪、重大毒品犯罪或者其他严重危害社会的犯罪案件，人民检察院对于重大的贪污、贿赂犯罪案件以及利用职权实施的严重侵犯公民人身权利的重大犯罪案件，在立案后，根据侦查犯罪的需要，经过严格的批准手续，可以采取技术侦查措施。但是并没有规定往来数据和内容数据的实时截获。本司法解释严格按照司法解释的原则和方法，并借鉴欧洲理事会《网络犯罪公约》第 20 条、第 21 条的内容，规定对于符合《刑事诉讼法》第 148 条规定的犯罪类型的网络犯罪，侦查人员可以适用技术措施收集或者记录计算机系统传输的特定通信的实时往来数据和内容数据。本司法解释草案还规定侦查人员可以命令网络服务提供者截获或者协助侦查机关截获电子数据以及相关人员的保密义务。这有利于更为有效地收集电子数据，从而有力地打击严重的网络犯罪。

相关问题的案例对比分析——李南航等颠覆国家政权案（2011）云高刑终字第 668 号

1. 案件基本案情

被告人李南航因对我国当前民主法治等现状不满，于 2009 年年底在互联网上建立了"中国民主共和党"，并同被告人吴旭平等人商议制作了《中国民主共和党建党纲领》《中国民主共和党章程》《党员登记表》等文件，建立了"未来一起来"的 QQ 群进行非法活动。被告人李南航、吴旭平、张国帆等人利用 ICQ 及 SKYPY 在网上召开会议商讨如何实现中国民主共和党的宪政目标，妄图以西方"三权分立""多党竞选"等所谓"民主理念"改变我国人民民主专政的社会主义制度，并于 2010 年 1 月中旬、下旬发布了中国民主共和党临时中央理事会（2010001）、（2010002）两份文件，明确了中国民主共和党的纲领、目标，确定李南航为该党代主席，吴旭平为中央临时负责人，张国帆为情报部门负责人兼湖北省临时负责人，以及其他各省负责人，并在互联网上招募中国民主共和党党员，根据李南航提议发起抗旱捐款的"爱心公益"活动，以借机扩大该党的影响，因故未果。被告人李南航、吴旭平还通过互联网与境外反华组织"中国民主党世界同盟""反共救国军"等进行邮件联系，以期获得支持和帮助，并达到联合反共的最终目的。被告人张国帆在开会时提出建议使用密码，并将该党《纲领》及《党章》向其网友"白秋海棠""月冷千山""FEI舞情鸾"等进行宣传。三被告人实施上述犯罪行为，妄图颠覆我国人民民主专政的政权，推翻社会主义制度。

2. 程序与评析

2010年1月15日，公安机关根据线索在互联网上发现名为"未来一起来"的QQ群内，有一非法组织"中国民主共和党"，该组织已制定出建党纲领、党员登记表、党章，设立了党主席、中央临时负责人和各地区临时负责人并在互联网上招收该组织成员，"中国民主共和党"非法组织在网上的活动已构成现实危害性。公安机关立案侦查后对其网络行动进行监控，将被告人李南航、吴旭平、张国帆分别抓获，并查获李南航、吴旭平、张国帆用于作案的工具电脑等物品，以及中国民主党建党纲领、章程和《零八宪章》《中国现状与民主宪政》反党反社会主义文章等物证。

侦查人员通过现场勘验、远程勘验、对电子数据进行检验分析，查获和提取了大量截屏证据文件和图片、文档文件、电子表格文件、电子邮件、聊天记录等证据文件和信息。这是侦查人员运用现代电子数据收集措施所取得的结果，最后得以将被告人绳之以法，遏制了其试图颠覆国家政权的不良企图。本案中，被告人建立"未来一起来"的QQ群进行沟通、讨论犯罪事宜，散发反党反社会主义的资料、言论；被告人李南航、吴旭平还通过互联网与境外反华组织"中国民主党世界同盟""反共救国军"等进行邮件联系，以期获得支持和帮助，并达到联合反共的最终目的。如果侦查人员运用电子数据的实时截获，将会取得更加良好的证据收集效果，能够更加充分、清楚地证明他们颠覆国家政权的行为。特别是在行为人密谋发动暴乱，意图杀人、放火、爆炸等情况下，如果运用电子数据的实时截获，就能及时遏制他们的暴乱行为，并且成功地收集到犯罪证据。

3. 新司法解释草案下的重新审视

在新司法解释草案下，对于符合刑事诉讼法第148条规定的犯罪类型的网络犯罪，侦查人员可以适用技术措施收集或者记录计算机系统传输的特定通信的实时往来数据和内容数据。本案的被告人构成颠覆国家政权罪，属于危害国家安全的犯罪并且属于网络犯罪。因此可以适用电子数据的实时截获措施，截获他们的网络通信信息，能够更为有效地查处犯罪，更为有力地证明犯罪。

第二章　技术侦查措施领域的司法完善

第一节　《关于技术侦查措施具体应用法律若干问题的解释（草案）》

为了依法严格适用技术侦查措施，惩罚犯罪，保障人权，根据刑事诉讼法有关规定，现就办理此类刑事案件具体应用法律的若干问题解释如下：

第一条　对刑事诉讼法第一百四十八条至第一百五十条规定的犯罪案件，可以采取下列技术侦查措施：

（一）电子监控；

（二）隐匿身份侦查；

（三）控制下交付。

第二条　依法可能判处七年以上有期徒刑的下列案件，应当认定为刑事诉讼法第一百四十八条第一款规定的"其他严重危害社会的犯罪案件"。

（一）暴力犯罪案件；

（二）利用或者针对电信、计算机网络实施的犯罪案件。

第三条　技术侦查措施的适用对象，是犯罪嫌疑人、被告人以及与本案犯罪活动有直接关联的人员。

第四条　从事刑事诉讼法第一百四十八条第一款、第二款规定的犯罪案件而被通缉或者被批准、决定逮捕的在逃人员，应当认定为刑事诉讼法第一百四十八条第三款所称"犯罪嫌疑人、被告人"。

第五条 确定采取技术侦查措施的种类和适用对象时，符合下列条件的，属于刑事诉讼法第一百四十八条、第一百四十九条和第一百五十一条规定的"侦查犯罪的需要"：

（一）对于促进侦查活动具有显著效果；

（二）采用其他侦查手段无法取得显著效果；

（三）与案件的性质、程度相适应。

第六条 采取技术侦查措施符合下列条件的，属于刑事诉讼法第一百四十八条规定的"严格的批准手续"：

（一）公安机关需要采取技术侦查措施的，应当制作呈请采取技术侦查措施报告书，由设区的市一级以上的公安机关报检察机关批准，制作采取技术侦查措施决定书。

（二）检察机关需要采取技术侦查措施的，应当制作呈请采取技术侦查措施报告书，由设区的市一级以上的检察机关报上一级检察机关批准，制作采取技术侦查措施决定书。

第七条 采取有关人员隐匿身份实施侦查以外的其他方式不能侦查或者难以获取证据时，应当认定为刑事诉讼法第一百五十一条的"在必要的时候"。

第八条 采取技术侦查措施收集的材料作为证据使用，暴露所采用技术侦查措施的方法等国家秘密的，应当认定为刑事诉讼法第一百五十二条规定的"其他严重后果"。

第九条 使用技术侦查措施收集的材料，采取下列措施的，应当认定为刑事诉讼法第一百五十二条规定的"保护措施"：

（一）不公开真实姓名、住址和工作单位等个人信息，或者采取不暴露外貌、真实声音等出庭作证措施；

（二）不暴露所采用技术侦查措施的方法等涉密信息。

第十条 最高人民法院、最高人民检察院、公安部、国家安全部、司法部此前发布的司法解释、行政解释与本解释不一致的，以本解释为准。

第二节 《关于技术侦查措施具体应用法律若干问题的解释(草案)》草拟说明及理由

第一条 技术侦查措施的外延

对刑事诉讼法第一百四十八条至第一百五十条规定的犯罪案件，可以采取下列技术侦查措施：

（一）电子监控；

（二）隐匿身份侦查；

（三）控制下交付。

● **说明及理由**

本条是关于技术侦查措施的外延的规定，首先需要明确的问题是：《刑事诉讼法》规定的技术侦查措施具体包括哪些侦查手段？

技术侦查首次出现在《刑事诉讼法》当中。关于技术侦查具体内涵和外延范围，目前存在较大的争议。理论界对技术侦查的概念和种类有很大的分歧，尤其集中在技术侦查和秘密侦查的关系上。大致有三种观点：第一种观点认为技术侦查就是在侦查活动中使用的一些专门的科学技术手段，排除了一些利用技术的秘密侦查手段，这属于狭义的技术侦查；第二种观点认为技术侦查是指在侦查活动中利用一定科学知识和技术的各种侦查行为的总称。技术侦查既可以运用在一般的普通侦查之中，也可以在一定范围内秘密使用。认为技术侦查与秘密侦查是交叉关系；第三种观点认为秘密侦查涵盖的种类更为广泛，包括技术侦查措施、诱惑类侦查措施、派遣秘密调查人员类侦查措施，而技术侦查是秘密侦查措施的一种。

立法上关于技术侦查的概念可以追溯到1993年《国家安全法》和1995年《人民警察法》。1993年《国家安全法》第10条规定，"国家安全机关因侦察危害国家安全行为的需要，根据国家有关规定，经过严格的批准手续，可以采取技术侦察措施"。第33条规定，"公安机关依照本法第二条第二项的规定，执行国家安全工作任务时，适用本法有关规定。"这是首次在正式立法中明确规定了技术侦查措施，但只是对国家安全机关和公安机关在办理危害国家安全案件时使用技术侦查措施的授权，而未涉及大量存在的普通刑事案件中技术侦查措施的运用。1995《人民警察法》第16条规定，"公安机关因侦查犯罪的需要，根据国家有关规定，经过严格的批准手续，可以采取技术侦察措施。"这一规定首次在法律中明确了对公安机关办理普通刑事犯罪案件中使用技术侦查措施的授权，但仍然未能明确技术侦查措施的外延。根据有关解释，《国家安全法》和《人民警察法》所规定的"技术侦察"，是指国家安全机关和公安机关为了侦查犯罪而采取的特殊侦察措施，包括电子侦听、电话监听、电子监控、秘密拍照或录像、秘密获取某些物证、邮件检查等秘密的专门技术手段。虽然这两部法律中使用的"技术侦察"，但只是采用了侦查部门的内部习惯，其实质意义等同于技术侦查。可见，其意义倾向于技术侦查的狭义概念。

但是，技术侦查措施外延的确认应当兼顾"秘密性"，不能片面强调"技术"色彩，一些不具技术性的秘密侦查措施，如诱惑侦查、控制下交付等不应被排除在外。而且，《刑事诉讼法》第151条其实规定了"隐匿身份侦查"和"控制下交付"两种技术侦查措施，一起被规定在第八节"技术侦查措施"中。因此，《刑事诉讼法》中的技术侦查措施包括了技术侦查和秘密侦查，又因当前技术侦查措施主要采用电子监控的手段，因此，《刑事诉讼法》"侦查"章第八节规定的技术侦查措施可以细化为电子监控、隐匿身份侦查和控制下交付三种手段。

通过解释的方式将技术侦查手段予以明确化对于保障人权有着重要意义。现代犯罪活动呈现出越来越智能化和隐秘化的趋势，犯罪手段层出不穷，某些特定的犯罪活动更是出现了犯罪手段技术化的特征。随着科技的进步发展和刑事司法人权保障观念的增强，将科学技术手段运用于刑事侦查已成为一种必然的趋势。但是由于侦查权自身的扩张和侵权特点，采用了极易侵犯公民基本隐私权技术侦查措施，对犯罪嫌疑人和普通公民的人权保障需格外注意。

（一）电子监控

电子监控是侦查人员通过电子技术，在秘密状态下监视和控制相对人的活动的侦查措施。当前刑事司法实践中的电子监控的主要种类包括：通讯监听、通讯检查、通讯定位、行动监控等[①]。通讯监听、通讯检查和通讯定位的共同特点是侦查人员在未经通讯各方同意的情况下，利用电子技术对有关人员的信件、电话、传真、电子邮件、手机等进行的监控，了解被监控对象的相关通讯信息和在特定时间的地理位置信息。行动监控是指通过专门的技术设备对被监控对象的行动情况进行掌控，但通常并不涉及监控对象与他人交谈或者通讯的内容，监控的结果主要表现为视频资料、行动路线等[②]。

（二）隐匿身份侦查

隐匿身份侦查指侦查人员或者侦查机关控制下的相关人员以欺骗的方式所进行的侦查活动，在外延上包含了刑事司法实践中的卧底侦查和诱惑侦查。卧底侦查是指侦查人员或者侦查机关控制下的相关人员以伪装的某种特殊身份为掩护，获取侦查对象的信任，收集犯罪信息和相关证据的一种侦查手段。诱惑侦查是指侦查人员或者侦查机关控制下的相关人员通过故意引诱犯罪或者为实施犯罪提供机会而促使被追诉人实施犯罪行为，进而侦破案件的一种侦查手段。在法理上，诱惑侦查的两种类型是"犯意诱发型"和"机会提供型"。其中，"机会提供型"诱惑侦查没有唆使他人犯罪，基本上是合法的，而"犯意诱发型"的诱惑侦查则存在一定得争议，一般认为侦查机关不能够实施"犯意诱发型"的诱惑侦查。

在"犯意引诱型"的诱惑侦查中，被追诉人本没有实施犯罪的意

[①] 刘方权：《突破与缺憾：技术侦查制度评析》，载《四川警察学院学报》2012年第6期。

[②] 刘方权：《突破与缺憾：技术侦查制度评析》，载《四川警察学院学报》2012年第6期。

图，但是在相关人员的引诱之下产生了犯罪意图，并因实施犯罪行为而最终被追究刑事责任。在被追诉人实施犯罪的整个过程中，侦查机关的引诱对于最终犯罪行为的发生具有关键作用，已经远远超出合法侦查的界限。因此，《刑事诉讼法》第151条第1款明确规定，"为了查明案情，在必要的时候，经公安机关负责人决定，可以由有关人员隐匿其身份实施侦查。但是，不得诱使他人犯罪，不得采用可能危害公共安全或者发生重大人身危险的方法。"最高人民法院《全国部分法院审理毒品犯罪案件工作座谈会纪要》中明确指出："……行为人本没有实施毒品犯罪的主观故意，而是在特情诱惑和促成下形成犯意进而实施毒品犯罪的，属于'犯意引诱'。对因'犯罪引诱'实施毒品犯罪的被告人，根据罪行相适应原则应当依法从轻处罚，无论涉案毒品数量多大，都不应判处死刑立即执行，行为人在特情既为其安排上线，又提供下线的双重引诱，即'双套引诱'下实施毒品犯罪的，处刑时可予以更大幅度的从宽处罚，或者依法免予刑事处罚。"最高人民法院对于毒品犯罪中诱惑侦查的态度，表明"犯意诱发"的诱惑侦查的运用应慎之又慎。而在"机会提供型"诱惑侦查中，被追诉人原本就有实施犯罪行为的意图，不论侦查机关是否为其提供犯罪机会，被追诉人都将实施最终的犯罪行为。侦查机关通过提供犯罪机会，不仅能有效侦破案件，而且可以将犯罪行为控制在可预测可掌握的范围之内，避免更大的犯罪危害。

（三）控制下交付

控制下交付是指侦查机关在秘密监控的情形下，通过有策略的允许物品交付，收集相关证据查明并最终抓获犯罪人的一种侦查措施。

控制下交付是伴随着有组织的、跨国境的毒品犯罪数量的激增而出现的一种新型侦查方式。1988年《联合国禁止非法贩运麻醉药品和精神药物公约》首次明确规定了控制下交付这种新型侦查手段。按照《联合国禁止非法贩运麻醉药品和精神药物公约》第1条（g）款的规定，公约的"控制下交付"系指一种技术，即在一国或者多国的主管当局知情或者监视的情况下，允许货物中非法可疑的麻醉药品、精神药物以及其他毒品物质或他们的替代物运出、通过或者运入领土，以期查明各类毒品犯罪人。2000年《联合国打击跨国有组织犯罪公约》和2003年的《联合国反腐败公约》也对控制下交付进行了规定。

第二条 "其他严重危害社会的犯罪案件"的界定

依法可能判处七年以上有期徒刑的下列案件，应当认定为刑事诉讼法第一百四十八条第一款规定的"其他严重危害社会的犯罪案件"。

（一）暴力犯罪案件；

（二）利用或者针对电信、计算机网络实施的犯罪案件。

● **说明及理由**

本条是对《刑事诉讼法》第148条中"其他严重危害社会的犯罪案件"的界定，该条在"危害国家安全犯罪、恐怖活动犯罪、黑社会性质的组织犯罪、重大毒品犯罪"等四类案件之后，将"其他严重危害社会的犯罪案件"一并作为侦查机关可以采用技术侦查措施的案件类型。"其他严重危害社会的犯罪案件"对案件范围的限制过于模糊化，难以起到精确的指引作用，过于宽泛的规定使得技术侦查措施存在被滥用的可能。技术侦查措施所具有的秘密性、技术性等特点，极易对公民的合法权利，甚至宪法性基本人权造成侵害。技术侦查措施适用的案件类型必须坚持比例原则，应当对适用技术侦查措施对公民权利造成的损害与惩罚犯罪的收益进行衡量，只有当实施技术侦查措施获得的社会整体利益远远大于可能受到损害的公民基本权益时，才能允许实施。从域外法治发达国家的立法例来看，各国均严格限定了技术侦查措施的案件适用范围。以技术侦查措施的典型代表监听为例，各国均将监听适用于社会危害性较大的犯罪行为。如美国1968年《综合犯罪预防及街道安全法》规定，"秘密监听措施只能适用于以下犯罪：间谍罪、叛国罪、劳动敲诈罪、谋杀罪、绑架罪、抢劫罪、敲诈勒索罪、贿赂罪、赌博罪、吸毒罪、伪造罪等。"德国《刑事诉讼法》第100条a款规定,"对以下犯罪允许监视、录制电讯往来:反和平罪;叛逆罪;危害民主宪政罪或叛国罪;危害外部安全罪;危害国防罪;危害公共秩序罪;非军人煽动、辅助军人逃跑或者煽动不服从命令罪;危害北约成员国驻德部队之安全罪;伪造货币、有价证券罪;谋杀罪、非预谋杀人罪或者种族灭绝罪;侵犯他人人身自由罪;结伙盗窃罪;抢劫罪、敲诈勒索罪;常业性结伙接受赃物罪;危害公共安全罪;法定范围内的涉及武器的犯罪、毒品犯罪和涉外犯罪等。"

本条以七年有期徒刑作为实施技术侦查措施的标准,规定案件类型的同时增加可能判处刑罚的限制,参考了公安部《规定》第254条的规定。该条规定,"公安机关在立案后,根据侦查犯罪的需要,可以对下列严重危害社会的犯罪案件采取技术侦查措施:(一)危害国家安全犯罪、恐怖活动犯罪、黑社会性质的组织犯罪、重大毒品犯罪案件;(二)故意杀人、故意伤害致人重伤或者死亡、强奸、抢劫、绑架、放火、爆炸、投放危险物质等严重暴力犯罪案件;(三)集团性、系列性、跨区域性重大犯罪案件;(四)利用电信、计算机网络、寄递渠道等实施的重大犯罪案件,以及针对计算机网络实施的重大犯罪案件;(五)其他严重危害社会的犯罪案件,依法可能判处七年以上有期徒刑的。"情节相对轻微,社会影响较小的案件,可能被判处七年有期徒刑以下刑罚的,根据比例原则不能适用技术侦查措施。七年有期徒刑的设置是比较符合我国刑事司法实践的,而且同法治发达国家以五年有期徒刑作为适用技术侦查措施的分界点的立法例较为接近,如意大利《刑事诉讼法》第266条规定对非过失犯罪和妨害公共管理的犯罪实施监听的必要条件为应处无期徒刑或5年以上有期徒刑。

(一)暴力犯罪案件

本项删除了公安部《规定》第254条规定的具体罪名,而代之以"暴力犯罪案件"。因为"危害国家安全犯罪、恐怖活动犯罪、黑社性质的组织犯罪、重大毒品犯罪案件"四类案件已经被《刑事诉讼法》第148条所明确,在法律解释中再次重复不仅毫无必要,无法发挥解释细化法律规定的作用,而且有"立法式"解释之嫌。严重侵犯公民人身权利和财产权利的犯罪案件,例如抢劫、故意杀人和绑架等均可以包含在"暴力犯罪案件"之中,无单独列举的必要。通过七年有期徒刑的限制,将技术侦查措施适用的"暴力犯罪案件"进一步缩小。

(二)利用或者针对电信、计算机网络实施的犯罪案件

区别于传统犯罪,利用或者针对电信、计算机网络实施的犯罪,往往能突破犯罪人所在地的限制,表现为犯罪影响波及数地,甚至跨省、跨国。如果单纯依赖传统侦查措施,此类案件将耗费大量的人力物力财力,使得侦查机关在数地之间疲于奔命,而且也难以有效获得犯罪证据。利用技术侦查措施,可以最大程度地不受地理位置的限制,不仅能节约宝贵的司法资源,而且能够有效地获得犯罪证据。

第三条 技术侦查措施适用对象的界定

技术侦查措施的适用对象,是犯罪嫌疑人、被告人以及与本案犯罪活动有直接关联的人员。

● **说明及理由**

本条是关于技术侦查措施适用对象的界定。技术侦查措施不同于传统侦查措施的一个重要特点在于,技术设备需要在一定范围内发挥功能,会涉及不特定数量的普通公民,甚至不同程度地侵害此范围内公民的基本权益。一项合法的技术侦查措施在实际运行中不一定能够完全遵守法定条件,技术侦查措施中可能涉及不特定数量公民的典型是监听,侦查机关一旦开始实施技术侦查措施,出于侦查需要往往对被监听人的谈话全部截听、录音。

由于侦查机关无法控制监听中涉及的谈话范围,得知无关的内容也在所难免,这种不确定性不仅仅是监听的特性,而且也是大多数技

术侦查措施的特性。从技术角度分析，监听可分为两种：一种是对整个电话线路进行监听的线路监听（wiretapping）；另一种是不通过电话线路，利用监听器的电子监听（bugging）。其中，第一种对普通公民的影响最为巨大，技术上的缺陷可能会使严格适用技术侦查措施的种种限制落空。因此，技术侦查措施中的适用对象必须坚持直接关联原则。其他人员是否与犯罪活动具有直接关联往往难以确定，因为被实施技术侦查措施的人员很有可能因为无意的传闻而在通信中谈及有关犯罪活动，直接关联原则要求其他人员必须是与犯罪活动有实质关联的人员。因此，需要从"质"和"量"两个方面对直接关联进行解释。在质的方面，要求技术侦查措施适用的对象必须与《刑事诉讼法》第148条所规定的犯罪活动有"关联"，即犯罪嫌疑人、被告人或者其他人员系从事《刑事诉讼法》第148条中的犯罪活动或者提供帮助。此时因为被实施技术侦查措施的对象从事了严重犯罪活动，根据比例原则，可以适度将技术侦查措施的适用由犯罪嫌疑人、被告人扩展至与本案犯罪活动有直接关联的人员；量的方面要求犯罪嫌疑人、被告人或者其他人员从事《刑事诉讼法》第148条所规定的犯罪活动的关联性已经达到了"直接"的程度，即将技术侦查措施的适用范围扩展至其他人员对案件的侦查活动有重大意义，其他人员在犯罪案件中参与程度可能构成"共犯"的，即视为具有重要意义。

  本条的内容是对公安部《规定》第255条第2款的修正，在原解释中规定，"技术侦查措施的适用对象是犯罪嫌疑人、被告人以及与犯罪活动直接关联的人员。"本司法解释草案中增加了"本案"二字作为"犯罪活动"的限定词，主要基于以下考虑：技术侦查措施的适用极易侵害公民基本权益，通过比例原则的适用，只有在重罪案件中才可以适用技术侦查措施。因此，作为技术侦查措施适用对象的其他人员，也应当满足这一条件，即从事《刑事诉讼法》第148条所规定的犯罪活动。而原解释中的"犯罪活动"一词语焉不详，即使勉强解释为刑事诉讼法第148条所规定的犯罪活动，也无法确定是否为经过审批的实施技术侦查措施的犯罪案件。换言之，"与犯罪活动直接关联的人员"可能从事了刑事诉讼法第148条所规定的犯罪案件，但是该犯罪案件不属于实施的技术侦查措施中所涉及的犯罪案件。对此人员实施技术侦查措施仍然违反刑事诉讼法的规定，属于违法实施。

第四条　追捕被通缉或者批准、决定逮捕的在逃的犯罪嫌疑人、被告人的界定

从事刑事诉讼法第一百四十八条第一款、第二款规定的犯罪案件而被通缉或者被批准、决定逮捕的在逃的人员，应当认定为刑事诉讼法第一百四十八条第三款所称"犯罪嫌疑人、被告人"。

● **说明及理由**

本条是关于《刑事诉讼法》第148条第3款之"追捕被通缉或者批准、决定逮捕的在逃的犯罪嫌疑人、被告人"的解释。技术侦查措施具有秘密性、扩张性、侵权性等特点，不合理地使用会对公民的基本权利造成极大地侵害。因此，技术侦查措施应当按照比例原则的要求用于具有巨大社会危害性的严重犯罪，侦查手段的严厉性、可能侵害公民权利的严重性应当同犯罪的社会危害性相适应。《刑事诉讼法》第148条第1款规定，"公安机关在立案后，对于危害国家安全犯罪、恐怖活动犯罪、黑社会性质的组织犯罪、重大毒品犯罪或者其他严重危害社会的犯罪案件……可以采取技术侦查措施"。该条第2款规定，"人民检察院在立案后，对于重大的贪污、贿赂犯罪案件以及利用职权实施的严重侵犯公民人身权利的重大犯罪案件……可以采取技术侦查措施"。这两款的规定对于技术侦查措施的实施限制了最基本的案件类型，只有社会危害性最大的犯罪案件才可以适用技术侦查措施。与之对应的是该条第3款的规定，"追捕被通缉或者批准、决定逮捕的在逃的犯罪嫌疑人、被告人，经过批准手续，可以采取追捕所必需的技术侦查措施"。《刑事诉讼法》第153条规定的发布通缉令的条件是"应当逮捕的犯罪嫌疑人如果在逃，公安机关可以发布通缉令"。

这说明适用对象是否符合逮捕条件成为采取技术侦查措施的重要因素。《刑事诉讼法》第 79 条规定对于逮捕的标准是"对有证据证明有犯罪事实、可能判处徒刑以上刑罚的犯罪嫌疑人、被告人，采取取保候审尚不足以防止发下列社会危险性……"。而我国《刑法》除危险驾驶罪外，几乎全部犯罪均可能判处徒刑以上刑罚，这意味着在我国实践中高逮捕率、高羁押率的环境下，几乎所有的犯罪嫌疑人、被告人均有被逮捕的可能性，进而其在逃或被通缉时均属于适用技术侦查措施的对象。刑事诉讼法通过案件类型的限制划定了技术侦查措施的具体适用范围，为防止其滥用起到了积极作用。但侦查机关快速打击犯罪的心态倾向于扩大技术侦查措施的实施范围，尤其是《刑事诉讼法》第 148 条第 3 款的规定极易成为侦查机关规避案件类型的工具，并将其与《刑事诉讼法》第 148 条第 1 款和第 2 款的关系割裂开来，对于"追捕被通缉或者批准、决定逮捕的在逃的犯罪嫌疑人、被告人"不加区分地使用技术侦查措施。鉴于此，对《刑事诉讼法》第 148 条的相关规定进行限缩性解释是十分有必要的。

  本条的内容是对公安部《规定》第 254 条第 2 款和最高人民检察院《规则》第 264 条的修正。公安部《规定》第 254 条规定，"公安机关追捕被通缉或者批准、决定逮捕的在逃的犯罪嫌疑人、被告人，可以采取追捕所必需的技术侦查措施。"基本照搬了《刑事诉讼法》第 148 条第 3 款的规定，并未回应此问题。最高人民检察院《规则》第 264 条规定，"人民检察院办理直接受理立案侦查的案件，需要追捕被通缉或者批准、决定逮捕的在逃的犯罪嫌疑人、被告人的，经过批准，可以采取追捕所必需的技术侦查措施，不受本规则第二百六十三条规定的案件范围的限制。"特别指出对于"需要追捕被通缉或者批准、决定逮捕的在逃的犯罪嫌疑人、被告人"，实施技术侦查措施不受案件范围的限制。这种解释将出现追逃中的技术侦查措施架空案件类型限制的局面。

  因此，对该条文的运用应当通过限缩性解释加以细化和完善，避免侦查权力的滥用，同《刑事诉讼法》第 148 条第 1 款和第 2 款结合起来,在《刑事诉讼法》第148条内进行理解,"追捕被通缉或者批准、决定逮捕的在逃的犯罪嫌疑人、被告人"的案件必须是符合刑事诉讼法第148条第1款和第2款规定的案件类型。

第五条 "侦查犯罪的需要"的界定

确定采取技术侦查措施的种类和适用对象时,符合下列条件的,属于刑事诉讼法第一百四十八条、第一百四十九条和第一百五十一条规定的"侦查犯罪的需要":

（一）对于促进侦查活动具有显著效果;

（二）采用其他侦查手段无法取得显著效果;

（三）与案件的性质、程度相适应。

◉ 说明及理由

本条是关于《刑事诉讼法》第149条"侦查犯罪的需要"的界定。侦查机关将科学技术手段运用于追诉犯罪,但技术侦查措施具有极易侵害公民宪法性权利的特点。采用技术侦查措施的种类和适用对象必须加以严格限定。

侦查活动不仅是一种回溯性的认识活动,为了发现事实真相而采取必要的手段,而且在认识过程中必须恪守一定的价值标准。换言之,在打击犯罪的同时不能忽视其他价值。所以,技术侦查措施的种类和适用不仅仅要考虑对发现事实真相是否有益,也即有效性,也要考虑技术侦查措施运用的正当性问题。随着人类文明的进步,现代社会的侦查活动已经抛弃了"不择手段、不问是非及不计代价的真实发现",然而,"由于日新月异的组织犯罪及科技发展,各国刑事诉讼又面临新的挑战……其根本难题,一言以蔽之,就是徘徊于有效性和法治国之间的犯罪控制。"[1] 尤其是技术侦查措施,其打击犯罪的有效性毋庸置疑,而且具有快速、准确等传统侦查措施难以比拟的巨大优

---

[1] 林钰雄:《刑事诉讼法》,中国人民大学出版社2005年版,第37~38页。

势，但对公民基本权益的侵害隐秘性也是传统侦查措施所不具备的。因此，在中国法治进程尚不尽如人意，侦查机关法治素质较低的情况下，如何利用技术侦查措施的优势，发挥有效性，同时尽力避免弊端，防止技术侦查措施减损侦查活动的正当性，需要通过具体解释进行规制。

（一）对于促进侦查活动具有显著效果

随着我国科学技术和国民经济的快速发展，计算机和互联网技术迅速发展，掌握一定科技手段的网络犯罪分子越来越多。当前出现的网络犯罪开始呈现出多样化、隐秘化的特点。与此同时，利用计算机技术和发达的通讯交流、快速的交通运输进行犯罪活动，使得网络犯罪的侦破难度进一步加大，呈现出跨区域、跨境的趋势，使得网络犯罪也具有国际化的色彩。给侦查工作带来严峻的考验。技术侦查措施具有较强的应对性与有效性，在网络犯罪的新形势下，相较于传统侦查措施，能以较少的司法资源投入实现案件的侦破。

（二）采用其他侦查手段无法取得显著效果

该项是"最后手段原则"的体现。从最后手段原则含义来看，只有传统侦查手段无效，无法实现侦查需要的情况下才可以使用技术侦查手段。从最大限度保护公民基本权益出发，只有在穷尽一切可能的、侵害性较小的侦查措施而有采取技术侦查措施之必要时，才能把技术侦查措施作为"最后手段"加以运用。技术侦查是一把双刃剑，其在增强侦查机关打击犯罪能力的同时也极易对公民的基本权利带来较大侵害。因此，法治发达国家一般都强调必须是基于侦查的需要才能适用技术侦查措施，如果采取传统侦查措施可以实现侦查目的，则不应采用技术侦查措施。域外法治发达国家在规制技术侦查措施时，均在一定程度上体现了"最后手段原则"。根据美国《综合犯罪控制和街道安全综合法》的规定，只有在"有合理原因相信只有使用专门窃听装置才能从犯罪中获得需要的信息，以及对案件来说，一般侦查方法都已试过但不成功或者一旦执行面临很大危险"时，法官才可以签发批准电子监控的令状，同时必须做出其他侦查手段无法取得成效的裁定。

（三）与案件的性质、程度相适应。

技术侦查是基于侦查特定犯罪，特别是严重危害社会的犯罪的需要而产生的。技术侦查措施易对公民权利造成秘密侵害，尤其是公民的个人隐私、住宅安宁和通讯自由等具有重要意义的基本权利。这就要求技术侦查措施的启动必须受到极其严格的限制。在衡量保护公民基本权益与维护社会整体利益后，只有当获得的社会整体利益远远大于公民基本权益时，才能允许实施技术侦查措施。为避免技术侦查措施的滥用对公民基本权利造成侵害，法治发达国家的立法均强调对严重的犯罪才可以适用技术侦查措施，如《意大利刑事诉讼法典》第266条规定，"在下列犯罪案件侦查中，允许对谈话、电话和其他形式的电讯联系进行窃听：1. 依照第4条的规定依法应判处无期徒刑或者5年以上有期徒刑的非过失犯罪；2. 依照第4条的规定依法应判处5年以上有期徒刑的妨害公共管理的犯罪；3. 涉及麻醉品和精神刺激药物的犯罪；4. 涉及武器和爆炸物的犯罪；5. 走私犯罪；6. 利用电话实施的侵犯、威胁、骚扰或干扰他人的犯罪，但是如果这种对话发生在刑法典第614条列举的地点，只有当有理由认为那里正在进行犯罪活动时，才允许窃听。"我国《刑事诉讼法》也不例外。《刑事诉讼法》第148条规定了适用技术侦查措施的罪名，"公安机关在立案后，对于危害国家安全犯罪、恐怖活动犯罪、黑社会性质的组织犯罪、重大毒品犯罪或者其他严重危害社会的犯罪案件，根据侦查犯罪的需要，经过严格的批准手续，可以采取技术侦查措施。人民检察院在立案后，对于重大的贪污、贿赂犯罪案件以及利用职权实施的严重侵犯公民人身权利的重大犯罪案件，根据侦查犯罪的需要，经过严格的批准手续，可以采取技术侦查措施，按照规定交有关机关执行。"《刑事诉讼法》第148条列举的罪名都是我国刑事司法领域严厉打击的犯罪，犯罪行为对社会带来的危害巨大，其侵害的社会利益远远大于个体基本权益。因此，对这些犯罪案件实施技术侦查措施同案件的性质、程度是相适应的。

但是，技术侦查措施作为一柄双刃剑，采取的种类和适用期限的不同，对于公民基本权益的侵害程度也不同，有些跨国、跨境的犯罪涉及面广，侦查难度大，可能需要采取多种技术侦查措施，长期侦查才能获得证据，比如，综合运用通信监听、邮件监控、电子定位等技术侦查措施。尤其是网络犯罪案件，同普通刑事案件相比，犯罪嫌疑人实施犯罪时遗留下的证据相比普通刑事案件更难以获取，尤其是传统侦查措施对获得此种证据困难重重。但是，网络犯罪案件也存在一些案情十分简单明了的情况，此时不需要借助技术侦查措施，仅凭传统侦查措施就可以有效开展侦查活动。有些网络犯罪涉及面较窄，犯罪手法单一，不需要采用多种技术侦查措施，比如依靠通信监听就可以实现侦破。如果在此情形下仍一律实施多种技术侦查措施，不仅是对紧缺诉讼资源的一种极大浪费，更重要的是对公民基本权利的极大侵害。

第六条　技术侦查措施的批准手续

采取技术侦查措施符合下列条件的，属于刑事诉讼法第一百四十八条规定的"严格的批准手续"：

（一）公安机关需要采取技术侦查措施的，应当制作呈请采取技术侦查措施报告书，由设区的市一级以上的公安机关报检察机关批准，制作采取技术侦查措施决定书。

（二）检察机关需要采取技术侦查措施的，应当制作呈请采取技术侦查措施报告书，由设区的市一级以上的检察机关报上一级检察机关批准，制作采取技术侦查措施决定书。

◉ **说明及理由**

本条是关于技术侦查措施批准手续的规定。出于对侦查权扩张的担忧，法治发达国家大多对技术侦查措施实行严格的审批手续。通过严格审批将技术侦查措施的适用控制在法定范围之内，防止侦查机关随意扩大技术侦查措施的适用案件范围。我国也对技术侦查措施规定了严格的审批手续。《刑事诉讼法》第148条规定，公安机关和人民检察院采取技术侦查措施，应该"经过严格的批准手续"。虽然《刑事诉讼法》第148条至151条规定了批准适用技术侦查措施的案件范围、适用期限、措施种类等，但是没有对批准程序做出具体规定，仅模糊的规定"经过严格的批准手续"。法典关于技术侦查批准机关规定的模糊化，极易架空《刑事诉讼法》相关条文对案件范围、适用期限、措施种类的严格限定。

（一）公安机关需要采取技术侦查措施的，应当制作呈请采取技术侦查措施报告书，由设区的市一级以上的公安机关报同级检察机关批准，制作采取技术侦查措施决定书。

本项是对公安部《规定》第256条的修正。在原有的解释中，公安机关采取技术侦查措施仅需要报设区的市一级以上公安机关负责人批准，也即自我批准、自我监督。不仅将公安机关批准技术侦查措施的过程完全排除了外在监督，而且相关审查批准流程的闭合性也侵害了当事人申请救济的权利。最终造成侦查机关完全排除外部监督，进行自我授权的危险现象。这不仅违背了"司法最终裁决"和"控裁分离"的基本诉讼原则，而且会对侦查法治化这一趋势造成极大的阻碍。

纵观法治发达国家的立法和实践可知，技术侦查措施的审查模式主要以外部审查为主，即通过分权制衡的原则由中立的机关对技术侦查措施的实施进行审批。虽然审批机关各不相同，但共同的特点是申请机关和批准机关相分离，避免侦查机关自我申请、自我审批。其中，司法令状模式对技术侦查措施的审查较为有效，能够起到保护人权和权力制约的作用。即便英国实行不同于司法令状主义的行政机关审查模式，却也满足申请机关和批准机关相分离的要求，例如，侦查机关申请的截收通讯许可证由国务大臣发放，或者在紧急情况下经国务大臣授权的高级官员发放，不得自我审批。但是从可行性的角度考虑，对技术侦查措施的批准手续直接实施司法令状主义，赋予法官技术侦查措施的批准决定权尚有困难。法院目前不具备进行完全司法审查的权威，在中国引入法官司法审查制度，有以下两大难题：一是全国法院系统目前已经在超负荷运转，如果再引入技术侦查措施的审批会进一步加大法院的工作负担；二是必然改变现行的司法体制，逮捕作为一项适用率较高的剥夺人身自由的刑事诉讼强制措施尚未实现司法审查，部分原因在于涉及整个体制的重新构建，变革成本巨大。因此，技术侦查措施的司法令状虽然可以作为一项长期的努力目标，但不适宜作为近期的具体操作方案。结合我国司法实践，将技术侦查措施的批准决定权赋予人民检察院是较为可行的一种方案。从立法层面来看，《宪法》明确规定了人民检察院法律监督机关的地位，在刑事诉讼中具体表现为侦查监督权等权力，进行技术侦查措施的审查批准显然也是侦查监督权的组成部分。从司法层面来看，人民检察院长期通过批准逮捕对侦查活动实行法律监督，积累了较为丰富的监督经验和完善的内部操作流程。检察机关可以相对客观地对技术侦查措施的适用进行评价。因此，由侦查监督部门行使技术侦查措施的审批权在实践上是可行的。

本项将技术侦查措施的审批权限设定为"设区的市一级以上的公安机关报同级检察机关批准"，是出于严格技术侦查措施审批手续的目的，将设区的市一级以上的公安机关作为申请实施技术侦查措施的最低级别机关。

（二）检察机关需要采取技术侦查措施的，应当制作呈请采取技术侦查措施报告书，由设区的市一级以上的检察机关报上一级检察机关批准，制作采取技术侦查措施决定书。

本项是对人民检察院直接受理的案件适用技术侦查措施审批手续的规定。技术侦查措施在职务犯罪案件中的运用，是应对职务犯罪高发趋势的要求。一方面，职务犯罪案件的自身特点决定了传统侦查措施的不足。在职务犯罪案件中，由于犯罪嫌疑人、被告人利用自己的职务进行犯罪，具有涉案关系复杂、隐蔽性强、较难查证的特点，而且职务犯罪主体一般具有较强的反侦查能力，利用社会关系复杂、社会阅历丰富等自身优势，对检察机关的侦查活动施加各种影响，给侦查活动带来了强大的阻力。由于职务犯罪案件多发生在封闭场所，尤其是是贪污贿赂案件的"一对一"特征，使得此类案件通过传统侦查措施获得物证的难度加大。即便依靠传统侦查措施能够获得一定证据，相比技术侦查措施也需要耗费大量的人力、物力、财力。另一方面，从侦查机关办理贪污贿赂案件的实践情况来看，针对信息化环境下的犯罪手段，技术侦查措施的作用不容忽视。例如，赃款的去向是指控犯罪嫌疑人、被告人具有主观故意的有力证据，在信息化高速发展的今天，犯罪嫌疑人、被告人常常利用电子转账、洗钱等手段，千方百计隐匿赃款去向，而技术侦查措施的运用将为侦查机关准确查明赃款去向提供有力的工具。鉴于此，在打击职务犯罪的过程中，加大技术侦查措施的运用，弥补传统侦查措施的不足，已经成为国际社会的共识。为更加有效地打击职务犯罪与腐败犯罪，2003年10月31日，联合国大会审议并通过了《联合国反腐败公约》，2005年10月27日，十届人大常委会第十八次会议审议并批准加入《联合国反腐败公约》。根据该《公约》规定，为有效打击腐败，各缔约国均应当在其本国法律制度基本原则许可的范围内并根据本国法律规定的条件在其力所能及的情况下采取必要措施，适用技术侦查手段。

　　将检察机关的技术侦查措施批准手续"上提一级"，由"设区的市一级以上的检察机关报上一级检察机关批准"是出于现实考虑。检察机关在刑事诉讼中行使审查批捕职能，但对于检察院立案侦查的案件缺乏有效监督，自我审批的模式为人诟病已久。而技术侦查措施作为一把"双刃剑"，在发挥打击职务犯罪功能时，更应谨慎。如果依照最高人民检察院《规则》第263条第1款的规定，实行模糊化的限制，最终极有可能异化为"抽象的禁止、具体的许可"。但在一个不尽如人意的法治环境中，受制于实际条件和多种复杂因素的制约，无论是制度改革还是程序操作，都只能追求一种相对合理，不能企求尽善尽美①。因此，检察机关采取技术侦查措施的审批手续可以借鉴自

---

① 龙宗智：《相对合理主义》，中国政法大学出版社1999年版，第18页。

侦案件的审查批准程序中"上提一级"的设置。2009年9月,最高人民检察院出台了《关于省级以下人民检察院立案侦查的案件由上一级人民检察院审查决定逮捕的规定(试行)》,明确规定了省级以下(不含省级)人民检察院立案侦查的案件,需要逮捕犯罪嫌疑人的,应当报请上一级人民检察院审查决定。最高人民检察院《规则》第327条将这一成果吸收了进来,规定省级以下(不含省级)人民检察院直接受理立案侦查的案件,需要逮捕犯罪嫌疑人的,应当报请上一级人民检察院审查决定。

第七条 "在必要的时候"的界定

采取有关人员隐匿身份实施侦查以外的其他方式不能侦查或者难以获取证据时,应当认定为刑事诉讼法第一百五十一条的"在必要的时候"。

◉ **说明及理由**

本条是对《刑事诉讼法》第151条所规定的有关人员"在必要的时候"隐匿身份实施侦查的解释,也是"最后手段原则"的体现。按日本学者的观点,侦查措施区分为"任意侦查"和"强制侦查",拘留、逮捕等为强制侦查的典型,对公民的基本权益所做的限制较多,一般认为只有在任意侦查无法达到侦查目的时,才允许使用强制侦查。隐匿身份侦查的特殊性在于以秘密的方式进行,不可避免地会侵害侦查对象的一些基本权益,其潜在的危害性比强制侦查更大,比搜查、扣押等传统的侦查措施更容易侵犯个人和社会的利益。然而,当前犯罪以更加隐蔽的方式出现,尤其是一些有组织犯罪,通过传统侦查措施难以侦破,犯罪组织的严密和犯罪工具的更新,甚至使得其他技术侦查措施也难以奏效。面对种种不理想的侦查结果,在某些案件中,隐匿身份侦查可能是唯一行之有效的侦查手段,即在当时情形下,隐匿身份侦查外的其他侦查手段无法使用或发挥效果。因此,基于隐匿身份侦查的自身特点,法治发达国家和地区在规定隐匿身份侦查时,一般都强调实施的条件是"最后手段原则"。例如,德国《刑事诉讼法》第 110 条 a 第 1 项规定,"对秘密侦查员,只能在采用其他方式侦查将成效渺茫或者是十分困难的情况下,才准许派遣。除此之外,在案情特别重大应该派遣并且采用其他措施将难以奏效的情况中,也允许派遣秘密侦查员侦查犯罪行为。"

因此,对于隐匿身份侦查这把"双刃剑"的使用,必须严格遵循最后手段原则,只有在穷尽一切可能的、侵害性较小的侦查措施而无法实现侦查需要的情况下才可以实施隐匿身份侦查,作为"最后手段"加以运用。

第八条 "其他严重后果"的界定

采取技术侦查措施收集的材料作为证据使用,暴露所采用技术侦查措施的方法等国家秘密的,应当认定为刑事诉讼法第一百五十二条规定的"其他严重后果"。

◉ 说明及理由

本条是对《刑事诉讼法》第 152 条中"其他严重后果"的界定。技术侦查措施所具有的秘密性等自身特点,决定了一些侦查手段无法公开示众,否则会严重影响技术侦查措施在以后使用过程中的侦查效果,甚至会因身份信息的暴露带来相关人员的人身安全问题。《刑事诉讼法》所规定的技术侦查措施所获得的证据多为证人证言、录音录像等视听资料和犯罪工具、违禁品等物证,这就涉及刑事诉讼中证人出庭作证、公开质证等问题。虽然刑事司法实践中,侦查部门鉴于技术侦查措施的秘密性,往往通过出具"情况说明"的方式替代侦查人员的出庭作证和相关证据的展示,但根据刑事诉讼法学理论,被追诉人在法庭上通过公开地质疑控诉方的有罪证据,会动摇控诉方的证据基础,影响法官的心证。这不仅有助于保障辩护方的程序性权益,也促进了事实真相的发现。因此,各国刑事诉讼法一般以公开质证为基本原则,认定案件事实的证据必须在法庭中出示,我国也不例外,例如，《刑事诉讼法》第59条规定，"证人证言必须在法庭上经过公诉人、被害人和被告人、辩护人双方质证并且查实以后，才能作为定案的根据。法庭查明证人有意作伪证或者隐匿罪证的时候，应当依法处理。"第190条规定，"公诉人、辩护人应当向法庭出示物证，让当事人辨认。"因此，《刑事诉讼法》第152条特别规定了实施技术侦查措施所收集的材料在特定情况下的出示："依照本节规定采取侦查措施收集的材料在刑事诉讼中可以作为证据使用。如果使用该证据可能危及有关人员的人身安全，或者可能产生其他严重后果的，应当采取不暴露有关人员身份、技术方法等保护措施，必要的时候，可以由审判人员在庭外对证据进行核实。"

《刑事诉讼法》之所以将技术侦查措施收集的材料作为证据加以特别规定，原因有二：第一，技术侦查措施使用的一些技术往往涉及国家秘密，具体的技术操作方法和内容属于受到保护的国家秘密范畴，如果将采取此类技术侦查措施收集的材料作为证据使用，有可能会在法庭出示的过程中泄露国家秘密。第二，技术侦查措施之所以成为打击犯罪的有效武器，具体方法的秘密性是一个重要因素，要避免技术侦查措施在以后侦查活动中失灵。

基于以上两个原因，技术侦查措施在刑事诉讼中需要保密，但并非所有涉及技术侦查措施的方面都必须实施保密。例如，某些特定罪名的犯罪构成要件之一便是犯罪对象是否属于国家秘密。在涉及国家秘密的案件中，对于该证据是否属于国家秘密往往成为争议的焦点，如果不让辩护方获知作为证据的国家秘密的内容，则难于进行辩护[①]。这些内容相对独立于技术侦查措施的具体方法，既不涉及国家秘密，又不会使技术侦查方法泄露，造成技术侦查措施的失灵，不需要完全禁止在庭审中的正常展示。

本条文使用了"等"这个不确定的用词，这是因为在技术侦查措施之外，还存在其他可能泄露而无法列举的国家秘密。例如，《刑事

[①] 谢小剑：《刑诉法修改后涉密证据的质证》，载《法学论坛》2013年第5期。

诉讼法》第148条规定的技术侦查措施适用案件类型包括危害国家安全犯罪，此类案件中的某些信息属于国家秘密，同技术侦查措施的实施方法一样不宜公开。这种相对确定的表述有利于保证将司法解释未能列举的"严重后果"纳入《刑事诉讼法》第152条之中。但需要防止无原则的扩大解释，以涉及国家秘密为借口，将大量技术侦查措施收集的材料不在庭审中公开出示。不公开展示的其他证据，其标准应当是，在危害后果和程度上同"暴露所采用技术侦查措施的方法"大致相当，并非所有同国家秘密有关联的证据。

第九条　采取侦查措施收集的材料的保护措施

使用技术侦查措施收集的材料，采取下列措施的，应当认定为刑事诉讼法第一百五十二条规定的"保护措施"：

（一）不公开真实姓名、住址和工作单位等个人信息，或者采取不暴露外貌、真实声音等出庭作证措施；

（二）不暴露所采用技术侦查措施的方法等涉密信息。

● **说明及理由**

本条是对《刑事诉讼法》第152条中"保护措施"的具体解释。保护证人安全，对于促使刑事诉讼程序顺利进行，进而做出符合刑事实体正义的裁决有着重要意义。但我国目前的《刑事诉讼法》已设立关于证人保护的原则性规定，但尚未形成可操作的具体制度，从散乱的相关法律及法律解释可见一斑。1997年《刑法》修改时增设了第307条妨害作证罪和第308条打击报复证人罪。1996年《刑事诉讼法》增加了第49条、第56条、第57条，规定公安司法机关有义务保障证人及其近亲属的安全："对证人及其近亲属威胁、侮辱、殴打或者打击报复，构成犯罪的，依法追究刑事责任，尚不够刑事处罚的，依法给予治安管理处罚；被取保候审、监视居住的人不得干扰证人作证，否则，没收其已交纳的保证金，并区别情形，责令其具结悔过、提出保证人、重新交纳保证金或监视居住、予以逮捕。"虽然从实体法到程序法，包括法律解释都一再强调证人保护，但条文内容更多是一种原则性的宣示，而没有具体可操作的保护措施，使证人保护难以落在实处。刑事司法实践中屡见不鲜的证人被害事件，给刑事司法的运行带来巨大的阻力。

没有完善的证人保护制度，就难以实现普遍的证人出庭作证，也就难以做出符合刑事实体正义的裁决。技术侦查措施中的证人多为实施隐匿身份侦查和控制下交付的侦查人员，这些人员都可被归入证人的范畴，其人身安全能否得到有效保护，对于技术侦查措施涉及的重罪案件最终实现实体正义至关重要。

（一）不公开真实姓名、住址和工作单位等个人信息，或者采取不暴露外貌、真实声音等出庭作证措施；

本项是对最高人民法院《解释》第209条规定保留。最高人民法院《解释》第209条规定，"审判危害国家安全犯罪、恐怖活动犯罪、黑社会性质的组织犯罪、毒品犯罪等案件，证人、鉴定人、被害人因出庭作证，本人或者其近亲属的人身安全面临危险的，人民法院应当采取不公开其真实姓名、住址和工作单位等个人信息，或者不暴露其外貌、真实声音等保护措施。"第210条规定，"决定对出庭作证的证人、鉴定人、被害人采取不公开个人信息的保护措施的，审判人员应当在开庭前核实其身份，对证人、鉴定人如实作证的保证书不得公开，在判决书、裁定书等法律文书中可以使用化名等代替其个人信息。"通过技术侦查措施收集的材料，所获得的证据形式多为证人证言、视听资料和物证等，而隐匿身份侦查和控制下交付这两种技术侦查措施，又多为证人证言，对证人和侦查人员的人身安全的有效保护，可以避免证人因身份暴露而受到打击报复，影响证人出庭作证和案件的侦破。

在有组织犯罪和毒品犯罪等案件中，一些关键人员的证言对于案件审理具有重要意义。但出于对相关人员人身安全和今后继续从事侦查工作的考虑，采取适当方法实行秘密作证确有必要。2012年刑事诉讼法再修改时，通过规定具体保护措施，对此进行了回应。《刑事诉讼法》第62条规定，"对于危害国家安全犯罪、恐怖活动犯罪、黑社会性质的组织犯罪、毒品犯罪等案件，证人、鉴定人、被害人因在诉讼中作证，本人或者其近亲属的人身安全面临危险的，人民法院、人民检察院和公安机关应当采取以下一项或者多项保护措施：（一）不公开真实姓名、住址和工作单位等个人信息；（二）采取不暴露外貌、真实声音等出庭作证措施；（三）禁止特定的人员接触证人、鉴定人、被害人及其近亲属；（四）对人身和住宅采取专门性保护措施；（五）其他必要的保护措施。证人、鉴定人、被害人认为因在诉讼中作证，本人或者其近亲属的人身安全面临危险的，可以向人民法院、人民检察院、公安机关请求予以保护。人民法院、人民检察院、公安机关依法采取保护措施，有关单位和个人应当配合。"《刑事诉讼法》第62条规定的保护措施本条未全部吸收，是因为本条所列保护措施仅是对《刑事诉讼法》第152条中涉及技术侦查措施的证人保护，具有一定的针对性，而《刑事诉讼法》第62条规定的保护措施的适用，不以技术侦查措施为限。

在对证人身份保密方面，可以借鉴我国台湾地区"证人保护法"的规定，以代号的方式对证人信息进行加密处理，将需要进行保密的证人的真实姓名、住址和工作单位等个人信息以代号记于书面文件。这种方法简便有效，相比普通证人，所额外耗费的人力物力财力并不多。2012年刑事诉讼法修改时，加大了强制证人出庭的力度，并在第187条第1款、第2款特别规定侦查人员的出庭义务："公诉人、当事人或者辩护人、诉讼代理人对证人证言有异议，且该证人证言对案件定罪量刑有重大影响，人民法院认为证人有必要出庭作证的，证人应当出庭作证。人民警察就其执行职务时目击的犯罪情况作为证人出庭作证，适用前款规定。"因此，对于必须参加庭审的证人，在以代号的方式隐匿其真实姓名、住址和工作单位等个人信息之外，还需不暴露其外貌、真实声音等，防止因相貌声音被识别出来而遭受打击报复。实践中已经开始运用的方法有屏风遮蔽证人、变声技术、闭路电视等，其中，比较理想的是变声技术配合闭路电视的综合运用，将证人置于法庭旁边的安装有闭路电视系统和变声软件的独立房间内，使法庭内的人员能够听见证人经过变声的证言，但无法看到证人的容貌，而证人则可以同时听到和看到法庭里的情况，不影响庭审的进行。

（二）不暴露所采用技术侦查措施的方法等涉密信息。

技术侦查措施的具体技术操作方法和内容属于受到保护的国家秘密，技术侦查措施之所以成为打击犯罪的有效武器，具体方法的秘密性是一个重要因素，因此具有保密的必要。但在技术侦查措施之外，还存在其他可能泄露的国家秘密，例如，适用技术侦查措施的危害国家安全犯罪案件，此类案件中的某些信息属于国家秘密，同技术侦查措施的实施方法一样不宜公开。

第十条 最高人民法院、最高人民检察院、公安部、国家安全部、司法部此前发布的司法解释、行政解释与本解释不一致的，以本解释为准。

●说明及理由

由于技术侦查措施首次被纳入刑事诉讼法的规定中，司法机关和公安机关为了有效地在本系统内了解和适用技术侦查措施，指导刑事司法实践，分别在司法解释和行政解释内对技术侦查措施做出规定，例如最高人民检察院《规则》在侦查部分设立"技术侦查措施"一节，用五个条文进行规定。公安部《规定》同样设立"技术侦查措施"一节，用十一个条文进行规定。并且2014年5月4日，最高人民法院、最高人民检察院、公安部联合发布了《关于办理网络犯罪案件适用刑事诉讼程序若干问题的意见》。本司法解释草案充分借鉴了上述司法解释、行政解释，反映了最新的刑事政策趋势，为了避免刑事司法实践中适用的混乱，有必要在草案的最后一条对司法解释的效力进行规定，以前发布的司法解释与本解释不一致的，以本解释为准。

第三节 《关于技术侦查措施具体应用法律若干问题的解释（草案）》实证案例分析

本司法解释草案在制定时始终坚持问题意识，从刑事司法实践出发，通过司法解释的制定，针对技术侦查措施存在的若干问题进行回应，在加大对重大犯罪案件的打击力度的同时，贯彻保障人权的理念，严格限制技术侦查措施的适用。具体来看，本司法解释主要立足于技术侦查措施以下几个最为关键和迫切的问题的解决，为了更为形象地表述本司法解释草案，每个相关问题都附有真实的案例比对分析。

一、控制下交付

《联合国打击跨国有组织犯罪公约》第2条规定，"控制下交付系指在主管当局知情并由其进行监测的情况下允许非法或可疑货物运出、通过或运入一国或多国领土的一种做法，其目的在于侦查某项犯罪并辨认参与该项犯罪的人员。"控制下交付的优势在于，侦查机关通过充分的监控，在不严重危害社会的情况下，让犯罪分子在监控下继续实施犯罪活动，当发现其他犯罪分子时再进行侦破。基于此点，控制下交付在涉及毒品犯罪案件时经常被使用，侦查机关将毒品置于严密控制之下，通过掌控毒品交易的整个过程，破获整个毒品交易的犯罪网络。

相关问题的案例比对分析——郑某、李某贩卖、非法持有毒品案件（2013）徐刑初字第795号

1. 案例基本案情

2013年5月2日14时许，被告人郑某、李某经事先电话联系，在本市闵行区×路南侧近地铁×号线×路站南出口附近，由郑某向李某出售由普洱茶茶盒包装的冰毒一盒。公安机关依法对被告人郑某、李某采取通信监控等技术侦查措施并根据侦查需要，实施控制下交付

的毒品交易，交易完成后，郑某、李某当即被公安人员抓获。公安人员从郑某随身处查获人民币16000元等物，从李某处查获白色晶体二包（共计净重53.75克）。经鉴定，上述53.75克白色晶体中检出甲基苯丙胺成分。被告人郑某到案后对上述犯罪事实予以否认，被告人李某到案后如实供述了上述犯罪事实。

2. 程序与评析

法院认为，本案系公安机关依法对被告人郑某、李某采取通信监控等技术侦查措施并根据侦查需要、实施控制下交付的毒品犯罪案件，被告人郑某、李某在通话中所商定的"两套""50个"与被查获的毒品数量基本吻合，同时通话中谈及的毒品交易时间、地点、毒品存放方式及被告人郑某接头时所穿衣物等细节，均与已查明事实相符，故被告人郑某的当庭辩解及其辩护人提出的无罪辩护意见，均无事实依据，不予采纳。被告人郑某犯贩卖毒品罪，判处有期徒刑十五年，剥夺政治权利四年，并处没收财产人民币三万元。被告人李某犯非法持有毒品罪，判处有期徒刑七年，剥夺政治权利一年，并处罚金人民币一万四千元。缴获的毒品毒资等予以没收。

技术侦查在刑事诉讼法中是首次出现，《刑事诉讼法》第151条其实规定了"隐匿身份侦查"和"控制下交付"两种秘密侦查措施，一起被规定在第八节"技术侦查措施"中。因此，刑事诉讼法第八节规定的技术侦查措施可以细化为电子监控、隐匿身份侦查和控制下交付三种手段。由于技术侦查措施对公民基本宪法性权益的潜在危险，所适用的技术侦查措施必须经过法律规定，未经法律创设的技术侦查措施不可在刑事司法实践中运用。本案中公安机关使用了多种技术侦查措施，破获了毒品交易案。公安机关依法对被告人郑某、李某采取通信监控等技术侦查措施，及时准确的获知了毒品交易的数额、内容和地点等详情，并实施了毒品交易的控制下交付，均属于刑事诉讼法明确规定侦查机关可以使用的技术侦查措施。

3. 新司法解释草案下的重新审视

技术侦查措施包括电子监控、隐匿身份侦查和控制下交付三种，这三种侦查措施既可以视情况单独使用，也可以综合使用，需要侦查机关在具体的侦查活动中进行判断。公安机关根据侦查需要，采用电子监控中的通讯监控措施和控制下交付，符合新司法解释草案的规定。

二、电子监控

随着社会发展和科技进步，利用通讯工具进行人际交往已经成为现代生活中人们的一种常态，同时，将同通讯工具有关的技术侦查措施运用于刑事侦查已成为一种必然的趋势。技术侦查措施中的电子监控就是针对现代社会的这一特点，由侦查人员通过电子技术，在秘密状态下监视和控制相对人的活动。其中，最重要也是最为影响公民基本权益的是通讯类监控。侦查人员在未经通讯各方同意的情况下，利用电子技术对电话线路或者频段进行监控，了解被监控对象的相关通讯信息和在特定时间的地理位置信息。通讯类监控具有隐秘性的特点，极易侵犯公民的通信秘密等基本宪法性权益，在实施过程中对犯罪嫌疑人和普通公民的人权保障需格外注意。

相关问题的案例比对分析——周红亮、刘丽辉、李海峰贩卖毒品案件（2010）岳中刑一初字第15号、（2010）湘高法刑一终字第218号

1. 案例基本案情

2009年8月8日，被告人周红亮在广东省东莞市凤岗镇"阿亮"处，以每克300元的价格购进毒品海洛因130克，以每粒13元的价格购进麻古700多粒及底粉约500克。后被告人周红亮将130克高纯度海洛因和底粉搅拌加工出约500克毒品海洛因，其中贩卖给被告人刘丽辉240克。被告人周红亮将700粒麻古卖出100多粒后，将剩余500余粒麻古交由刘丽辉带至家中保管。同年8月18日晚，被告人周红亮在广东省陆丰市毒贩"朝亮"处，以每克320元的价格购进冰毒180克。

2009年8月18日，被告人刘丽辉从被告人周红亮处购买毒品海

洛因240克，并于2009年8月22日将其中的20余克海洛因以每克180元的价格贩卖给吸毒人员汤晓渝。2009年8月22日晚8时许，被告人李海峰以每克220元的价格贩卖毒品海洛因20克给何萍，收取毒资4400元。

2. 程序与评析

湖南省岳阳市中级人民法院审理后认为：被告人周红亮、刘丽辉、李海峰为获取非法利益，贩卖毒品，其行为均构成贩卖毒品罪。判决被告人周红亮犯贩卖毒品罪，判处无期徒刑，剥夺政治权利终身，并处没收财产人民币5万元；被告人刘丽辉犯贩卖毒品罪，判处有期徒刑8年，并处罚金人民币2万元被告人李海峰犯贩卖毒品罪，判处有期徒刑7年，并处罚金人民币1万元。一审宣判后，周红亮以一审认定其贩卖毒品不是事实，请求依法改判为由提出上诉；李海峰以自己是从犯，并有自首和立功情节，请求予以轻判为由提出上诉。

湖南省高级人民法院经审理认为，周红亮上诉意见与事实不符。证明李海峰从犯地位的证据并不充分，不足以认定；2009年7月，公安机关经侦查已基本掌握了李海峰的犯罪事实，为避免惊动其他犯罪嫌疑人，在抓获周红亮、刘丽辉后才对上诉人李海峰实施抓捕，李海峰到案后坦白了已被公安机关掌握的向何萍贩卖毒品的事实，属于认罪态度好，不是自首；李海峰在被公安机关强制戒毒期间交代了其贩卖毒品给何萍的具体细节及何萍的手机号码，对公安机关抓获何萍有一定的协助作用，但并没有起到必要作用，李海峰的行为并不构成立功。原判认定的犯罪事实清楚，证据确实充分，定罪准确，量刑适当，审判程序合法。驳回上诉，维持原判。

手机只要是在开机状态均可以实施定位，这是因为手机获得网络通信信号的前提条件是，手机时刻与由固定发射基站所发射的无线信号保持联络。本案中，公安机关利用定位技术得到了犯罪嫌疑人何萍的手机信号，获知其藏匿地点。

3. 新司法解释草案下的重新审视

被告人李海峰在被公安机关强制戒毒期间交代了其贩卖毒品给何

萍的具体细节及何萍的手机号码,公安机关利用技术侦查措施,通过电子监控中的通讯定位获知何萍此时的地理位置信息,获知其藏匿地点,属于利用技术侦查措施中的电子监控手段,在秘密状态下利用电子技术对何萍的电话频段进行监控。

三、"其他严重危害社会的犯罪案件"的排除

《刑事诉讼法》第148条将"其他严重危害社会的犯罪案件"同"危害国家安全犯罪、恐怖活动犯罪、黑社会性质的组织犯罪、重大毒品犯罪"等四类案件并列,作为侦查机关采用技术侦查措施的案件类型。但是,规定案件类型的目的在于严格限定技术侦查措施的适用范围,"其他严重危害社会的犯罪案件"表述过于模糊化,缺乏可操作性。在对"危害国家安全犯罪、恐怖活动犯罪、黑社会性质的组织犯罪、重大毒品犯罪"等四类案件以外的案件适用技术侦查措施时,必须坚持比例原则,对公民权利造成的损害与惩罚犯罪的收益之间进行衡量。

相关问题的案例比对分析——王东、张××盗窃案件(2011)淇刑初字第47号

1. 案例基本案情

2010年9月30日,被告人王东、张××、詹绪海(另案处理)预谋到外地宾馆实施盗窃。尹××明知他们去实施盗窃,仍为其驾驶车辆。10月1日4时许,尹××驾驶朱广阳(另案处理)的车牌号为豫R30A69桑塔纳轿车,伙同王东、张××、詹绪海从南阳市驶至淇县天天如家商务酒店实施盗窃,尹××将车停在酒店外面等候,王东、张××、詹绪海三人进入酒店,将三楼325客房裴晓伟的3550元现金和一部诺基亚N86手机、一部诺基亚N97手机、一部U300手机、一个飞利浦刮胡刀、一个棕色挎包、一件西服上衣等物品盗走;将四楼417客房李光奇的5000元现金和一部诺基亚3G手机、三块手表等物品盗走。经淇县价格认证中心鉴定诺基亚N86手机价值1950元,诺基亚N97手机价值2250元,诺基亚3G手机价值2231元,飞

利浦刮胡刀价值36元，U300手机和三块手表不具备作价条件。被盗现金和物品共计价值15017元。淇县公安局刑警大队接110指令后，经现场调查访问，共有6间客房被盗，分别为212、317、325、319、412、417房间。经技术侦查发现裴XX被盗的一部诺基亚N86手机被南阳市云阳镇的袁绅使用，经调查询问该手机是张鹏联系从倪长东处卖给袁绅的。2010年11月15日，倪长东被上网追逃。在调取京港澳高速公路淇县站上下口监控发现一悬挂豫R30A69的黑色桑塔纳3000轿车形迹可疑，经查询该车现为南召县的朱广阳所有。2010年11月8日，朱广阳被抓获并当场扣押了该车。

2. 程序与评析

法院认为，被告人王东、张××伙同他人以非法占有为目的，采取秘密手段窃取他人财物，价值15017元，数额巨大，其行为已构成盗窃罪；被告人尹××明知王东、张××伙同他人实施盗窃行为，还为其驾驶车辆，帮助其犯罪，其行为亦构成盗窃罪。三被告人系共同犯罪。判决被告人王东犯盗窃罪，判处有期徒刑四年零九个月，并处罚金20000元；被告人张××犯盗窃罪，判处有期徒刑三年，并处罚金20000元；被告人尹××犯盗窃罪，判处有期徒刑一年零六个月，并处罚金10000元。

本案中，侦查机关使用电子监控获知了被盗手机的地理位置和机主信息。但是，根据刑事诉讼法的规定，第148条中明确列出的犯罪案件并不包括盗窃罪，唯一可能将盗窃罪列入技术侦查适用案件范围的是"其他严重危害社会的犯罪案件"。但是，技术侦查措施适用的案件类型必须坚持比例原则，适用技术侦查措施应对公民权利造成的损害与惩罚犯罪的收益之间进行衡量，不能对较轻的犯罪行为采取技术侦查措施，只有当实施技术侦查措施获得的社会整体利益远远大于公民基本权益时，才能允许实施。本法律解释草案以七年有期徒刑作为实施技术侦查措施的标准，规定案件类型的同时增加可能判处刑罚的限制，情节相对轻微，可能被判处七年有期徒刑以下刑罚的案件，根据比例原则不能适用技术侦查措施。本案中的赃物价值较小，不足以判处七年有期徒刑以上刑罚，这一点从立案之时对手机等财物的大致估计便可推断出。而且，根本法律解释草案，即便是对于可能判处七年有期徒刑以上刑罚的案件，也必须是"（一）暴力犯罪案件；（二）利用或者针对电信、计算机网络实施的犯罪案件。"本案中的盗窃犯罪无论如何均不属于适用技术侦查措施的案件。因此，在本案中适用技术侦查措施是不适当的。

3. 新司法解释草案下的重新审视

按照新司法解释草案的规定，对"其他严重危害社会的犯罪案件"适用技术侦查措施的条件是，依法可能判处七年以上有期徒刑的两类案件：暴力犯罪案件，利用或者针对电信、计算机网络实施的犯罪案件。以七年有期徒刑作为实施技术侦查措施的标准，是因为情节相对轻微，社会影响较小的案件，根据比例原则不能适用技术侦查措施。严重侵犯公民人身权利和财产权利的犯罪案件，例如抢劫、故意杀人和绑架等均可以包含在"暴力犯罪案件"之中，情节恶劣，社会影响较大，根据比例原则可以适用技术侦查措施。本案中的盗窃罪，既不属于暴力犯罪案件，也不属于利用或者针对电信、计算机网络实施的犯罪案件。从案件类型上就可以明确，只能采取普通侦查措施。因此，在本案中适用技术侦查措施是不适当的。

四、"其他严重危害社会的犯罪案件"的纳入

电信、计算机网络犯罪案件，具有犯罪对象集中、社会危害性大等特点。就国内来看，犯罪分子实施此类犯罪主要是为了获取财物，因而犯罪对象主要集中在金融证券、通讯电信公司等重要的经济部门。而且随着我国经济和科技的不断发展，包括政法、财经在内的国家部门都已经逐步实现网络化，电信、计算机网络在国民经济和社会中所占的地位越来越重要。比如，对电信网络进行的犯罪活动，所涉及的用户利益将不可估量。将"利用或者针对电信、计算机网络实施的犯罪案件"纳入"其他严重危害社会的犯罪案件"的范畴，已成为当务之急。

相关问题的案例比对分析——王某利用邪教组织破坏法律实施罪（2014）唐刑终字第90号

1. 案例基本案情

2010年11月至2012年10月间，被告人王某乙以"甄贞"名义在"法轮功"网站《看中国》上，发表80篇涉及"法轮功"内容的文章。2012年11月3日，公安机关对被告人王某乙的住处进行检查时，发现其家中存有大量"法轮功"宣传资料及电脑和U盘等物品。经检验，其所用电脑和U盘中存有许多法轮功针对中国共产党的邪教宣传品。河北省唐山市路北区人民法院认为，被告人王某乙利用邪教组织破坏国家法律、行政法规实施，其行为已构成利用邪教组织破坏法律实施罪。认定被告人王某乙犯利用邪教组织破坏法律实施罪，判处有期徒刑六年。宣判后，原审被告人王某乙以其行为不构成犯罪和审判程序违法为主要理由提出上诉，其辩护人韩志广提出与上诉理由基本相同的辩护意见。

经二审审理，法院认为，河北省唐山市路北区人民法院认定上诉人王某乙犯利用邪教组织破坏法律实施罪的事实清楚，证据确实充分，适用法律正确，量刑适当，审判程序合法。关于上诉人王某乙所提其行为不构成犯罪、原审审判程序违法的上诉理由和辩护人所提基本相同的辩护意见，经查，原审办案程序并无不当，上诉人王某乙的犯罪事实有本人供述、悔过书、检查笔录和办案说明等证据证实，故上诉理由和辩护意见不予支持。

2. 程序与评析

二审法院裁定驳回上诉人王某乙的上诉，维持原判。

本案中，公安机关在被告人利用邪教组织破坏法律实施案件中，通过技术侦查措施监控被告人的计算机，确认在2010年5月至2012年10月间，王某乙通过账号为TS2256375的计算机（物理地址为：E0-69-95-AC-FE-85），利用翻墙软件"自由门""无界"登陆境外"法轮功"网站"看中国"，以"甄贞"为笔名开设"甄贞专栏"发表各类攻击党和政府的文章，编辑上传"法轮功"文章至

《明慧周刊》地方版，编辑上传至《看中国》的涉及"法轮功"内容文章80篇。如果不通过电子监控，公安机关难以获取被告人如此详细的犯罪证据。根据本法律解释草案，适用技术侦查措施的"其他严重危害社会的犯罪案件"，必须以七年有期徒刑作为标准，而且是"（一）暴力犯罪案件；（二）利用或者针对电信、计算机网络实施的犯罪案件。"本案的最终定罪为扰乱公共秩序罪中的"利用邪教组织破坏法律实施罪"，看似不符本法律解释草案中的标准，但"利用或者针对电信、计算机网络实施的犯罪案件"中的"利用"可解释为，犯罪过程中通过电信、计算机网络为途径实施犯罪，这是考虑到利用电信、计算机网络犯罪的特点在于利用计算机互联网等虚拟空间从事犯罪活动，大多数犯罪信息都遗留在通讯设备中，采用电子监控的技术侦查措施是侦破网络犯罪案件的必要手段。因此，本案中的被告人利用计算机网络发表攻击党和政府的文章，而且也属于"可能判处七年有期徒刑以上刑罚"，故应认定为本法律解释草案中的"其他严重危害社会的犯罪案件"。

3. 新司法解释草案下的重新审视

根据新法律解释草案，可能判处七年有期徒刑以上刑罚，利用或者针对电信、计算机网络实施的犯罪案件，属于适用技术侦查措施的"其他严重危害社会的犯罪案件"。本案中的被告人利用计算机网络发表攻击党和政府的文章，在刑法上已经构成"利用邪教组织破坏法律实施罪"，具有判处七年有期徒刑以上刑罚的可能性，故应认定为本法律解释草案中的"其他严重危害社会的犯罪案件"。根据新司法解释草案，本案中适用技术侦查措施是适当的。

五、利用或者针对电信、计算机网络实施的犯罪案件

随着电信、计算机网络技术的发展和普及，电信、计算机网络已经涉及社会生活的方方面面，普及率达到相当高的程度。但是，电信、计算机网络在为社会服务的同时也为犯罪分子所用，越来越多的犯罪分子利用电信、计算机网络实施犯罪活动。由于电信、计

算机网络犯罪是一种犯罪分子运用电信、计算机网络的专业知识的高智能犯罪，具有隐蔽性高的特点，大多数情况下多是有预谋的故意犯罪。

相关问题的案例比对分析——冯某志提供侵入、非法控制计算机信息系统程序、工具案件（2011）甬鄞刑初字第 1358 号、（2012）浙甬刑抗字第 2 号、（2012）甬鄞刑再字第 2 号

1. 案例基本案情

被告人冯某志为获利制作了钓鱼网站和木马病毒程序，专门用于在互联网上盗取他人使用的 QQ 聊天工具。2010 年 8 月至 2011 年 6 月，被告人冯某志以贩卖的形式将其制作的钓鱼网站和木马病毒程序提供给覃某、王忠某、王鹏某、王某等人使用，利用户名为刘某、潘某、韦某等人的银行卡收钱，非法获利达 10000 余元。法院判决：一、被告人冯某志犯提供侵入、非法控制计算机信息系统程序、工具罪，判处有期徒刑 1 年 2 个月，并处罚金人民币 1 万元；二、被告人冯某志违法所得人民币 10000 元，予以没收，上缴国库；三、责令被告人退还给各被害人相关经济损失。判决生效后，浙江省宁波市人民检察院于 2012 年 9 月 18 日以有新的证据证明原审判决原审被告人冯某志犯罪事实确有错误，并导致量刑畸轻为由，提出抗诉。

2012 年 9 月 20 日，浙江省宁波市中级人民法院指令宁波市鄞州区人民法院另行组成合议庭对本案进行再审。再审中，原审被告人冯某志的辩护人提出抗诉机关提交的原审被告人冯某志的 QQ 聊天内容记录获取的方法可能不合法，且不属于新发现的证据范畴，不属于新证据。法院经再审查明，从公安机关出具的情况说明来看，公安机关经过审批，运用技术侦查手段收集该新证据，新证据在再审庭审中予以质证、认证，可以作为再审的定案证据使用，且原审被告人冯某志对该新证据也无异议，足以证明原审被告人冯某志的犯罪事实。其辩护人提出该证据不属于新证据、不能作为再审的证据和该证据尚不充分的辩护意见，不予支持。

2. 程序与评析

原审被告人冯某志犯提供侵入、非法控制计算机信息系统程序、工具罪，判处有期徒刑3年6个月，并处罚金人民币30000元。原审被告人冯某志违法所得人民币22000元予以没收，上缴国库。

本案中，被告人利用计算机技术，非法侵入、控制计算机信息系统，进行犯罪活动。当前高发的网络犯罪与普通犯罪相比具有隐秘性的特征，隐秘性是网络环境的自身特点，使得传统侦查措施对于应对网络犯罪的有效性大为降低，突出表现在网络犯罪的大量证据都存储在计算机网络上，传统侦查措施难以发现，即使发现也难以获取，耗费大量刑事司法资源最后无功而返。本案中，原审由于证据不足，量刑畸轻，侦查机关利用技术侦查措施，在网络环境中获得了新证据，由检察机关提出再审抗诉，凸显了技术侦查措施在应对电信、计算机网络犯罪方面的有效性。

3. 新司法解释草案下的重新审视

随着涉及网络的犯罪类型和领域的不断拓展，电信、计算机网络犯罪的危害性更加突出。区别于传统犯罪，利用或者针对电信、计算机网络实施的犯罪，具有犯罪活动智能化、隐蔽化等特征。而且此类犯罪的侦查取证极为困难，犯罪活动利用电信、计算机网络，危害后果是跨区域的。因此，利用或者针对电信、计算机网络实施的犯罪案件，如果可能判处七年有期徒刑以上刑罚，符合《刑事诉讼法》和新司法解释草案关于技术侦查措施的其他规定，就可以采用技术侦查措施。

六、技术侦查措施的批准手续

技术侦查措施的适用有利于提高侦查机关的侦查能力。但是，采取技术侦查手段容易对公民基本权益造成侵害，而且技术侦查措施存在被滥用的可能性和危害性。目前，法治发达国家的技术侦查措施审查模式主要以外部审查为主，由中立的机关对技术侦查措施的实施进行审批，避免侦查机关自我申请、自我审批。

相关问题的案例比对分析——秦某松故意泄露国家秘密、受贿案件（2011）东刑二终字第17号

1. **案例基本案情**

2008年5月至10月，被告人秦某松在任滨海公安局技侦支队干警期间，利用工作便利，在办理"秦·海港盗窃2.28"案件过程中，未经领导审批，利用技侦手段擅自录制某集团总经理的电话录音，并在未向领导汇报的情况下，违反规定将该录音私自复制，将复制的电话录音文件带出单位，并将该录音泄露。

2008年8月至次年8月，被告人秦某松向张杰等人索要贿赂，共计现金40000元。

2009年冬，被告人秦某松非法持有一支俄罗斯产小口径步枪，让滨海公安局某分局的干警宗某某帮忙校枪，并将该枪交给宗某某。经鉴定，该枪系以火药为动力发射弹丸的枪支。

2. **程序与评析**

本案经过二审，法院维持对被告人秦某松犯非法持有枪支罪的定罪量刑部分，即上诉人秦某松犯非法持有枪支罪，判处有期徒刑一年六个月；撤销东营市东营区人民法院对被告人秦某松犯故意泄露国家秘密罪、受贿罪定罪量刑部分。

本案中，技术侦查措施的审批手续值得注意。滨海公安局出具的"情况说明"，证实号码为"13905461×××"的手机号曾在技侦支队案件监控系统中以案件名为"秦·海港盗窃2.28"中布控，布控时间为2008年5月11日至同年10月20日，该案件由秦某松承办，该手机号码未在《公安机关采取技术侦察审批表》履行布控审批手续。秦某松私自监听、复制电话号码为"13905461×××"的通话记录情况，严重违反了采取技术侦查措施的审批手续，并利用技术侦查措施实施了犯罪行为，带来普通犯罪手段难以造成的危害。可见，技术侦查措施的监督应该更加严格，现有的公安机关内部审批制度存在弊端，应该向本法律解释草案靠拢，将公安机关技术侦查措施审批权交由检察机关行使。

3. 新司法解释草案下的重新审视

新司法解释草案将技术侦查措施的审批权限设定为"设区的市一级以上的公安机关报同级检察机关批准",是出于两个考虑:一是严格技术侦查措施审批手续,将设区的市一级以上的公安机关作为申请实施技术侦查措施的最低级别机关。二是结合中国实际,在赋予法院技术侦查措施的批准决定权尚有难度的情况下,将技术侦查措施的批准决定权赋予人民检察院。本案中,公安机关的技术侦查人员私下使用技术侦查措施的根源,在于现行体制下的技术侦查措施审批手续不健全,公安机关的审批过程完全排除了外在监督,相关流程极为封闭,形成侦查机关自我审批、自我授权的危险现象。按照新司法解释草案,滨海公安局如果在办理"秦·海港盗窃2.28"案件过程中,需要利用技侦手段录制某集团总经理的电话录音,则需要东营市公安机关报同级检察机关批准。

七、技术侦查措施收集的材料作为证据使用

司法实践中,技术侦查措施已成为侦查机关的重要侦查手段,在打击犯罪的意义上发挥着重要作用。由于1996年《刑事诉讼法》并未就技术侦查措施及相关证据问题予以规定,采取技术侦查措施所获取的证据材料只能作为侦查取证的线索,不具备《刑事诉讼法》意义上的证据资格,既不能直接作为侦查机关证明犯罪的证据,也不能作为证据在法庭上出示。《刑事诉讼法》第152条专门规定了技术侦查措施的证据问题:"依照本节规定采取侦查措施收集的材料在刑事诉讼中可以作为证据使用。"对于规范侦查机关的侦查活动以及刑事庭审均具有重要的意义。

相关问题的案例比对分析——丁某某、彭某某贩卖毒品案件(2011)宝刑初字第81号

1. 案例基本案情

2010年9月2日17时许,被告人伙同"彭兵"(另案处理)经预谋,由被告人丁某某持被告人彭某某及"彭兵"提供的甲基苯丙胺

45.61 克至上海市宝山区某路路口处，以 20000 元的价格贩卖给赵某某、王某某时，被公安人员当场抓获。嗣后，被告人丁某某带领公安人员至其与被告人彭某某约定的交钱地点上海市宝山区某村处，将被告人彭某某抓获。

2. 程序与评析

法院认为，被告人丁某某、彭某某向他人贩卖甲基苯丙胺 45.61 克，其行为均已构成贩卖毒品罪，应依法惩处，公诉机关指控的犯罪事实清楚，证据确实充分，指控的罪名成立。公安机关系具有刑事侦查权力的司法机关，故其根据技术侦查后出具的通讯记录在无相反证据予以否定的情况下应予采信，被告人彭某某的辩护人的相关意见于法无据，本院不予采纳。被告人丁某某具有立功表现，且到案后认罪态度较好，可依法减轻处罚，其辩护人的相关意见，本院可予采纳。判决被告人丁某某犯贩卖毒品罪，判处有期徒刑四年，并处罚金人民币四千元。被告人彭某某犯贩卖毒品罪，判处有期徒刑十年，并处罚金人民币一万元。

本案中公安机关利用技术侦查措施查明了被告人丁某某与彭某某的通话记录，并作为证据使用。由于本案是毒品犯罪案件，属于《刑事诉讼法》第 148 条所规定的案件范围，适用技术侦查措施并无异议。但是法院在判决说理部分差强人意，法院认定通话记录可以使用的原因是"公安机关系具有刑事侦查权力的司法机关，故其根据技术侦查后出具的通讯记录在无相反证据予以否定的情况下应予采信"，并且特意提出"被告人彭某某的辩护人的相关意见于法无据"。其逻辑是公安机关作为国家的刑事侦查机关，其证据具有当然的合法性，完全忽视了作为控诉方的公安机关所提交的证据同辩护方的证据无高低之分，都需经过法定程序加以核实。就本案而言，法院如果采信公安机关所提交的通讯记录，则应当要求公安机关就技术侦查措施的审批手续等技术侦查措施的合法性问题加以说明。

3. 新司法解释草案下的重新审视

本案中辩护方对运用技术侦查措施收集的证据提出了质疑，法院如果采信公安机关所提交的通讯记录，则应当说明理由。根据新司法解释草案的相关规定，采用不同种类的技术侦查措施需要符合相应的条件，本案属于毒品犯罪案件，显然符合案件类型的要求，但是否符合比例原则和最后手段原则，则需要公安机关进行说明。考虑到技术侦查措施的使用方法和内容往往涉及国家秘密，在法庭上不宜公开出示。因此，法院可以要求公安机关就技术侦查措施的审批手续等技术侦查措施的合法性问题加以说明，就技术侦查措施不涉及国家秘密的内容进行出示。

第三章 刑事诉讼审查判断电子数据领域的司法完善

第一节 《关于办理刑事案件审查判断电子数据若干问题的解释（草案）》

为规范公安司法机关办理刑事案件审查判断电子数据的活动，根据《中华人民共和国刑事诉讼法》和相关司法解释等有关规定，结合司法实际，制定本解释。

第一条 本解释所称的电子数据，是指以电子形式存在的，可以用于证明案件事实的一切材料及其派生物。

第二条 电子数据应当与案件事实具有联系，并且对案件事实的证明产生一定的实质影响。

第三条 侦查人员、检察人员、审判人员应当严格遵守法定程序，全面、客观地收集、审查、核实和认定电子数据。

第四条 电子数据自形成之时起，其内容一直保持完整性或未被改动，则视为具有完整性。对电子数据的内容进行的必要添加，并不影响其完整性。

有证据证明该电子数据符合以下情形之一的，则应当推定其具有完整性：

（一）所依赖的计算机系统或其他类似设备，在所有关键时刻均处于正常运行状态；

（二）所依赖的计算机系统或其他类似设备，在所有关键时刻虽不处于正常运行状态。但其不正常运行的事实并不影响电子记录的完整性；

（三）由一方当事人记录或保存，而举出该电子证据对此人不利；

（四）有当事人以外的其他人在正常的业务活动中记录或保存，而此人行事不受任一方当事人的控制。

第五条 对于电子数据的真实性，应当结合下述所有因素，考虑电子数据的生成、存储、传送与收集等各个环节，以及审查该电子证据在上述环节是否可能遭到删改，做出综合评判：

（一）生成电子数据的方法是否可靠；

（二）存储电子数据的方法是否科学、原始存储介质是否可靠；

（三）电子数据是否完整，有无删除、修改、增加等情形；

（四）收集电子数据的程序是否合法；

（五）其他可能影响电子数据真实性的因素。

具有下列情形之一的，推定电子数据具有真实性：

（一）有证据证明所依赖的计算机等系统的软硬件在关键时刻均处于正常状态；

（二）电子数据是中立的第三方在正常的业务活动中生成并保管的；

（三）附有电子签名或者附加其他安全保障的。

经审查无法确定真伪的电子数据，不能作为定案的根据。

第六条 收集、提取电子数据，应当附有原始存储介质。具有下列情形，无法获取原始存储介质的，可以对该电子数据进行提取、复制。

（一）原始存储介质不便封存的；

（二）提取计算机内存存储的数据、网络传输的数据等不是存储在存储介质上的电子数据的；

（三）原始存储介质位于境外的；

（四）原始存储介质依法应当由有关部门保管、处理、返还的；

（五）其他无法获取原始存储介质的情形。

提取、复制电子数据不能保证电子数据的完整性的、或者未提供提取、复制过程及原始存储介质存放地点的文字说明和签名，可能影响电子数据真实性的，不能作为定案的根据。

电子数据的复制件，经与原始存储介质中的电子数据核对无误、经鉴定为真实或者以其他方式确认为真实的，可以作为定案的根据。

第七条 电子数据是在正常的业务活动中以通常程序制作的，而且管理人、制作者或其他适格证人对此予以出庭作证，则不得以其是传闻为由，对该电子数据予以排除。

对电子数据制作、取得的时间、地点、方式等有疑问的应当提供必要说明或作出合理解释；不能提供必要证明或者作出合理解释的，不得作为定案的根据。

第八条 辩护律师对通过电子交谈所知悉的委托人的有关情况和信息，有权予以保密。但是，辩护律师所知悉委托人或者其他人，准备或者正在实施危害国家安全、公共安全以及严重危害他人人身安全的犯罪的，应当及时告知办案机关以外的其他司法机关。

第九条 电子数据系在中华人民共和国域外取得的，该证据应当履行中华人民共和国与该所在国订立的有关条约中规定的证明手续；两国没有条约规定，应当履行相关的其他证明手续。

向法庭提供的电子数据系在我国香港、澳门、台湾地区获取的，应当履行相关的证明手续。

侦查人员通过远程取证手段获取位于境外的电子数据，只需履行我国相关的取证手续。

第十条 依照法定程序取得的电子数据复制件，除有相反证据和更高效力的证据外，该复制件具有等同于原件的证明力。

第十一条 对电子数据涉及的专门性问题难以确定的，由司法鉴定机构出具鉴定意见，或者由公安部指定的机构出具检验报告。

第十二条 对电子数据的真实性，应当综合全案证据进行审查。

对电子数据的证明力，应当根据案件的具体情况，从完整性、电子证据与待证事实的关联程度、电子证据与其他证据之间的联系等方面进行审查判断。

证据之间具有内在联系，共同指向同一待证事实，不存在无法排除的矛盾和无法解释的疑问的，才能作为定案的根据。

第十三条 本解释自某年某月某日起开始实施。最高人民法院、最高人民检察院此前发布的司法解释和规范性文件，与本解释不一致的，以本解释为准。

第二节 《关于办理刑事案件审查判断电子数据若干问题的解释（草案）》草拟说明及理由

第一条 电子数据的概念

本解释所称的电子数据，是指以电子形式存在的，可以用于证明案件事实的一切材料及其派生物。

◉ **说明及理由**

本条是关于电子数据范围和特征的规定。随着计算机技术、网络技术、通讯技术的迅猛发展，人类社会已进入互联网时代。在这个时代，以计算机和互联网络为载体的电子数据在刑事案件的证明方面的作用日益显著。应当说，电子数据进入刑事诉讼领域并被较为广泛的应用，是社会发展的必然。因此，将其作为新的证据种类加以规定，是顺应社会发展变化的必然选择。同时，电子数据在司法实践中所面临的尴尬境地，也需要通过明确电子数据的独立证据种类加以解决。1996年《刑事诉讼法》第42条第1款规定，"证明案件真实情况的一切事实，都是证据"。按此逻辑，如果电子数据能够证明案件事实，自然属于证据材料的范畴。然而，该条又将证据种类限定为物证、书证、证人证言、被害人陈述、犯罪嫌疑人、被告人供述和辩解、鉴定结论、勘验、检查笔录和视听资料七大种类，电子数据属于哪个种类的证据语焉不详。在《刑事诉讼法》颁布之前，为消除电子数据所面临的尴尬局面，司法解释等规范性文件针对电子数据作出了相应的规定。但是仔细考察有关电子数据的条文内容会发现，不同的规范性文件所作出的规定并不一致：对于电子数据的定位，在司法解释层面就出现了两种不同的规定。一种明确规定电子数据为独立的证据种类；例如两院三部《办理死刑案件证据规定》第29条直接规定了对于"电子邮件、电子数据交换、网上聊天记录、网络博客、手机短信、电子签名、域名等电子证据"的审查判断内容。另一种则将电子数据转化为前述七种法定证据种类，尤其是通过转化为勘验、检查笔录后再予使用。例如2010年9月15日最高人民法院、最高人民检察院、公安部颁布的《关于办理网络赌博犯罪案件适用法律若干问题的意见》在"关于电子证据的收集与保全"部分规定，"侦查机关对于能够证明赌博犯罪案件真实情况的网站页面、上网记录、电子邮件、电子合同、电子交易记录、电子账册等电子数据，应当作为刑事证据予以提取、复制、固定。侦查人员应当对提取、复制、固定电子数据的过程制作相关文字说明，记录案由、对象、内容以及提取、复制、固定的时间、地点、方法，电子数据的规格、类别、文件格式等，并有提取、复制、固定电子数据的制作人、电子数据的持有人签名或者盖章，附所提取、复制、固定的电子数据一并随案移送"。为了消除法典关于证据种类不周延的弊端，同时也为了确保司法解释规定的一致性和合法性，亦有必要增加电子数据这一新的证据种类。其实，联合国与域外法治发达国家均有针对电子数据的立法，例如美国《联邦证据规则》《统一电子交易法》、加拿大《1998年统一电子证据法》、欧洲理事会《网络犯罪公约》等等。因此，《刑事诉讼法》新增"电子数据"这一证据种类，顺应了社会发展趋势，进一步扩大了我国刑事证据的外延范围，有利于指导司法实务部门对于电子数据的提取和运用，充分发挥电子数据证明案件事实的功能。

（一）电子数据的概念

然而，《刑事诉讼法》并未明确电子数据的概念和范围，导致电子数据所指不明，需要进一步明确具体含义。最高人民法院《解释》第93条在规定电子数据的审查判断规则时，明确了几种常见的电子数据，包括电子邮件、电子数据交换、网上聊天记录、博客、微博客、手机短信、电子签名、域名等。但是本起草小组认为，该列举稍显片面，不能科学、全面地对电子数据的概念、内涵与外延予以反映，而且在司法实践中，很容易被司法人员理解为电子数据仅包含以上列举的形式。鉴于电子数据内涵与外延的恰当界定直接关系到电子数据在刑事诉讼中的地位和作用发挥，本司法解释草案在设计电子数据审查判断的具体规则之前，首先阐释电子数据的内涵与外延。

关于电子数据的概念，无论是我国理论界，抑或规范性文件，均尚未达成一致意见。理论界比较有代表性的观点主要包含以下几种：其一，电子证据是借助现代信息技术或电子设备而形成的一切证据，或者是以电子形式表现出来的能够证明案件事实的一切证据。[1] 其二，电子证据是以电子形式存在的，借助信息技术或信息设备形成的用做证据使用的一切数据及其派生物。[2] 其三，电子证据是一切由信息技术形成的，用以证明案件事实的数据信息。[3] 其四，电子证据是指数字化信息设备中存储、处理、传输、输出的数字化信息形式的证据。[4] 从法律规范的层面考量，不同的规范性文件对电子数据的界定也不一致。《电子签名法》规定，"本法所称数据电文，是指以电子、光学、磁或者类似手段生成、发送、接收或者储存的信息"。公安部《计算机犯罪现场勘验与电子证据检查规则》第2条规定，"本规则中，电子证据包括电子数据、存储媒介和电子设备"，公安部《公安机关电

---

[1] 何家弘：《证据法学》，法律出版社2007年版，第186页。
[2] 蒋平：《电子证据》，中国人民公安大学出版社2007年版，第38页。
[3] 麦永浩：《计算机取证与司法鉴定》，清华大学出版社2009年版，第26页。
[4] 皮勇：《刑事诉讼法中电子证据规则研究》，中国人民公安大学出版社2005年版，第3页。

子数据鉴定规则》第2条则指出，"本规则所称的电子数据，是指以数字化形成存储、处理、传输的数据。"最高人民检察院《人民检察院电子证据鉴定程序规则（试行）》第2条规定，"电子证据是指由电子信息技术应用而出现的各种能够证明案件真实情况的材料及其派生物"。综合考量以上理论观点和规范性文件的规定会发现，虽然前述种种表述各不相同，但至少达成了以下共识：电子数据必须依赖信息技术和电子设备；电子数据表现为电子形式的信息数据；电子数据必须包含能够证明案件事实的数据信息。主要的不同体现在以下两点：其一，外延的范围上，是仅包含数字化信息，还是包含所有的数据信息。其二，是否应当包含存储媒介和电子设备。对于电子数据外延的范围，本起草小组认为，如果考量计算机和互联网技术日新月异的发展、更新与法律稳定性、滞后性之间的矛盾，应当将电子数据的外延范围设置成开放式的，即所有由信息技术形成的，用以证明案件事实的数据信息都应当是电子数据。对于应否包含存储媒介和电子设备，本起草小组认为，证据是可以用于证明案件事实的材料。一份电子数据之所以成为刑事诉讼中的证据，本质在于其自身包含了可以用于证明案件事实的信息。而存储媒介和电子设备本身并不具备这样的特征。虽然在刑事诉讼中欲使用电子数据，必然离不开存储媒介和电子设备，但这显然不能成为将其纳入电子数据的正当理由。

因此，本司法解释草案认为，所谓电子数据，是指以电子形式存在的，用以证明案件事实的一切材料及其派生物。电子数据作为一种特殊的证据形式，具有以下特征：第一，以电子形式存在。如前所述，电子数据是依靠信息技术和电子设备形成的信息资料。电子数据的形成与使用，一般需要经过两次转化：首先将人类的输入或信息系统自动生成的信息转化为"0""1"代码；其次，通过相应的电子设备将"0""1"代码转化为能为人类感知的输出。故与其他种类的证据相比，电子数据的特殊性在于其表现形式为以电子形式存储或传输的数据。第二，可分离性。电子数据的可分离性是指，电子数据本身可与载体进行分离。电子数据的存储介质一般为计算机系统芯片、硬盘、U 盘、光盘等电子、光学或者磁性介质。电子数据可以在不同的存储介质之间复制、传输,而且从一个介质转至另一个介质并不会导致电子数据发生任何的变化,即不会影响其证据能力和证明力。第三,开放性。在开放的互联网虚拟空间中,电子数据可以瞬间传播扩散至世界的每一个角落。正是基于这种开放性特征,对电子数据的收集、提取可以不受时空限制。虽然这种开放性特征为远程调查取证提供了可能,但是也为电子数据的收集提出了更高的规范性要求。第四,客观性和稳定性。电子证据的形成、存储以电子信息技术为依托,基本不受主观因素的干扰与影响,因此具有很高的客观性和真实性。诚然,"就电子数据而言,一方面这类证据是以电子数据形式存在的,只需要敲击键盘,即可对其进行增加、删除、修改,可谓具有易变性"。[①] 但是,本起草小组认为,无论是通过何种方式对电子数据进行增加、删除、修改,均会留下一定的痕迹,而且大部分情况下,遭到破坏的电子数据可以通过技术手段予以恢复。同时,在刑事诉讼中,对于任何提交到法庭用以证明案件事实的证据材料,必须查证属实才能作为定案的根据。对于电子数据来讲,如果其真实性有疑问,还要经过鉴定。因此,电子数据虽易被改变,但却仍能保持很高的稳定性、客观性。

"电子数据既包括反映法律关系产生、变更或消灭的电子信息正文本身,又包括反映电子信息生成、存储、传递、修改、增删等过程的电子记录,还包括电子信息所处的硬件和软件环境"。[②] 质言之,电子数据包含:"数据正文证据,即数据电文正文本身;附属信息证据,即记录数据电文生成、存储、传递、修改、增删而形成的证据;系统环境证据,其在前述过程中所依靠的电子社会环境,尤其是硬件或软

[①] 张军、江必新主编:《新刑事诉讼法及司法解释适用解答》,人民法院出版社 2013 年版,第 103 页。

[②] 陈光中主编:《〈中华人民共和国刑事诉讼法〉修改条文释义与点评》,人民法院出版社 2012 年版,第 51 页。

件名称和版本"。① 由于各自发挥的证明作用不同，三者相互结合才能构成一个完整的证明锁链。

(二) 电子数据的定位及与视听资料之间的关系

在《刑事诉讼法》明确规定"电子数据"为独立的证据种类之前，我国刑事诉讼法学界与司法实务部门对于电子数据应该如何定位的观点甚多，主要包含"物证说""书证说""视听资料说""鉴定结论说""独立证据说"与"混合证据说"等等。应当说，《刑事诉讼法》将电子数据规定为独立的证据形式，终结了关于电子数据定位问题的讨论，具有科学性和合理性。理由如下：第一，电子数据独特的表现形式，决定了应该赋予其独立的证据种类归属。如前所述，电子数据的表现形式为电子化的数据信息，在电子计算机信息系统中以"0""1"代码的形式存在，并通过电子设备转化为人类可以识读的数据，与传统证据形式存在着显著的区别。虽说某种特定的电子数据在证明方式上与传统证据具有相似或相同之处，但是无论是何种传统证据形式，均无法将电子证据的外延范围全部涵盖。因此，有必要将电子数据定位为独立的证据种类。第二，电子证据外延的开放性，决定了其自身的独立地位。现代科学技术，尤其是信息技术、网络技术快速发展，而且还有巨大的发展潜力和空间。其对电子数据定位的影响体现在两个方面：一方面，信息技术的快速发展导致越来越多的刑事案件需要依靠电子证据的收集、采纳与采信，甚至完全依靠电子数据定案；另一方面，信息技术的发展，导致电子数据的样态会更加多元化。这两方面因素的综合作用，要求刑事证据法必须将电子数据作为一种新的证据种类予以独立出来。第三，司法实践的需要，亦决定了电子数据应当具有独立的证据种类地位。在电子数据成为独立的证据种类之前，在司法实践中实务机关经常是以电子数据为线索去力图寻找和发现传统的证据形式，但是在只有电子数据的案件中往往很难找到其他证据，所以司法机关只好采取一种被称为"转化型证据"的

---

① 何家弘主编：《电子证据法研究》，法律出版社2002年版，第34页。

证据来进行诉讼。这种"转化型证据"在证据理论上是证明力相对较低的传来证据,而且"明明存在电子数据却不能直接使用的现实也人为地增加了实务部门的工作负担,而这种情况完全可以并且应该通过对电子证据的立法确认来解决"。① 为此,无论从电子数据自身的特性、抑或立法的前瞻性、还是司法实践的需要来考量,《刑事诉讼法》将"电子数据"作为一种独立的证据种类,都是必要的、科学的。

目前,容易发生问题且亟待厘清的是电子数据与视听资料的关系。《刑事诉讼法》第48条将视听资料与电子数据同列于该条第2款第8项。立法如此规定,在解决了司法实践中使用电子数据作为证据的法律依据的同时,是否认为在某些特殊场合下,电子数据与视听资料之间存在重合交叉关系呢?如在计算机网页的视频文件、视频资料与电子数据难以截然分开的难题。本起草小组认为,电子数据与视听资料应当是两种不同的证据种类,二者并不存在重合交叉之处,相反却存在着明显的界限。视听资料,通常是指以录音、录像等形式存储的,以声音、图像来证明案件事实的证据材料。最高人民检察院《关于印发检察机关贯彻刑诉法若干问题的意见的通知》中对视听资料的具体含义进行了规定,"以图像和声音形式证明案件情况的证据。包括与案件事实、犯罪嫌疑人以及犯罪嫌疑人实施反侦查行为有关的录音、录像、照片、胶片、声卡、视盘、电子计算机内存信息资料等。"需要说明的是,该通知将电子计算机内存信息资料归为视听资料,"只是受制于当时立法框架的权宜之计"。② 在《刑事诉讼法》将电子数据单独规定为独立的证据种类后,电子计算机内存信息资料应当归为电子数据的范畴内。而且,单从"电子计算机内存信息资料"的含义来考察,该通知的规定也并非合理科学。电子计算机内存信息资料,不仅包含以电子形式存在的录音、录像资料,还包含电子形式存

---

① 参见童学义、黄金荣:《刑事诉讼电子证据研究》,载《云南大学学报法学版》2011年第5期。
② 熊志海、孔言:《电子数据证据及相关概念之比较研究》,载《湖北社会科学》2013年第12期。

在的书证、物证等等材料，因此，将电子证据中文字的"可视"和视听资料中的"可视"混同，是不科学的。其实，之所以存在电子数据与视听资料存在交叉重叠的观点，实质上是在纠结以电子形式存在的视听资料的归属问题。本起草小组认为，从立法本意来看，既然《刑事诉讼法》已经明确将电子数据单列，即意味着应当将电子数据与视听资料予以区分。二者的区别在于：首先，表现形式不同。视听资料，顾名思义，即是以图像和声音作为主要表现形式，包含视觉资料、声音资料以及二者混合的声像资料。电子数据，从最高人民法院《解释》的规定可以得知，电子数据，主要表现为以电子或其他形式进行存储的电子数据信息或模拟数据信息。其次，外延范围不同。视听资料的外延主要为静态或动态的图像和声音，电子数据的外延包含电子邮件、网络聊天记录等文字性信息。诚然，广义上的电子数据，也包含前述之网页上的视频文件，但是从现行法律规定来看，网页上的视屏文件，目前归为视听资料更为符合立法意志。可以认为，"电子数据是现代科学进一步发展的产物；以录音磁带、录像带、唱片、CD、光盘等实物存储介质存储的音像资料是视听资料；但是以电子数据形式存在的电子视听资料则是电子数据。例如QQ视频语音聊天记录，虽然是音像资料，但是因为其以电子数据形式存在，且未存放在实物介质中，故不属于视听资料，而是电子数据"。[1] 当然，本司法解释草案之所以将视听资料与电子数据做如上划分，在很大程度上是囿于《刑事诉讼法》在立法技术上对二者的定位与处理。《刑事诉讼法》将视听资料与电子数据并列规定于该条第2款第8项的同时并未就二者的关系做出明确。是故，在《刑事诉讼法》的现有规定下，为了明确二者的关系，提高该项的明确性和可操作性，避免司法实践中的适用混乱，才采取了将二者予以分离的处理方式。当然，这丝毫不能说明这种划分就是绝对正确和适应司法实践需要的。本起草小组认

---

[1] 张军、江必新主编：《新刑事诉讼法及司法解释适用解答》，人民法院出版社2013年版，第104页。

为，从长远发展眼观来看，在下一次的《刑事诉讼法》修改过程中，有必要对视听资料与电子数据的关系重新进行考证，并可考虑将试听资料纳入电子数据的范畴中。

第二条　电子数据的关联性规则

电子数据应当与案件事实具有联系，并且对案件事实的证明产生一定的实质影响。

●说明及理由

本条是关于电子数据关联性规则的规定。关联性是包含电子数据在内的所有证据的自然属性。一项电子数据具有关联性，是指该电子数据的证据事实与案件事实存在着客观上的内在联系，从而能起到证明案件事实的作用。关联性是英美法系国家证据法的基本概念。《布莱克法律词典》将证据的关联性定义为，"是指证据具有的可以用来判断诉讼双方当事人所争议的事项真伪的品质。关联性是指那种有助于证明有关假设的属性，这种假设一旦成立，将从逻辑上影响争议事项"。[①]《美国联邦证据规则》第401条规定，"相关证据"是指证据具有某种倾向，使决定某项在诉讼中待确认的争议事实的存在比没有该项证据时更有可能或更无可能。美国《模范证据法典》第1条也规定，有关联性的证据是指"在逻辑上具有证明任何实质性事项的倾向的证据，包括意见证据和传闻证据"。质言之，有某个电子数据一定要比没有该电子数据更能明显地证明某项案件事实的存在或不存在。是否具有关联性直接关系到一项电子数据是否能被采纳为诉讼证据：有关联性的电子数据才可以采纳为诉讼证据，没有关联性的电子数据不得采纳为诉讼证据。与案件事实之间存在某种关联，是一项证据成为认定案件事实的依据的资格条件，电子数据也概莫能外。同样，电子数据是否具有关联性，亦是我国《刑事诉讼法》及相关规范性文件

---

① Black'Law Dictionary (5th ed.), P.1160.

所规定的公安司法机关审查电子数据证据资格的重要内容。两院三部《办理死刑案件证据规定》第 29 条第 1 款第 5 项规定，"对于电子邮件、电子数据交换、网上聊天记录、网络博客、手机短信、电子签名、域名等电子证据，应当主要审查以下内容：…（五）该电子证据与案件事实有无关联性"。最高人民法院《解释》第 93 条第 1 款第 4 项也规定了对电子数据与案件事实有无关联进行审查的内容。因此，本司法解释草案再次强调了电子数据应当具有关联性，并进一步明确了电子数据应当与案件事实具有联系，且能对案件事实的证明产生一定的实质影响。

依据本条的规定，公安司法机关对电子数据的审查判断，应当着重从两个方面进行：其一是电子数据与刑事案件的待证事实是否具有某种联系；其二是这种联系是否对刑事案件待证事实的证明具有一定的实质影响。首先，电子数据是否与刑事案件待证事实具有某种联系。在刑事诉讼中，需要运用证据加以证明的待证事实大致分为两类：实体法事实与程序法事实。实体法事实又可分为实体刑法所规定的犯罪构成要件事实和量刑情节的事实。程序法事实，则是由程序法，即《刑事诉讼法》规定的需要运用证据加以证明的事实，诸如刑讯逼供的事实等等。最高人民法院《解释》第 61 条、两院三部《办理死刑案件证据规定》第 2 条均规定，"认定案件事实，必须以证据为根据"。在依据电子数据对前述两类事实进行证明之前，应当首先审查该电子数据是否与前述案件事实存在着一定的联系。这种联系应当满足以下要求：（1）客观存在性。电子数据与案件待证事实之间的联系，应当是客观存在的，而绝不能是主观臆造的。因此，办案人员在审查电子证据时，应当客观如实地评价这种联系。（2）多样性。电子数据与案件待证事实之间的联系可以表现为多种形式，不同的电子数据与待证事实之间的联系面和联系方式亦是不同的。因此，司法人员应当充分关注这种联系的多样性，并根据其不同的证明范围和证明方式，对关联性存否及程度作出恰当的判断。（3）可感知性。"证据事实与案件事实的关联性应当能够为人们所认识，如果尚未被人们所认识则不能断定其具有关联性，当然不能作为定案的依据，只有随着诉讼活动因自觉应用不断发展的科学技术而使其水平得到提升时，电子数据与案件事实的关联性为人们所认识，这些事实才能成为诉讼证据进入诉讼活动"。① 其次，电子数据对于案件事实的证明能否发挥一定的实质影响。电子数据与待证事实之间存在着某种联系，只是电子数据成为证据乃至定案根据的前提之一。这种联系程度的大小决定了电子数据在刑事诉讼活动中的作用。也即电子数据与刑事案件待证事实的这种联系对于证明某项案件事实的存在与否应当发挥一定的实质性证明作用。判断该电子数据与案件事实的联系程度，可以采取如下步骤：电子数据所包含的信息指向何种案件事实；该案件事实在前述需要运用证据证明的案件事实中的重要作用，例如犯罪构成要件事实，是整个案件事实的核心；该电子数据能够在多大程度上证明该案件事实，是否对于解决案件的实质性问题有意义。

第三条　电子数据的合法性的规定

　　侦查人员、检察人员、审判人员应当严格遵守法定程序，全面、客观地收集、审查、核实和认定电子数据。

● **说明及理由**

　　本条是对收集、审查、核实、认定电子数据的程序法定原则的规定，亦是对两院三部《办理死刑案件证据规定》第 3 条之"侦查人员、检察人员、审判人员应当严格遵守法定程序，全面、客观地收集、审查、核实和认定证据"规定的保留和发展。

　　程序法定原则是我国刑事诉讼法的基本原则之一。《刑事诉讼法》第 50 条规定，"审判人员、检察人员、侦查人员，必须依照法定程序，收集能够证实犯罪嫌疑人、被告人有罪或者无罪、犯罪情节轻重的各种证据"。本条再一次强调程序法定原则，不仅是将该原则在电

---

① 陈光中主编：《证据法学》（修订版），法律出版社 2013 年版，第 151 页。

子数据部分具体化,更是为了确保侦查人员、检察人员、审判人员在收集、审查、核实与认定电子数据时尊重《刑事诉讼法》及相关规范性文件的规定,使相关法定程序得到切实落实。"从内容上分析,程序法定原则包括了形式意义上的程序法定原则和实质意义上的程序法定原则。所谓形式意义上的程序法定原则,是以程序合法性为中心,要求国家发动刑事诉讼,进而干涉公民个人权利,必须有法律的明确授权,并且应严格遵守法律所设定的条件、步骤和方式进行;缺乏明确的法律上的根据,不得任意干涉、处分公民权利,否则即属违法侵害公民基本权利的行为。只要国家的刑事诉讼活动形式上符合法律,即视为达到程序法定原则的要求。而实质意义上的程序法定原则不仅要求程序的合法性,而且要求程序的正当性,即规范诉讼程序的刑事诉讼本身必须具备社会的正当性"。① "就形式意义上的程序法定原则而言,其事实上包含了两个方面的要求:一是立法方面的要求,即刑事诉讼程序应当由法律事先明确规定。二是司法方面的要求,即刑事诉讼活动应当依据这一事先规定的程序进行。本条规定主要是对司法机关的要求,不涉及立法的因素。因此是更为狭义的程序法定原则"。② 需要说明的是,本解释草案所确立的程序法定原则中的"法"并不仅限于法律,还包括司法解释等一系列具有法律效力的规范性文件。

为了更好的贯彻、落实程序法定原则,根据本条的规定,侦查人员、检察人员、审判人员必须严格遵守和执行《刑事诉讼法》、相关司法解释及其他规范性文件关于收集、审查、核实、认定证据的有关规定。在《刑事诉讼法》将电子数据明确规定为独立的证据种类之前,两院三部《办理死刑案件证据的规定》、公安部《公安机关电子数据鉴定规则》、最高人民检察院《人民检察院电子证据鉴定程序规则》、公安部《计算机犯罪现场勘验与电子证据检查规则》已经就电

---

① 万毅、林喜芬:《现代刑事诉讼法的"帝王"规则:程序法定原则重述》,载《当代法学》2006 年第 1 期。
② 张军主编:《刑事证据规则理解与适用》,法律出版社 2010 年版,第 55 页。

子数据的审查判断、鉴定、勘验和检查作出了较为详尽的规定，之后最高人民法院《解释》、最高人民检察院《规则》、公安部《规定》又针对电子数据作出了新的规定，进一步完善了有关电子数据的规范体系。由此，侦查人员、检察人员、审判人员除了遵守《刑事诉讼法》的规定之外，同样应当严格遵守司法解释和相关规范性文件的规定；除了遵守收集、审查、核实和认定证据的一般规定之外，同样应当遵守有关电子数据的收集、审查、核实和认定的特殊规则。只要这样，才能做到真正的有法必依，切实保障依法收集、审查、核实、认定电子数据和认定案件事实的能力，确保办理刑事案件的质量和效率。

第四条 电子数据的完整性规则

电子数据自形成之时起，其内容一直保持完整性或未被改动，则视为具有完整性。对电子数据的内容进行的必要添加，并不影响其完整性。

有证据证明该电子数据符合以下情形之一的，则应当推定其具有完整性：

（一）所依赖的计算机系统或其他类似设备，在所有关键时刻均处于正常运行状态；

（二）所依赖的计算机系统或其他类似设备，在所有关键时刻虽不处于正常运行状态。但其不正常运行的事实并不影响电子记录的完整性；

（三）由一方当事人记录或保存，而举出该电子证据对此人不利；

（四）有当事人以外的其他人在正常的业务活动中记录或保存，而此人行事不受任一方当事人的控制。

● 说明及理由

本条是有关电子数据完整性规则的规定。两院三部《办理死刑案件证据规定》第 29 条第 1 款规定，"对于电子邮件、电子数据交换、网上聊天记录、网络博客、手机短信、电子签名、域名等电子证据，应当主要审查以下内容：……（四）内容是否真实，有无剪裁、拼凑、篡改、添加等伪造、变造情形…"。最高人民法院《解释》第 93 条第 1 款第 1 项规定，"是否随原始存储介质移送；在原始存储介质无法存储、不便移动或者依法应当由有关部门保管、处理、返还时，提取、复制电子数据是否由二人以上进行，是否足以保证电子数据的完整性，有无提取、复制过程及原始存储介质存放地点的文字说明和签名"。从以上两个规范性文件的规定可以看出，无论是审查电子数据"有无剪裁、拼凑、篡改、添加"，还是审查电子数据是否随原始存储介质移送，复制、提取的过程是否符合规范，均是为了保证电子数据具有完整性。然而，本起草小组认为，虽然前述两个规范性文件蕴含了电子数据完整性的要求，但是对于何为完整性，并未给出明确的答案。为了更好地指导司法实践，有必要明确何为"完整性"。

电子数据自形成之时起，其内容一直保持完整或未被改动，则视为具有完整性。[1] 对电子数据的内容进行的必要添加，并不影响其完整性。

如前所述，电子数据一般是以二进制代码的形式存储于磁性介质中，其本质是数字化的信息，即以"0"或"1"这两个数字的不同编码来记录的信息。"由于数字化的特质使得电子数据较其他种类的证据材料更具有脆弱性，人们可以通过各种方法对数字编码进行增减和编辑而使电子信息被篡改、伪造、破坏或灭失。此外，计算机病毒、硬件故障、软件问题、操作失误、网络故障等技术和意外情况都会影响到电子信息的真实性"。[2] 由于电子数据本身所具有的脆弱性的特征，为了防止被篡改、删减的电子数据进入诉讼程序，本起草小组认为，有必要借鉴域外先进的立法例，设立我国的电子数据完整性规

---

[1] 卞卫兵：《刍议电子证据的作用、取证与审查》，载《中国检察官》2012 年第 4 期。
[2] 程权、孟传香：《论新刑事诉讼法视野下电子证据的审查》，载《重庆邮电大学学报（社会科学版）》2013 年第 6 期。

则。例如联合国《电子商业示范法》第 8 条第 3 款规定,"(3) 为本条第 (1) 款第 (a) 项的目的:(a) 评定完整性的标准应当是,除加上背书及在通常传递、存储和显示中所发生的任何变动之外,有关信息是否保持完整,未经改变;和 (b) 应根据生成信息的目的并参照所有相关情况来评定所要求的可靠性标准"。一般认为,"电子数据的完整性不仅指信息内容的完整,还包括数据自身的完整。电子数据不同于传统证据,它无法通过外在物理特性来展示自身完整性,必须借助技术核查手段才能验证其完整性"。"电子数据的完整性是保证其承载信息真实性的必要前提,不完整的电子数据很难保证自身的原始性"。① 为此,为了保障电子数据的真实性,首先就要对电子数据的完整性进行审查。"对电子数据完整性的审查主要是看该证据所载明的内容是否遭受了非必要的添加或删减。这种审查常常需要存在着一个已知的电子证据作为样本,以便进行比对"。② 最高人民法院《解释》第 93 条第 1 项的规定就遵循了前述逻辑:首先,如果电子数据随原始存储介质移送的,一般认为该电子数据具有完整性;其次,如果原始存储介质无法封存、不便移动或者依法应当由有关部门保管、处理、返还时,则明确要求提取、复制电子数据应当足以保证电子数据的完整性。

然而,从最高人民法院《解释》第 93 条第 1 项的规定内容来考量,该条所规定的完整性是指在证据收集过程中的完整性,即审查提取、收集电子数据的程序是否符合法律规定,是否对证据的完整性产生了影响。本起草小组认为,证据完整性审查的时间起点应当为形成之日,包含两个阶段的完整性要求:第一个阶段即电子数据形成后至侦查机关提取、复制电子数据之前的阶段;第二个阶段即电子数据被提取、复制时至提交到法庭进行举证、质证、认证。只有在这两个阶

---

① 程凡卿:《浅谈电子数据在反贪工作中的理解与运用》,载《河南警察学院学报》2013 年第 5 期。
② 何家弘主编:《刑事诉讼中科学证据的审查规则与采信标准》,中国人民公安大学出版社 2014 年版,第 196 页。

段中，电子数据均保持了形成时的状态，才能认为是完整的。故在本司法解释草案中，本起草小组将电子数据的完整性审查的起点提前至形成之时。需要注意的问题是，在司法实践中，应当注意"保持完整性和未予改动"与必要添加之间的关系。在电子数据形成、传递、保存过程中，往往会对电子数据进行必要的添加，比如对电子数据的背书，一般并不影响电子数据的完整性，因此不得因为存在着添加就认为电子数据被改动过进而否定其完整性、真实性。

如果有证据证明该电子数据符合以下情形之一的，则应当推定其具有完整性：

（一）所依赖的计算机系统或其他类似设备，在所有关键时刻均处于正常运行状态；

（二）所依赖的计算机系统或其他类似设备，在所有关键时刻虽然不处于正常运行状态，但是其不正常运行的事实并不影响电子记录的完整性；

（三）由一方当事人记录或保存，而举出该电子证据对此人不利；

（四）有当事人以外的其他人在正常的业务活动中记录或保存，而此人行事不受任一方当事人的控制。

本款是对电子数据完整性推定的规定。在刑事诉讼中，如果一味强调正面直接证明，即让侦查机关、检察机关提供证据直接证明电子数据自形成之时起一直保持完整和未予改动的状态，从证明的角度考量，并不现实。司法实践中，"审查电子证据是否完整往往是法官本人难以独自解决的问题。他可能需要求助于计算机专家，才能断定某一电子证据是否遭到了添加或删改以及所改动的程度如何"。[①] 因此，本起草小组认为，作为直接证明的补充，应当允许法官通过审查计算机系统的完整性或电子数据系由对方当事人、中立第三人保管等，来推定电子证据的完整性。故本司法解释草案设置了电子数据完整性的

---

① 何家弘主编：《刑事诉讼中科学证据的审查规则与采信标准》，中国人民公安大学出版社2014年版，第198页。

推定规则。只要满足本款任何一项的规定，就可以推定该电子数据具有完整性。该推定是可以推翻的推定，如果犯罪嫌疑人、被告人或辩护律师可以提出相反的证据证明该电子数据不具有完整性，即可推翻该推定。

"作为计算机等系统意义上的完整性，也称为电子系统的完整性，它是由作为电子数据本身意义上的完整性引申而来的一个概念，是审查电子证据完整性的一种方法"。[1] 通过电子系统的完整性来推定电子数据的完整性的做法，是域外较为通行的一种做法。例如加拿大《1998年统一电子证据法》第5条规定，"在任何法律程序中，如果没有相反证据，则可以通过下述证据或者在下述条件下，推定记录或存储电子记录的那一电子记录系统具有完整性：（1）通过那些支持如下裁定的证据——裁定该计算机系统或其他类似设备在所有关键时刻均处于正常运作状态，或者，即便不处于正常运作状态，但其不正常的事实并不影响电子记录的完整形，并且没有其他合理理由对该电子记录系统的完整性产生怀疑的；（2）如果有证据证明，该电子记录系由如下当事人记录或存储的——与诉讼中意图引入该记录的那一当事人在利益上相反的其他当事人；或者（3）如果有证据证明，该电子记录系由除当事人以外的某人，在惯常而普通的业务活动中记录或存储的，而且其所进行的记录或存储并非根据意图引入该记录的当事人的指令。""本款的四项内容实际上参照加拿大《1998年统一电子证据法》的相关规定，作了符合中国国情的合理借鉴"。[2]

第五条　电子数据的真实性认定规则

对于电子数据的真实性，应当结合下述所有因素，考虑电子数据的生成、存储、传送与收集等各个环节，以及审查该电

---

[1] 俞静尧：《电子证据制作主体身份辨真难点及对策——以我国首例网络色情案为例》，载《浙江工商大学学报》2005年第3期。
[2] 何家弘主编：《刑事诉讼中科学证据的审查规则与采信标准》，中国人民公安大学出版社2014年版，第198页。

子证据在上述环节是否可能遭到删改,做出综合评判:

(一) 生成电子数据的方法是否可靠;

(二) 存储电子数据的方法是否科学、原始存储介质是否可靠;

(三) 电子数据是否完整,有无删除、修改、增加等情形;

(四) 收集电子数据的程序是否合法;

(五) 其他可能影响电子数据真实性的因素。

具有下列情形之一的,推定电子数据具有真实性:

(一) 有证据证明所依赖的计算机等系统的软硬件在关键时刻均处于正常状态;

(二) 电子数据是中立的第三方在正常的业务活动中生成并保管的;

(三) 附有电子签名或者附加其他安全保障的。

经审查无法确定真伪的电子数据,不能作为定案的根据。

●说明及理由

本条是对电子数据真实性的认定规则,是对《刑事诉讼法》第53条"据以定案的证据均经法定程序查证属实"、最高人民法院《解释》第93条第1款第3项之审查"电子数据内容是否真实、有无删除、修改、增加等情形"规定的进一步解释与细化。最高人民法院《解释》第93条规定,"对电子邮件、电子数据交换、网上聊天记录、博客、微博客、手机短信、电子签名、域名等电子数据,应当着重审查以下内容:(一) 是否随原始存储介质移送;在原始存储介质无法封存、不便移动或者依法应当由有关部门保管、处理、返还时,提取、复制电子数据是否由二人以上进行,是否足以保证电子数据的完整性,有无提取、复制过程及原始存储介质存放地点的文字说明和签名;(二) 收集程序、方式是否符合法律及有关技术规范;经勘验、检察、搜查等侦查活动收集的电子数据,是否附有笔录、清单,并经侦查人员、电子数据持有人、见证人签名；没有持有人签名的，是否注明原因；远程调取境外或者异地的电子数据的，是否注明相关情况；对电子数据的规格、类别、文件格式等注明是否清楚；（三）电子数据内容是否真实，有无删除、修改、增加等情形；（四）电子数据与案件事实有无关联；（五）与案件事实有关联的电子数据是否全面收集"。由于电子数据具有容易丢失、易遭篡改的特征，本起草小组认为，有必要在最高人民法院《解释》第93条关于电子数据的真实性要求的基础上，进一步明确审查电子数据真实性的具体规则。

第一款，法庭在认定电子数据的真实性时，应当结合下述所有因素，考虑电子数据的生成、存储、传送与收集等各个环节，以及审查该电子证据在上述环节是否可能遭到删改，进而做出综合评判。

真实性是衡量电子数据可靠程度的重要指标之一。本款直接从电子数据本身入手，从电子数据生成、存储、传送与收集、内容的完整性、收集程序等方面规定审查判断电子数据真实性的方法和内容。对于本款内容的设置，本起草小组采用了重要内容列举加兜底性条款的方式。

（一）生成电子数据的方法是否可靠

如前所述，电子数据是以电子形式存在的，用以证明案件事实的一切材料及其派生物。与传统的证据形式相比，电子数据的特殊性表现在其是以电子形式存储或传输的数据信息。电子数据对于电子信息技术和电子设备具有先天的依赖性，无论是由人类输入形成的电子数据，或是电子设备自身运算形成的电子数据，均离不开电子设备和电子技术的运用。因此，本起草小组认为，审查电子数据是否真实，首先应当审查生成该电子数据的方法是否可靠。对电子数据生成方法的审查可以围绕以下几个方面进行：电子数据是否是在正常活动中按照常规程序生成；形成电子数据的设备与操作系统的外部环境是否安全，该系统的日常维护和调试是否正常；对于由电子设备及程序自身运算形成的电子数据，该电子设备及软件程序是否可靠，运行是否正常，有无病毒入侵或其他不当干扰；对于由人类通过录入形成的电子数据，录入者是否严格依照相关的操作规程，通过适当的操作将有关信息录入等等。

（二）存储电子数据的方法是否科学、原始存储介质是否可靠

最高人民法院《解释》第93条在规定对电子数据的审查内容时，首先规定电子数据"是否随原始存储介质移送；在原始存储介质无法封存、不便移动或者依法应当由有关部门保管、处理、返还时，提取、复制电子数据是否由二人以上进行，是否足以保证电子数据的完整性，有无提取、复制过程及原始存储介质存放地点的文字说明和签名"。从该规定可知，电子数据移送以随原始存储介质移送为原则，只有在前述特定的三种情形下，才可以对电子数据进行复制和提取，原始存储介质对于认定电子数据真实性的重要性可见一斑。为此，本项规定应当审查电子数据的存储方法是否科学、存储介质是否可靠，确认和延续最高人民法院《解释》的精神和意旨。在审查电子数据生成方法之后，应当审查电子数据是怎样存储的，如存储电子数据的方法是否科学，存储电子数据的介质是否可靠，是否采取了相关的技术手段以保证原始存储介质中数据的完整性，侦查机关在扣押、查封后对原始存储介质的保管方法是否适当，是否存在诸如高磁场、高温、尘土、静电等足以破坏原始存储介质数据完整性的不利因素等等。

（三）电子数据是否完整，有无删除、修改、增加等情形

本起草小组认为，作为证据使用的电子数据必须是完整的，电子数据具有完整性是保证其真实性的前提之一。不仅要求电子数据的内容应当是完整的，而且电子数据本身必须是完整的。电子数据的形成与使用，一般需要经过两次转化：首先将人类的输入或信息系统自动生成的信息转化为"0""1"代码；其次，通过相应的电子设备将"0""1"代码转化为能为人类感知的输出。电子证据的存储形式及介质的特殊性决定了它很容易被伪造、篡改，并且不通过专业的计算机知识和技术很难察觉和识别该伪造、篡改。这种伪造、篡改，不仅可能发生在侦查机关收集、固定该电子数据之前，也有可能发生在侦查机关收集、固定、检查、勘验的过程中，以及使用该电子数据进行

案件事实的认定过程中。因此，在对电子数据的真实性进行判断，尤其在辨明有无删除、修改、增加的情形时，应当将审查阶段扩大到电子数据生成至审查判断的整个阶段。

虽然电子数据具有较易被伪造、篡改的特性，但是这绝不意味着在对电子数据进行真实性审查判断时，伪造、篡改之处难以甚至不能被发现。不可否认的是，相对于传统的书证、物证来说，电子数据被伪造、篡改的痕迹无法为一般人通过肉眼直接观察，因此，在一定程度上来说，电子数据造假的可能性更高。然而，电子数据的高科技性在带来伪造、篡改隐蔽化、复杂化的同时，也为发现这些痕迹提供了科学技术与手段。最新的计算机技术研究结果表明，任何电子记录被删除、复制、修改的痕迹都能够通过技术手段分析认定。[①] 从这个层面来讲，电子数据由于有技术手段作保障，其真实性、稳定性反而更高。有鉴于此，本起草小组认为，除了生成、存储、传输、收集电子数据的方法之外，真实性审查更应该审查电子数据是否为原始状态，是否完整，有无删减增改的地方。而且这种审查具有技术支持与保障，并不难实现。在司法实践中，公安司法机关可以指派或聘请有专门知识的人对该电子数据进行鉴定。

（四）收集电子数据的程序是否合法

本项是从收集电子数据的程序合法性角度对电子数据的真实性审查内容的界定。在刑事案件中，收集电子数据的主体主要为侦查人员。一般而言，侦查人员与所办理的刑事案件不应当存在利害关系。而且《刑事诉讼法》及相关司法解释不仅规定了侦查人员收集证据的一般程序性规范，而且规定了收集、固定、调取、勘验、检查电子数据的特殊程序性规范。例如公安部《计算机犯罪现场勘验与电子证据检查规则》第 15 条规定，"现场勘验检查程序包括：（一）保护现场；（二）收集证据；（三）提取、固定易丢失数据；（四）在线分析；（五）提取、固定证物"。第 16 条规定，"对现场状况以及提取

---

① 杨涛：《电子证据的特征与认定》，载《大众科技》2004 年第 12 期。

数据、封存物品文件的过程、在线分析的关键步骤应当录像，录像带应当编号封存"。第17条规定，"在现场拍摄的照片应当统一编号制作《勘验检查照片记录表》。"第18条，"在现场提取的易丢失数据以及现场在线分析时生成和提取的电子数据，应当计算其完整性校验值并制作、填写《固定电子证据清单》，以保证其完整性和真实性"。侦查人员在进行搜查、扣押、勘验、检查时，应当严格按照相关程序规定进行。然而，一旦侦查人员没有严格遵守有关侦查的程序性规范和相关的技术规范，很容易造成电子数据的破坏、毁损、修改，进而影响其真实性。因此，本起草小组认为，在审查由侦查人员提取的电子数据时，除应审查是否与案件事实存在利害关系之外，应着重审查其在收集电子证据的过程中是否遵守了前述的技术操作与规范，例如侦查人员采取的方法是否科学可靠，是否对原始数据造成了损坏与修改等等。

然而，电子数据的收集主体并不仅仅为侦查人员，在某些刑事案件中，电子数据可能是被害人、证人等向侦查机关提供的。此时，被害人、证人往往与刑事案件的办理及最终处理结果具有利害关系。恰恰是这种利害关系，有可能影响电子数据的真实性。本起草小组认为，《刑事诉讼法》已经明确规定，"任何单位和个人，有义务按照人民检察院和公安机关的要求，交出可以证明犯罪嫌疑人有罪或无罪的物证、书证、视听资料等证据"。从该条规定可知，任何单位和个人、包含被害人、犯罪嫌疑人、证人，均有义务提交包括电子数据在内的证据。因此，由当事人、或者其他人提供的电子数据，在诉讼中作为证据是没有问题的。但是，恰恰因为该主体与案件事实具有某种联系，为了保障所提供的电子数据是真实的，更有必要从两个方面进行审查：一是提供证据的主体是否因为与案件具有利害关系而提交了虚假、伪造的电子数据，或对电子数据进行修改、删除、增加；二是提供证据的主体收集、保存电子数据的方法是否科学可靠。

（五）其他可能影响电子数据真实性的因素

本项是审查判断电子数据真实性所应考虑的因素的兜底性条款。

之所以设置该兜底性条款，是为了保证将本解释未规定的其他应当考虑的因素纳入进来，由公安司法机关根据司法实践与办案需要，在应当考虑其他因素时，进行自由裁量。

　　第二款，电子数据具有下列情形之一的，法庭可以推定其具有真实性。

　　本款依然是针对电子数据真实性进行的规定。然而，与前款不同的是，本款采用了推定的形式。一般认为，推定是指根据事实之间的常态联系，当某一事实存在时，推定另一不明事实的存在。推定建立了已知事实与未知事实、前提事实与推定事实之间的关系。① 本起草小组认为，除了直接审查电子数据是否真实外，还有必要采用间接推定的方法，从与电子数据有关的电子系统的可靠性出发，审查认定电子数据是否真实。理由如下：从理论层面考量，电子数据"是计算机硬件和软件运算的产物，它的准确性在很大程度上取决于电子系统的准确性。对于纯粹由电子设备生成的电子证据，只要不出现电子错误、软件问题或未授权侵入等外在因素，其真实性就有了基本保障；对于由电子设备存储而形成的电子证据，则其真实性除取决于数据录入人员是否正确录入外，还同该系统是否正常不无关联"。② 我国司法实践中，有的法院在审理案件时，已经开始适用推定规则来确认电子数据的真实性。从域外立法例考量，域外各国基本认可通过确认计算机等系统的可靠性来推定电子数据可靠的做法。例如新加坡1998年《电子交易法》对《证据法》进行了修改，其规定，"计算机输出物仅在以下情况具有可采性：……（C）（在诉讼中）能够证明，没有正当理由相信该输出是不正确的，并且有正当理由相信在所有关键时刻该计算机系统是正常运行的"。本起草小组认为，如前所述，电子数据借以生成、存储、传输等的电子设备的可靠性，对电子数据自身的真实性具有较大的影响。在通过技术上对电子数据本身各项因素进

---

① 陈光中主编：《证据法学》（修订版），法律出版社2014年版，第448页。
② 何家弘主编：《刑事诉讼中科学证据的审查规则与采信标准》，中国人民公安大学出版社2014年版，第193页。

行审查比较困难、或者需要花费过长的时间的情形下，法律应当允许公安司法机关的办案人员通过推定来判断电子数据的依据。加拿大统一法全国委员会对其《1999年统一电子证据法》第4条第1款的注释曾一语道破天机："通过提供直接证据来证明被认可的个别记录的完整性（可靠性），这经常是不可能的；这时就可用系统的可靠性来替代记录的可靠性"。[①] 而且，从前款规定的审查电子数据真实性所应关注的因素来看，无不体现出高科技性与技术性。侦查人员对于电子数据生成、传输、存储等环节所运用的电子信息技术、网络技术等往往缺乏足够的了解，如果一概要求侦查人员提供证据，逐一对前条6个方面的内容进行正面证明，往往是不现实的，甚至是不可能的。为了解决该问题，本起草小组借鉴国外立法例的有益经验，设置了符合我国司法实践需要的推定规则。

（一）有证据证明所依赖的计算机等系统的软硬件在所有关键时刻处于正常状态

本项是通过侧面认定的方式对电子数据的真实性进行推定的规则之一，借鉴了加拿大《1999年统一电子证据法》第5条第1项的规定。对于本项推定的理解与适用，本起草小组认为，应当把握以下方面的内容：1. 对"计算机等系统"应当作广义的理解，不仅包含传统意义上的电子计算机信息系统，还包括手机、平板电脑等所有能生成电子数据的设备和系统；2. 所谓关键时刻，是指电子数据生成、传输、存储、固定等各个对电子证据真实性可能产生重大影响的时刻。如果在这些时刻，计算机等系统的软硬件运行不正常很有可能直接影响电子数据本身的准确性和真实性。3. 依据本项的规定，在刑事案件中，如果侦查机关、检察机关可以提供证据证明计算机等系统的软硬件在所有关键时刻都是可靠的，那么就可以推定该电子数据是真实的。然而，本项的推定，是可以推翻的推定，如果犯罪嫌疑人、被告人及辩护律师可以提供相反的证据，证明该电子数据所依赖的电子系

---

① 刘品新：《中国电子证据立法研究》，中国人民大学出版社2005年版，第202页。

统的软硬件并非可靠，该推定自然被推翻。

（二）电子数据是中立的第三方在正常的业务活动中生成并保管的

本项是关于电子数据真实性的第二项推定。在刑事案件中，有一部分电子数据，例如商业记录、酒店住宿记录等是由第三方在正常的业务活动中生成的。由于该第三方与刑事案件并无利害关系，而且有相关部门对其记录予以监督，因此能保证其生成电子数据时的独立性和客观性。在美国1986年判决的合众国诉斯奈德议案中，联邦第十巡回法庭认为："商业记录的例外是建立在准确性推定的基础上的，并按照推定机制处理。因为依照国家商业行为的准确性要求，这些信息是人们按规律行事的一部分，是由养成精准习惯的人们所保管的，并且通常会核对正误"。[①] 加拿大《1998年统一电子证据法》第5条第3款规定，"在任何法律程序中，如果没有相反证据，而有证据证明，该电子记录系由诉讼当事人以外的某人，在惯常而普通的业务活动中记录或存储的，而且其所进行的记录或存储并非根据意图引入该记录的当事人的指令，则可以推定记录或存储电子记录的那一电子记录系统具有完整性"。菲律宾《电子证据规则》规则7第2条第3款规定，"如果对涉及电子文件或电子数据讯息赖以记录或存储的那一信息或交流系统的完整性提出任何争议，则法庭应结合其他条件考虑（c）该电子文件是否是由诉讼当事人以外的，且不受使用它的那一方当事人控制而行事的某人，在通常与普通的业务活动中所记录或保持者"。本起草小组认为，由与案件无涉的第三方，尤其是商业活动的经营者在正常的业务活动中生成的电子数据可以推定为具有真实性。

（三）附有电子签名或者附加其他安全保障的

本项是关于电子数据真实性的第三项推定规则。根据《刑事诉讼法》及相关司法解释的规定，电子数据一般表现为电子形式的数据材

[①] 何家弘主编：《刑事诉讼中科学证据的审查规则与采信标准》中国人民公安大学出版社2014年版，第195页。

料或者文字材料，其中很大一部分为电子书证，如电子邮件。在电子书证的签署方面，与传统书证有很大的区别。由于电子书证载体的特殊性，其无法采用传统签名的方式直接在文书纸质载体上签署姓名。"为此，人们必须寻求新的方法来解决签名的问题。即电子签名或其他安全程序。就目前来看，电子签名或其他安全程序有口令、密码、数字加密、生物特征识别等。随着计算机技术不断发展，新的电子签名或其他安全措施的形式还会层出不穷。按照《联合国电子商务示范法》确定的'功能等同法'，电子签名或其他安全程序同传统签名至少在以下两个方面的功能上应是一致的：一是表明签署者是谁，二是表明此人承认、证明或核准了所签署的文件内容。根据第二项功能，不难得出如下结论：对于附有电子签名或附加其他适当安全程序保障的电子书证，在没有相反证据的情况下，推定其为真。"[1] 我国《电子签名法》已经确认了前述两项功能，其第二条规定，"本法所称电子签名，是指数据电文中以电子形式所含、所附用于识别签名人身份并表明签名人认可其中内容的数据"。

第三款，经审查无法确定真伪的电子数据，不能作为定案的根据。

最高人民法院《解释》第94条规定，"视听资料、电子数据具有下列情形之一的，不得作为定案的根据：（一）经审查无法确定真伪的；（二）制作、取得的时间、地点、方式等有疑问，不能提供必要证明或者作出合理解释的"。本款是对最高人民法院《解释》第94条第1款规定的继承和保留。如果通过前述正面证明与侧面推定仍无法确定电子数据的真伪，则应当依法予以排除。

第六条 电子数据最佳证据规则

收集、提取电子数据应当附有原始存储介质。具有下列情形，无法获取原始存储介质的，可以对该电子数据进行提取、

---

[1] 何家弘主编：《电子证据法研究》，法律出版社2002年版，第129~130页。

复制。

（一）原始存储介质不便封存的；

（二）提取计算机内存存储的数据、网络传输的数据等不是存储在存储介质上的电子数据的；

（三）原始存储介质位于境外的；

（四）原始存储介质依法应当由有关部门保管、处理、返还的；

（五）其他无法获取原始存储介质的情形。

提取、复制电子数据不能保证电子数据的完整性的、或者未提供提取、复制过程及原始存储介质存放地点的文字说明和签名，可能影响电子数据真实性的，不能作为定案的根据。

电子数据的复制件，经与原始存储介质中的电子数据核对无误、经鉴定为真实或者以其他方式确认为真实的，可以作为定案的根据。

● **说明及理由**

收集、提取电子数据应当附有原始存储介质。具有下列情形，无法获取原始存储介质的，可以对该电子数据进行提取、复制。

（一）原始存储介质不便封存的；

（二）提取计算机内存存储的数据、网络传输的数据等不是存储在存储介质上的电子数据的；

（三）原始存储介质位于境外的；

（四）原始存储介质依法应当由有关部门保管、处理、返还的；

（五）其他无法获取原始存储介质的情形。

本款是依据最高人民法院《解释》第93条第1项的规定而设置的关于电子数据的最佳证据规则。最高人民法院《解释》第93条规定，"对电子邮件、电子数据交换、网上聊天记录、博客、微博客、手机短信、电子签名、域名等电子数据，应当着重审查以下内容：

(一)是否随原始存储介质移送；在原始存储介质无法封存、不便移动或者依法应当由有关部门保管、处理、返还时，提取、复制电子数据是否由二人以上进行，是否足以保证电子数据的完整性，有无提取、复制过程及原始存储介质存放地点的文字说明和签名；……"。两院一部《关于办理网络犯罪案件适用刑事诉讼程序若干问题的意见》第14条规定，"收集、提取电子数据，能够获取原始存储介质的，应当封存原始存储介质，并制作笔录，记录原始存储介质的封存状态；……"，第15条规定，"具有下列情形之一的，无法获取原始存储介质的，可以提取电子数据，但应当在笔录中注明不能获取原始存储介质的原因、原始存储介质的存放地点等情况……（1）原始存储介质不便封存的；（2）提取计算机内存存储的数据、网络传输的数据等不适存储在存储介质上的电子数据的；（3）原始存储介质位于境外的；（4）其他无法获取原始存储介质的情形"。在我国刑事诉讼中，一般要求应当提供原件。只有在提供原件或原物确有困难的情况下，才能提供复印件、复制品。否则该复制件不能作为定案的依据。例如最高人民法院《解释》第70条规定，"据以定案的物证应当是原物。原物不便搬运，不易保存，依法应当由有关部门保管、处理，或者依法应当返还的，可以拍摄、制作足以反映原物外形和特征的照片。物证的照片、录像、复制品，经与原物核对无误、经鉴定为真实或者以其他方式确认为真实的，可以作为定案的根据"。第71条规定，"据以定案的书证应当是原件。取得原件确有困难的，可以使用副本、复制件。书证有更改或者更改迹象不能作出合理解释，或者书证的副本、复制件不能反映原件及其内容的，不得作为定案的根据。书证的副本、复制件，经与原件核对无误、经鉴定为真实或者以其他方式确认为真实的，可以作为定案的根据"。虽然《刑事诉讼法》未明确规定电子数据也应当提供原件，但是从前述最高人民法院《解释》第93条等的规定可以推知，对于电子数据，应当以提供原始存储介质为原则，以特定情形下提供电子数据的复制件为例外。该规定同样蕴含了最佳证据规则的要求，只是具体要求有所变化。而这种要求的变化，归因于电子数据自身的特性。

电子数据与传统的书证、物证不同。首先，传统物证、书证，是通过自身记载的内容或自身的特性来证明案件事实，一般均可以为人们直接感知。电子证据一般表现为存储在电子计算机等系统中的二进制编码，如果不通过相应的电子设备转化，人们无法直接感知。其次，传统的书证、物证，均可以找到首次固定其信息内容的原始载体，而且其与原始载体的关系十分密切，原始载体确保了证据的真实性。而基于电子证据的特性，其与存储介质之间的关系并不是十分密切。质言之，电子数据可以在不同的电子存储介质之间流转，而且复制的数据可以保持与原始数据的完全一致性。如果严格按照我国原件、原物优先的规定来规制电子数据的可采性，既不现实、也无必要。因此，本起草小组在考虑电子数据的最佳证据规则时，不再强调所谓的电子数据"原件"，转而强调电子数据的"原始存储载体"。之所以强调"原始储存介质"，是为了防止电子数据在复制、传输过程中可能出现的增改删的现象，确保电子证据的真实性和可靠性。为此，本款规定，在将电子数据作为证据使用时，应当将原始存储介质一同移送，这是原则。

有原则必然有例外。在某些特殊情况下，侦查机关可能无法取得存储电子数据的原始介质，比如存在本款规定的无法封存、不便移动或者依法应当由有关部门保管、处理、返还的情形时，一旦硬性要求提供原始存储介质，将可能导致该电子数据不能作为证据使用。作为应对，本起草小组结合最高人民法院《解释》第93条、两院一部《关于办理网络犯罪案件适用刑事诉讼程序若干问题的意见》第15条的规定，规定在以下五种例外情形，即原始存储介质不便封存的；提取计算机内存存储的数据、网络传输的数据等不是存储在存储介质上的电子数据的；原始存储介质位于境外的；原始存储介质依法应当由有关部门保管、处理、返还的；其他无法获取原始存储介质的情形存在时，可以对电子数据进行提取和复制。无论是提取、复制，均在一定程度是在"复制"原始电子数据。但是这种提取、复制应当遵循法律和司法解释的程序性规定。只有满足了程序性要求的电子数据的复制件才能作为定案的根据。

提取、复制电子数据不能保证电子数据的完整性或者无提取、复制过程及原始存储介质存放地点的文字说明和签名，可能影响电子数据真实性的，不能作为定案的根据。

本款是从反面对电子数据复制件的证据能力所作的规定，依然结合最高人民法院《解释》第93条关于电子数据审查的规定所设计。无论是公安部《规定》《计算机犯罪现场勘验与电子证据检查规则》或是最高人民检察院《规则》、最高人民法院《解释》都对电子数据的提取、复制制定了程序性规范。其中两院一部《关于办理网络犯罪案件适用刑事诉讼程序若干问题的意见》明确规定，无论何种情况，收集、提取电子数据，均应当制作笔录，并记录原始存储介质的封存状态，无法获取原始存储介质的原因及存放地点，还应当记录案由、对象、内容，提取电子数据的时间、地点、方法、过程，电子数据的清单、规格、类别、文件格式、完整性校验值等，并由收集、提取电子书的侦查人员签名或者盖章。有条件的，还应当对相关活动进行录像。这种程序性规范的目的，无非是为了保证侦查机关所收集、提取、复制的电子数据应当是真实的。从应然性的角度来讲，侦查机关严格遵循了这些程序性规范，所取得的电子数据或复制件的真实性不会存在大的问题。但是，一旦违反程序性规范和技术性规范，即有可能破坏电子数据的原貌，进而影响到电子数据的真实性。因此，本起草小组针对电子数据的复制件的真实性认定，从反面规定存在如下情形时，电子数据的复制件不能作为定案的根据：其一，电子证据复制件不具有完整性，可能影响到自身的真实性的。如果在提取、复制电子数据时，只提取、复制了部分数据，显然违反了前述之电子数据完整性规则，也犯了"断章取义"的错误，此时的电子数据复制件自然不能作为定案的根据。其二，无提取、复制过程及原始存储介质存放地点的文字说明和签名的，可能影响电子数据真实性的。此处的文字说明和签名，是为了证明电子证据复制件的形成过程与来源合法。如果无此文字说明和签名,该电子数据复制件的来源即变成了无合法来源的证据,其真实性即无法通过与原始存储介质中的电子数据核对或进行鉴定,将处于真伪不明的状态。《刑事诉讼法》要求证据应当查证属实,对于这种真伪不明,且无法查实的电子数据复制件,自然不能赋予其证据能力或者可采性。由此,本款将存在前述两种情形的电子数据复制件排除在定案根据之外。

电子数据的复制件,经与原始存储介质中的电子数据核对无误、经鉴定为真实或者以其他方式确认为真实的,可以作为定案的根据。

本款借鉴了最高人民法院《解释》第94条关于电子证据排除规则的内容,从正面对电子数据复制件真实性作出规定。最高人民法院《解释》第94条规定,"电子证据经审查无法确定真伪的,不得作为定案的根据"。该规定亦应当成为电子数据复制件能够作为定案根据的基本要求。电子数据复制件经审查无法确定真伪的,也不应当作为定案的根据。从反面来讲,一旦通过各种合法途径确认了电子数据复制件的真实性,立法亦不应当再设置新的障碍和阻拦。从这个角度来将,此时,应当将电子数据复制件视为电子数据的"原件"。如前所述,只有在特定的情形下,即原始存储介质不便封存的;提取计算机内存存储的数据、网络传输的数据等不是存储在存储介质上的电子数据的;原始存储介质位于境外的;原始存储介质依法应当由有关部门保管、处理、返还的;其他无法获取原始存储介质的才能对电子数据进行提取和复制。这就隐含了一个前提,即原始存储介质是存在的。而且两院一部《关于办理网络犯罪案件适用刑事诉讼程序若干问题的意见》第17条规定,"收集、提取的原始存储介质或者电子数据,应当以封存状态随案移送,并制作电子数据的复制件一并移送"。因此,对电子数据的复制件的真实性有疑问时,可以通过与原始存储介质中的电子数据进行核对、比较,进而确定复制件的真实性。一旦确认了电子数据复制件的真实性,自然可以将其作为定案的根据。这是第一种情形。第二种情形,即经过鉴定。如果经适格的鉴定人鉴定,认为该电子数据的复制件是真实的,亦可以将其作为定案的根据。第三种情形，即经过其他方式确认为真实的。例如将该电子数据的复制件，与案件中的犯罪嫌疑人、被告人供述，被害人陈述，证人证言，物证、书证进行比照，如果与案件其他证据反映的事实契合或一致，可以认定其具有真实性。因此，本起草小组认为，立法应赋予电子数据复制件证据能力，但应当设置一定的条件。一旦满足了本款规定的条件，确认了电子数据复制件的真实性，该电子数据复制件可以作为定案的根据。

第七条　电子数据的传闻规则

电子数据是在正常的业务活动中以通常程序制作的，而且管理人、制作者或其他适格证人对此予以出庭作证，则不得以其是传闻为由，对该电子数据予以排除。

对电子数据制作、取得的时间、地点、方式等有疑问的应当提供必要说明或作出合理解释；不能提供必要证明或者作出合理解释的，不得作为定案的根据。

◉ **说明及理由**

本条是关于电子数据传闻规则的规定。传闻证据规则是英美法系证据法中一项重要的排除法则。在美国，《联邦证据规则》第801条（C）项规定，"'传闻'是指除陈述者在审理或听证作证时所作陈述外的陈述，行为人提供它旨在用作证据来证明所主张事实的真实性。"[①] 根据传闻证据规则，传闻证据不具有可采性，不得提交法庭进行调查质证；已经在法庭出示的，不得提交陪审团作为评议的依据。一般认为，之所以排除传闻证据，主要是考虑到以下因素：首先，基于追求实体公正、查清案件事实的考量。传闻证据作为第二手甚至以上的证据材料，并非是本人亲自陈述的证据。因此，极有可能会因为

---

① 《美国联邦刑事诉讼规则和证据规则》，卞建林译，中国政法大学出版社1998年版，第119页。

故意、过失或者其他因素导致转述错误或偏差。一旦法律规定允许采用传闻证据,则可能导致司法机关错误认定案件事实,损害实体公正。其次,基于程序公正的考量。在刑事诉讼中,如果允许检察机关使用传闻证据,由其进行转述或者提供陈述的书面记录或者通过其他方式将证据展示在法庭上,将剥夺对方进行质证、交叉询问的权利和机会,有悖程序公正的要求。《刑事诉讼法》对于证人证言规定,必须在法庭上经过公诉人、被害人和被告人、辩护人双方质证并且查实后才能作为定案的根据。再次,基于直接言词原则的要求。直接言词原则,是指裁判者亲自听取控辩双方、证人及其他诉讼参与人的当庭口头陈述和法庭辩论,在此基础上形成对案件的认识并据此对案件作出相应的裁判。它包含直接原则和言词原则。直接原则,又称直接审理原则,该原则要求案件的裁判者只能以亲自在法庭上直接获取的证据材料作为裁判之基础。言词原则,又称言词审理原则,要求当事人等在法庭上须用言词形式举证、质证和辩论。从以上含义出发,传闻证据不仅违反了证人及其他诉讼参与人当庭口头陈述或法庭辩论的要求,更使法官亲自听取口头陈述、法庭辩论,以亲自在法庭上直接获取的证据材料进行裁判的内容成为空谈。

从证明方式考量,电子数据与传统的证据形式均存在着不同程度的交叉,比如电子书证、电子证人证言等。电子证人证言,虽具有电子化的特征,但实质上仍为证人证言。对于此类电子数据,本起草小组认为,应当建立起符合中国司法实践的特定电子数据的传闻证据规则。为此,本条即是关于电子数据的传闻规则的具体条文设计,并包含两个方面的内容:首先,本条第一款是关于电子数据可采性的规则。依据该规定,对于传闻类电子数据,必须符合三个条件,即在正常的业务活动中以通常程序制作,管理人、制作人或者其他适格证人出庭作证,法庭才能允许该份电子数据进入法庭审理程序。否则,应当作为传闻证据,予以排除。其次,是对进入诉讼程序的传闻电子数据,如果欲作为定案的根据所必须满足的条件的反面规定。如果对于该份电子数据制作、取得的时间、地点、方式等有疑问的,应当提供必要说明或作出合理解释。否则不能作为定案的根据。实质上，该条为传闻电子数据设立了两道关卡，其一是作为证据的资格关卡，其二即是作为定案根据的资格关卡。本起草小组认为，只有通过这两道关卡的审核，最后作为定案根据的传闻电子数据才能具有真实性、可靠性的保证。

电子数据是在正常的业务活动中以通常程序制作的，而且管理人、制作者或其他适格证人对此予以出庭作证，则不得以其是传闻为由，对该电子数据予以排除。

以生成方式为标准进行区分，电子数据可以分为三类：纯粹由电子信息系统等生成的电子数据；由人类将特定信息输入信息系统所形成的电子数据；混合类电子数据，即兼具前述两类电子数据特征的混合类证据。纯粹由电子计算机等系统生成的电子数据材料，是指由计算机等系统按照事先确定的程序和方式进行运算形成的材料。在此类电子数据的生成过程中，没有人类的直接参与，被人为删除、篡改的可能性很低，客观性、真实性程度比较高。通过移送电子数据的原始存储介质，即可对该类证据的真实性予以认定。由人们将特定的信息输入计算机等系统所形成的证据中，该计算机系统只负责存储、保存电子数据。如前所述，该类电子数据即是电子证人证言，即将证人所知悉的与案件事实有关的信息输入电子计算机等系统所形成的电子形式的证人证言。本起草小组认为，对于此类电子数据，应当遵守传闻证据规则的规定。对于混合类证据，由于其包含了由人类将特定信息输入信息系统所形成的电子数据，本起草小组认为，对于该部分也应当使用传闻证据规则予以审查判断。

为此，本款即针对前述第二、三类电子数据设置的电子数据传闻证据规则。在一般情况下，表现为陈述的电子数据，不具备可采性，即不得提交法庭进行调查和质证，更不得作为法庭作出裁判的依据。除非该电子数据满足以下两个方面的要求：首先，该电子数据是在正常的业务活动中以通常程序制作的。此处的"业务"包括企业、事业单位、协会、自由职业以及各种行业的工作内容，不论其是否以营利为目的。① 其次，管理人、制作者或者其他适格证人必须出庭作证。适格证人作证的事项，不仅包括该电子数据的制作过程，而且还包括电子数据的内容的真实性。只有适格证人作证，才能确保相关传闻陈述的原始性，才能保障对方当事人有机会对该证据进行质证、反驳，才能保证法官通过对证人进行察言观色进而确定该电子数据的真实性，进而保证实体公正与程序公正的实现。

对电子数据制作、取得的时间、地点、方式等有疑问的应当提供必要说明或作出合理解释；不能提供必要证明或者作出合理解释的，不得作为定案的根据。

本款是对最高人民法院《解释》第94条的保留和借鉴。前款规定主要是电子数据传闻规则的例外，即在满足前述两项条件的情况下，特定的电子数据不能仅仅因为是传闻证据而予以排除。质言之，满足特定条件的电子数据，本解释推定为其不受传闻规则的限制，而可以成为法庭调查、质证的对象，亦可以成为法庭裁判的依据。然而，如果该电子数据在生成、来源、准备、传递等方面存在失实情况，足以影响其自身的真实性、可靠性的，则不得作为定案的根据。国外有成熟的立法例可资借鉴，例如菲律宾2001年《电子证据规则》规则8第2条规定，"对基于本规则上一条所做出的推定，可以通过能证明信息来源不真实的证据，或者通过证明准备、传送、存储信息的手段或情况不真实的证据，予以推翻"。美国《联邦证据规则》规则803（6）后段规定，"……但如果信息来源或者准备手段、准备情况表明其缺乏真实性的，则不在此限。"

为此，基于本解释前文对电子数据真实性的要求，并借鉴国外立法和我国司法解释，对传闻电子数据作为定案根据的资格进行了消极性的限制。根据本条第1款的规定，传闻电子数据不被排除的条件之一，是管理人、制作人或者其他适格证人出庭作证。该款的证人作证只是一个形式要件，并未对作证的内容予以明确。之所以如此规定，

---

① 刘品新：《中国电子证据立法研究》，中国人民大学出版社2005年版，第245~246页。

是因为进行该款的证据审查时,并不解决案件事实的证明问题,只是为了解决该项证据材料是否能作为证据进行诉讼程序。而在本款中,该项传闻证据所欲发挥的作用是直接证明案件事实、并成为确定案件事实的最终根据或根据之一。因此,对该证据的真实提出了更高的要求,这种真实性的证明方式之一,即是前款证人通过合理方式进行作证,尤其是在该份电子数据在制作、取得的时间、地点、方式存在疑问时。而证人作证的启动方式,一般是由负有举证义务的一方(一般是检察机关)提请法庭通知前款证人予以出庭作证,提供证据证明该疑问不成立,或者作出合理解释。如果能提供必要证明或作出合理解释,则该电子数据能作为定案的根据,否则,将被排除,不得采用。依据本款的规定,证人作证的方式分为两种:一是通过提供必要的说明;二是对该份电子数据的相关信息作出合理的解释。

第八条　电子交谈的特免权规则

辩护律师对通过电子交谈所知悉的委托人的有关情况和信息,有权予以保密。但是,辩护律师所知悉委托人或者其他人,准备或者正在实施危害国家安全、公共安全以及严重危害他人人身安全的犯罪的,应当及时告知办案机关以外的其他司法机关。

● **说明及理由**

本条是关于辩护律师与犯罪嫌疑人、被告人所进行电子交谈的披露豁免权规则及例外的规定,是刑事诉讼法关于律师执业信息保密权及其例外情形规定的细化。

辩护律师对通过电子交谈所知悉的委托人的有关情况和信息,有权予以保密。

律师是为委托人提供法律服务的专门职业,做好此项工作对律师和委托人之间有一项基本要求,就是相互信赖。为了确保委托人信赖辩护律师,安心地提供信息和委托律师取证,对于律师由于职务上需要获知的信息，建立起业务在无论执行中还是执行终了后都不得向外泄露信息的保障制度很有必要。① 从权利义务的属性上来分析，守密义务，对委托人来讲是律师的义务，对司法机关和第三人来讲是律师的权利。质言之，律师保守委托人的秘密既是义务，同时也是律师取得委托人信任，顺利履行职务、保障律师职业规范进行的权利。② 鉴于律师守密义务对于维护委托人与辩护律师之间的信赖的重要意义，《律师法》第38条第2款规定，"律师对在执业活动中知悉的委托人和其他人不愿泄露的有关情况和信息，应当予以保密"。聚焦到刑事诉讼中，由于直接关涉到犯罪嫌疑人、被告人财产、自由、生命等基本权利的状态，这一问题在刑事诉讼中更加重要。"辩护律师会在与犯罪嫌疑人、被告人的接触交往中以及在调查收集证据、阅览案卷材料中，了解、掌握大量涉及犯罪嫌疑人、被告人的有关情况和信息"。③ 因此，《刑事诉讼法》第46条增加了关于律师执业信息保密权及例外情形的规定。该条规定，"辩护律师对在执业活动中知悉的委托人的有关情况和信息，有权予以保密。但是，辩护律师在执业活动中知悉委托人或者其他人，准备或者正在实施危害国家安全、公共安全以及严重危害他人人身安全的犯罪的，应当及时告知司法机关"。该规定可以看做是《刑事诉讼法》在惩罚犯罪与保障人权二者之间作出的选择与平衡，有利于保障辩护律师顺利进行职业活动，更有利于犯罪嫌疑人、被告人对辩护律师的信赖关系的维护和自身权利的保障。

在《刑事诉讼法》明确规定了辩护律师的执业信息保密权的背景下，本起草小组认为，有必要将辩护律师与犯罪嫌疑人、被告人之间的秘密交谈，尤其是电子秘密交谈作为保密权的一部分而单独提出。理由如下：首先，随着电子科技信息技术的发展和手段的更新，人们的生活方式及社会生产方式发生了深刻的变化，如今电子邮件、手机

---

① ［日］森际康友：《司法伦理》，商务印书馆2010年版，第23页。
② 同上注。
③ 陈光中主编：《〈中华人民共和国刑事诉讼法〉修改条文释义与点评》，人民法院出版社2012年版，第42~43页。

短信、网络聊天已经成为人际交往之间的主要沟通交流方式。相应的，辩护律师与被追诉人之间的沟通也将以电子交谈为主。"电子交谈虽然是借助电子形式进行的，但本质仍然属于享有特免权的主体之间的秘密交流。有关人员依法享有对其中内容的隐私权期待，即享有证言特免权"。[1] 其次，域外国家已有立法例可以借鉴。例如，菲律宾2001年《电子证据规则》规则3第3条规定，"受特免权规则保护的交谈的秘密性，不能仅以它系电子文件形式为由而丧失"。美国加利福尼亚州《证据法典》第952条规定，"在本法中，'当事人和律师之间的秘密交谈'，是指当事人与律师在关系存续期间，相互以当事人知道的秘密方式传送的，以确保不会将其披露给如下第三人——除那些为在起诉中促进当事人利益而在场的人、或那些为传达信息或实现咨询律师的目的使得披露信息给他成为合理必需的人以外的人员——的信息，其中包括律师出具的法律意见和建议在内。如果当事人或其律师之间是通过传真、移动电话或其他电子方式进行的交谈，则不得仅以此为由而否定当事人和其律师之间的交谈缺少秘密性"。

结合以上理由，本起草小组认为，虽然目前我国司法实践中犯罪嫌疑人、被告人多被羁押于看守所中，而且犯罪嫌疑人、被告人与辩护律师的交流多通过面对面会见等方式进行，电子交谈形式尚未成为二者之间交流的主要形式。但是，无论从保障未被羁押的犯罪嫌疑人、被告人与律师的隐私期待考虑，还是从科学技术发展带来的交往方式变化的角度考量，均有必要明确辩护律师对电子交谈与通过电子交谈知悉的情况和信息有保密的权利。同时，这也符合刑事诉讼法关于律师执业信息保密权的立法意旨。因此，本条第1款明确了辩护律师对于通过电子交谈所知悉的有关委托人的情况和信息的保密权。

辩护律师所知悉委托人或者其他人，准备或者正在实施危害国家安全、公共安全以及严重危害他人人身安全的犯罪的，应当及时告知

---

[1] 何家弘主编：《刑事诉讼中科学证据的审查规则与采信标准》，中国人民公安大学出版社2014年版，第186页。

办案机关以外的其他司法机关。

本款是在对《刑事诉讼法》第 46 条后段内容进行借鉴和修改的基础上形成的,是关于律师对于通过电子交谈所知悉的情况和信息保密权的例外规定。

如前所述,《刑事诉讼法》对于律师执业信息保密权的规定,是在惩罚犯罪与保障人权两种基本价值中所作的平衡和选择。我们承认律师保密特权的必要性和合理性,但是亦不能忽视惩罚犯罪的重要性。因此,律师关于电子交谈的披露豁免权的行使应当限定在一个合理的范围内。"法律这样规定实际上是在相互冲突的两种价值之间所做的一种选择;一般情况下辩护律师应当保密。但在特殊情况下即知悉有人准备或者正在实行三类严重犯罪的有关信息的,应当及时告知司法机关"。[1]《刑事诉讼法》如此规定是合理的。因为无论是危害国家安全的犯罪、危害公共安全的犯罪,还是严重危害他人人身安全的犯罪,都属于严重犯罪,一旦实施就会造成非常严重的、不可挽回的后果,因此要求辩护律师掌握有关信息后应当及时告知司法机关,以便有关方面及时采取必要措施阻止犯罪或严重危害结果的发生。[2] 本起草小组在设计电子交谈披露豁免权的例外情形时遵循了《刑事诉讼法》的立法思路和立法意旨。

本款在《刑事诉讼法》第 46 条的基础上,进一步明确了追究律师伪证罪的"司法机关"的范围。《刑事诉讼法》第 46 条仅规定,律师在特定情形下应当及时告知司法机关,但未明确辩护律师应当向哪个司法机关告知。本起草小组认为,无论是刑事诉讼法明确律师执业信息保密特权的例外或是本司法解释草案规定辩护律师对电子交谈等的披露豁免权的例外,目的均在于通过限制保密权或披露豁免权例外,来迫使辩护律师向司法机关披露特定的情况和信息,以制止准备

---

[1] 陈光中主编:《〈中华人民共和国刑事诉讼法〉修改条文释义与点评》,人民法院出版社 2012 年版,第 43 页。
[2] 陈光中主编:《〈中华人民共和国刑事诉讼法〉修改条文释义与点评》,人民法院出版社 2012 年版,第 43 页。

或正在实施的严重犯罪，防止发生严重危害后果，而不应当是为了直接追究所涉犯罪嫌疑人、被告人的刑事责任。因此，这种告知应当是向本案办案机关以外的其他司法机关告知。与此十分相似的是关于律师伪证罪的追究机关的规定。《刑事诉讼法》第42条规定，"辩护人或者其他任何人，不得帮助犯罪嫌疑人、被告人，不得帮助犯罪嫌疑人、被告人隐匿、毁灭、伪造证据或者串供，不得威胁、引诱证人作伪证以及进行其他干扰司法机关诉讼活动的行为。违反前款规定，应当依法追究法律责任，辩护人涉嫌犯罪的，应当由办理辩护人所承办案件的侦查机关以外的侦查机关办理。辩护人是律师的，应当及时通知其所在的律师事务所或者所属的律师协会"。法律起草机关认为，"这样的规定，有利于防止侦查机关滥用律师伪证罪的规定，随意对辩护人立案侦查和采取强制措施，使辩护人能更加放心大胆地依法履行辩护职责，维护犯罪嫌疑人、被告人的合法权益"。[①] 结合前述立法目的和刑事诉讼法的类似规定，本起草小组认为，对于辩护律师发现存在前述三种特定情形的，也应当向承办案件的司法机关以外的司法机关告知。

第九条 境外电子数据的可采性规则

电子数据系在中华人民共和国域外取得的，该证据应当履行中华人民共和国与该所在国订立的有关条约中规定的证明手续；两国没有条约规定，应当履行相关的其他证明手续。

电子数据系在我国香港、澳门、台湾地区获取的，应当履行相关的证明手续。

侦查人员通过远程取证手段获取位于境外的电子数据，只需履行我国相关的取证手续。

---

① 全国人大常委会法制工作委员会刑法室编著：《〈关于修改刑事诉讼法的决定〉释解与适用》，人民法院出版社2012年版，第35页

● **说明及理由**

本条是关于境外电子数据可采性的规则的规定。根据《刑事诉讼法》的规定，可以用于证明案件事实的材料，都可以作为证据使用，并未对证据的来源作出限制。因此，来自境外的证据材料，只要其能够证明案件事实，且符合《刑事诉讼法》的规定，就可以在刑事诉讼中予以使用。随着互联网技术的成熟和普及，越来越多的犯罪开始将互联网作为犯罪工具或手段。诸如在开设赌场罪、传播淫秽物品罪等犯罪活动中的犯罪嫌疑人，时常利用互联网进行经营，并将服务器放置在境外或异地。因此，我国侦查机关和侦查人员无法通过普通的调查取证程序取得存储于网站服务器的诸多电子数据。为了完成侦破案件的任务，"从司法实践来看，境外电子证据有两种获取方式：一是进行境外取证，二是在境内进行远程取证。前者的取证行为涉及不同的法域，因此必须履行特殊的证明手续；后者的取证行为不涉及不同的法域，只需遵守我国的法律规定，也只需履行我国的相关证明手续。"[①]

向法庭提供的电子数据系在中华人民共和国域外取得的，该证据应当履行中华人民共和国与该所在国订立的有关条约中规定的证明手续；两国没有条约规定的，应当履行相关的其他证明手续。

本款是对于通过国际刑事司法协助所获取的电子数据的可采性的规定。《刑事诉讼法》第17条规定，"根据中华人民共和国缔结或者参加的国际条约，或者按照互惠原则，我国司法机关和外国司法机关可以相互请求刑事司法协助"。根据我国缔结和参加的国际条约的规定，移交证据，包括移交物证、书证、视听资料、电子数据等证据以及赃款、赃物是刑事司法协助的重要内容之一。最高人民法院《解释》第405条，"对来自境外的证据材料，人民法院应对材料来源、

---

① 何家弘主编：《刑事诉讼中科学证据的审查规则与采信标准》，中国人民公安大学出版社2014年版，第187页。

提供人、提供时间以及提取人、提取时间等进行审查。经审查,能够证明案件事实且符合刑事诉讼法规定的,可以作为证据使用,但提供人或者我国与有关国家签订的双边条约对材料的使用范围有明确限制的除外;材料来源不明或者其真实性无法确认的,不得作为定案的根据。当事人及辩护人、诉讼代理人提供来自境外的证据材料的,该证据材料应当经所在国公证机关证明,所在国中央外交主管机关或者其授权机关认证,并经我国驻该国使、领馆认证"。因此,本起草小组认为,对于来自境外的电子数据,只有经过最高人民法院《解释》第405条规定的审查程序审查确认之后,才能在我国刑事诉讼中作为证据使用。

　　电子数据系在我国香港、澳门、台湾地区获取的,应当履行相关的证明手续。

　　本款实质上是我国领域内的区际司法协助的内容之一。所谓区际刑事司法协助是指在一个主权国家内部,不同法域之间对各类刑事司法实务,相互提供便利、相互合作的制度。随着香港、澳门的回归,我国出现了同一个主权国家内不同法域进行不同的刑事法律实践。面对这种情况,建立一种规范、有效的刑事司法协助渠道和制度势在必行。《香港特别行政区基本法》第95条规定,"香港特别行政区可与全国其他地区的司法机关通过协商依法进行司法方面的联系和相互提供协助"。《澳门特别行政区基本法》第93条规定,"澳门特别行政区可与全国其他地区的司法机关通过协商依法进行司法方面的联系和相互提供协助"。虽然香港、澳门,与内地一样,同属中华人民共和国领土的一部分,但是却由于历史原因,属于不同的法域,实行不同的刑事诉讼法。因此,对于存在于香港、澳门地区的电子数据的获取,必须按照区际司法协助的相关规则进行。同理,台湾地区亦是中国不可分割的一部分,内地与台湾之间的刑事司法协助亦为区际刑事司法协助的一部分。对于电子数据的收集、获取,亦应当遵守相关的司法协助规则。

　　侦查人员通过远程取证手段获取位于境外的电子数据,只需履行我国相关的取证手续。

本款是对侦查人员通过远程取证手段获取位于境外的电子数据的可采性的规定。"在境内获取位于境外网站中的电子证据,是一种特殊的远程取证方式。这一取证行为不涉及不同的法域,只需遵守我国的法律规定,履行我国相关的证明程序"① 即可。公安部《计算机犯罪现场勘验与电子证据检查规则》规定了远程勘验的程序和要求。依据该《规则》的相关规定,远程勘验应当遵守以下程序要求:远程勘验过程中提取的目标系统状态信息、目标网站内容以及勘验过程中生成的其他电子数据,应当计算其完整性校验值并制作《固定电子证据清单》;应当采用录像、照相、截获计算机屏幕内容等方式记录远程勘验过程中提取、生成电子证据等关键步骤;远程勘验结束后,应当及时制作《远程勘验工作记录》。《远程勘验工作记录》由《远程勘验笔录》《固定电子证据清单》《勘验检查照片记录表》以及截获的屏幕截图等内容组成;通过网络监听获取特定主机通信内容以提取电子证据时,应当遵循与远程勘验相同的规定。另外,两院一部《关于办理网络犯罪案件适用刑事诉讼程序若干问题的意见》第16条规定,"远程提取电子数据的,应当说明原因,有条件的,应当对相关活动进行录像。通过数据恢复、破解等方式获取被删除、隐藏或者加密的电子数据的,应当对恢复、破解过程和方法作出说明"。因此,对于通过远程取证方式获取的位于境外的电子数据的,应当注明相关情况,审判人员应当根据注明的情况予以审查,判断电子数据提取过程的合法性,判断所提供的电子数据的真实性和完整性。②

第十条　电子数据复制件的证明力规则

依照法定程序取得的电子数据复制件,除有相反证据和更高效力的证据外,该复制件具有等同于原件的证明力。

---

① 何家弘:《刑事诉讼中科学证据的审查规则与采信标准》,中国人民公安大学出版社2014年版,第189页。
② 张军、江必新主编:《新刑事诉讼法及司法解释适用解答》,人民法院出版社2013年版,第107页。

●说明及理由

本条是关于电子数据复制件的证明力规定。提交原件、原物是我国证据法律的一项基本原则。然而，在司法实践中，并非总能够收集到原始证据。因此，重视原始证据，并不排斥传来证据。在电子数据的收集过程中，同样会遇到原件，或者原始存储介质无法取得并一同移送的情况，为此，应当赋予电子数据的复制件何种程度上的证明力成为必须要解决的问题。最高人民法院《解释》第93条第1款第1项规定，"（一）是否随原始存储介质移送；在原始存储介质无法封存、不便移动或者依法应当由有关本门保管、处理、返还时，提取、复制电子数据是否由二人以上进行，是否足以保证电子数据的完整性，有无提取、复制过程及原始存储机制存放地点的文字说明和签名"。从该项条文内容考察，可以明显看出，对于电子数据，应当以与原始存储介质一并移送为原则，侦查机关和人员提取、复制为例外。如果存在"原始存储介质无法封存、不便移动或者依法应当由有关部门保管、处理、返还"的情况，一概要求侦查机关提供原始存储介质，显然是不可能的，也是不科学的。为此，最高人民法院《解释》赋予了电子数据复制件证据资格。而且两院一部《关于办理网络犯罪案件适用刑事诉讼程序若干问题的意见》第17条明确了电子数据应当制作复制件，与原件一并移送。例如该意见第17条规定，"收集、提取的原始存储介质或者电子数据，应当以封存状态随案移送，并制作电子数据的复制件一并移送"。在电子数据复制件的证据资格问题解决后，证明力的问题自然浮出水面。依据我国传统证据法的观点，对于传统物证、书证，其复制件的效力要明显低于原始证据。然而，如果考量电子数据自身的特性，就会发现其于传统物证、书证的显著不同。首先，电子数据能与原始存储介质完全分离；其次，对电子数据的复制可以确保与原数据的完全一致性，复制后的电子数据与原数据没有任何差异。这两点显然与传统物证、书证无法与载体分离，也无法采取确保与原物、原件完全一致的方式予以复制的特征迥异。同时，从程序公正和复制件真实性、完整性的角度考量，应当对提取、复制电子数据的程序予以明确规定。结合这两个方面的因素，本起草小组认为，如果是符合相关程序性要求取得的电子数据的复制件，在证明力上应当与原件等同。

第十一条　电子数据的鉴定规则

对电子数据涉及的专门性问题难以确定的，由司法鉴定机构出具鉴定意见，或者由公安部制定的机构出具检验报告。

● 说明及理由

本条是对电子数据鉴定所作的规定，借鉴和保留了两院一部《关于办理网络犯罪案件适用刑事诉讼程序若干问题的意见》第18条之"对电子数据涉及的专门性问题难以确定的，由司法鉴定机构出具鉴定意见，或者由公安部制定的机构出具检验报告"的规定。从本司法解释草案前述的条文内容分析，不仅涉及到了电子数据的概念的界定，而且更多的内容是有关电子数据真实性、完整性、合法性等的审查判断。由于电子数据自身所具有的高科技特征，司法实践中办案人员面临上述问题时，往往会因为自身有关信息技术、网络技术的知识有限而手足无措，无法通过现有的法律知识和生活常识对以上问题作出科学、合理的判断和解决。在很多时候，公安司法机关的办案人员，必须寻求司法鉴定机构和专业鉴定人员的帮助和辅佐。因此，本起草小组借鉴了两院一部《关于办理网络犯罪案件适用刑事诉讼程序若干问题的意见》的前述规定，明确在上述审查认定过程中，遇到涉及电子数据专门性问题难以确定，应当由司法鉴定机构进行鉴定并出具鉴定意见，或者由公安部指定的机构出具检验报告。

第十二条　电子数据的证明力标准

对电子数据的真实性，应当综合全案证据进行审查。

对电子数据的证明力，应当根据案件的具体情况，从完整性、电子证据与待证事实的关联程度、电子证据与其他证据之间的联系等方面进行审查判断。

证据之间具有内在联系，共同指向同一待证事实，不存在无法排除的矛盾和无法解释的疑问的，才能作为定案的根据。

● 说明及理由

本条是对电子数据的综合认证规则的规定，是对最高人民法院《解释》第104条中证据综合认证条款的借鉴与修正。在法庭审理中，"审判人员需要依照法定程序，对控辩双方提供的证据以及人民法院依职权收集的证据，依照一定规则进行证据能力和证明力的综合判断，这被称为认证，是证据审查判断互动的重要环节"。[①] "认证的对象是证据，包括单个证据和全案证据。因此，认证既包括对单个证据的证据能力和证明力的认证，还包括对全案证据的综合认证，对单个证据的认证是对全案证据综合认证的基础"。[②] 为此，本条借鉴最高人民法院《解释》第104条的规定，针对单个电子数据和包含电子数据在内的全案证据的认证制定了如下规则。

对电子数据的真实性，应当综合全案证据进行审查。

本款是对单个电子数据的真实性的审查规则。《刑事诉讼法》第48条第3款规定，"证据必须经过查证属实，才能作为定案的根据"。根据该款的规定，所有据以定案的证据，包含电子数据，都应该是经过法定程序查证属实的。由此，电子数据欲作为定案的根据，必须是真实的。然而，不单是电子数据，任何一个证据材料，都无法通过自身来证明其真实性。必须要有其他证据来证明其真实性，即"审查同全案其他证据之间是否具有矛盾，从而准确判断真实性"。[③] 对电子数

[①] 张军、江必新主编：《新刑事诉讼法及司法解释适用解答》，人民法院出版社2013年版，第123页。

[②] 张军、江必新主编：《新刑事诉讼法及司法解释适用解答》，人民法院出版社2013年版，第123页。

[③] 张军、江必新主编：《新刑事诉讼法及司法解释适用解答》，人民法院出版社2013年版，第123页。

据的真实性进行审查，可以分为两种方式：其一，通过附属电子数据来审查确认该电子数据的真实性。"从构成的角度，电子证据可分解成数据电文证据与附属信息证据。前者是指数据电文正文本身，即记载法律关系发生、变更与灭失的数据，……或者是指对数据电文生成、存储、传递、修改、增删而引起的记录。它们所起到的证明作用是不一样的。前者主要证明法律关系或待证事实，或者主要用于证明数据电文证据的真实可靠"。① 由此，对于某个证明案件待证事实的电子数据的真实性审查，可以通过审查附属电子数据是否构成了一个完整的证明锁链，如果是一个完整的证据保管链条则可确定电子数据的真实性。其二，通过其他种类的证据来审查确认电子数据的真实性。在刑事案件中，一般都存在着诸如犯罪嫌疑人、被告人供述、证人证言、鉴定意见等传统证据，审判人员可以通过将该电子数据与案件中其他种类的证据进行印证，看是否存在着矛盾，从而确认电子数据的真实性。

对电子数据的证明力，应当根据案件的具体情况，从完整性电子证据与待证事实的关联程度、电子证据与其他证据之间的联系等方面进行审查判断。

本款是对单个电子数据证明力的规定。所谓电子数据的证明力，是指电子数据对于待证事实有无证明作用及程度如何。从理论上来讲，每个证据，"由于其各自的特征和与待证事实之间的关系不同，从而对于待证事实往往具有不同的证明价值，发挥着不同程度的证明作用"。② 因此，准确确定电子数据的证明力，对于认定案件事实具有十分重要的意义。本起草小组认为，对于单个电子数据的证明力的判断，除了本条第一款规定的电子数据的真实性之外，还应当从电子数据的完整性、电子证据与待证事实之间的关联程度、电子证据与其他证据之间的联系等方面综合考量。首先，电子数据是否具有完整性，

---

① 刘品新：《论电子证据的定案规则》，载《人民检察》2009年第6期。
② 陈光中主编：《证据法学》，法律出版社2013年版，第147页。

决定了其证明待证事实的全面性和科学性。如果电子数据不具有完整性，仅仅为证明犯罪嫌疑人、被告人有罪的证据，而遗漏了证明犯罪嫌疑人、被告人无罪的证据，那么其对案件事实的证明就会发生偏差，进而影响审判人员对案件事实的心证。其次，如前所述，证据的证明力的意涵是指证据与待证事实之间的关系，即有无证明作用及程度如何。在刑事案件中，电子数据既可能是能够单独证明待证事实的证据，即"直接证据"，也有可能是不能单独证明待证事实，而需要与其他证据相互结合才能证明案件事实的证据，即"间接证据"。这两种证据对待证事实的证明程度显然是不同的。如何确定该电子数据是直接证据还是间接证据，质言之，判断该证据的证明力大小，必须要从该电子数据与待证事实的关联程度来考量。再次，"审查判断证据的证明力，应当从各证据之间的联系方面进行审查判断。对单个证据证明力的审查判断，不应当孤立地从该证据与待证事实之间的关系方面进行，还应当将该证据与其他证据加以对照，进行综合分析，以判断相互之间是否相互印证，是否协调，进而更好地确认证据的证明力。"[1] 因此，本起草小组在结合最高人民法院《解释》第104条规定的基础上，规定了单个电子数据证明的审查判断规则。

证据之间具有内在联系，共同指向同一待证事实，不存在无法排除的矛盾和无法解释的疑问的，才能作为定案的根据。

本款是对最高人民法院《解释》第104条第3款规定的借鉴和保留。本款是对包含电子数据在内的全案证据进行综合判断的规定。需要说明的是，涉及电子数据的刑事案件，大致可以分为两种类型：第一种类型，所有证据均为电子数据的刑事案件；第二种类型，既有电子数据，又有其他种类证据的刑事案件。对于第一种类型的刑事案件，根据刑事诉讼法第53条第1款的规定，"对一切案件的判处都要重证据，重调查研究，不轻信口供。只有被告人供述，没有其他证据

---

[1] 张军、江必新主编：《新刑事诉讼法及司法解释适用解答》，人民法院出版社2013年版，第124~125页。

的，不能认定被告人有罪和处以刑罚；没有被告人供述，证据确实、充分的，可以认定被告人有罪和处以刑罚"。从该条规定可知，判处被告人有罪，并不以存在被告人供述为必要条件。司法实践中，没有犯罪嫌疑人、被告人口供不敢定案的做法，实际上是"口供中心主义"下的弊端。因此，在司法实践中，极有可能出现仅靠电子数据定案的情形。本起草小组认为，只要该案件中的电子数据形成了一个完整的证据锁链，而且电子数据本身来源于不同的电子系统，具有独立性，审判人员完全可以而且应当以电子数据定案。但定案的前提是对电子数据进行全面的、综合性的审查。首先，在根据本条第1款、第2款规定进行审查判断的基础上，应当审查电子数据之间"是否具有内在联系，各项电子数据是否共同指向同一待证事实，即各证据之间能否形成闭合的证据锁链。如果各个证据之间没有内在联系，或者指向不同的事实，则各项证据之间没有形成闭合的证据锁链，不能将其作为定案的根据"。其次，应当审查各电子数据之间是否存在矛盾，如果存在矛盾，矛盾是否被排除或者作出合理解释。如果各证据之间存在矛盾，且矛盾无法被排除或者作出解释的，则不能作为定案的根据。全案的证据只有同时符合上述条件，才能作为定案的根据。对于第二种类型的刑事案件，除了要审查电子数据和其他种类的证据是否真实、有无证明力之外，也应当按照第一种类型的刑事案件审查判断全案证据的方式进行审查。

第十二条　司法解释的效力

本解释自某年某月某日起开始实施。最高人民法院、最高人民检察院此前发布的司法解释和规范性文件，与本解释不一致的，以本解释为准。

◉说明及理由

本条是关于本司法解释效力问题的规定。计算机技术、信息技术、网络通讯技术等现代科学技术的快速发展，对刑事诉讼立法、尤其是证据立法提出了挑战。此次《刑事诉讼法》修改将电子数据明确规定为一种单独的证据种类，正是应对这种挑战所作的有益补充和修改。诚然，由于立法自身所具有的稳定性、滞后性的特征，在立法修改之前，司法机关就已经意识到电子数据的重要作用及对电子数据的审查判断进行规范的必要性，因而在出台的规范性文件中已经就电子数据的有关问题进行了规定，如两院三部《办理死刑案件证据的规定》就规定了电子数据审查判断的内容。在《刑事诉讼法》修改后，最高人民法院、最高人民检察院、公安部在各自的解释性文件中，又针对电子数据进行了规定。本司法解释草案就是在充分借鉴、吸收以上规范性文件的规定的同时，就一些问题设计了新的规则、规范，可以说顺应了司法政策和立法趋势。为避免司法实践中适用的混乱，有必要在司法解释草案的最后对该司法解释草案的效力作出规定，以前发布的司法解释草案与本解释不一致的，应当以本解释为准。

然而，任何一项证据规则的确立，都要经过长期的实践，也必然存在一个逐步完善、演变的过程。本解释草案所规定的有关电子数据的种种证据规则在司法实践运行中是否存在着问题、疏漏以及存在哪些问题、疏漏还需要进一步的研究与发现。

第三节 《关于办理刑事案件审查判断电子数据若干问题的解释（草案）》实证案例分析

《刑事诉讼法》将电子数据作为单独的证据类型列入法条中，从而确立了电子数据独立的诉讼地位。诚然，在《刑事诉讼法》颁布之前，公安司法机关已经制定了相当数量的关于电子数据审查判断的具体规则。在《刑事诉讼法》颁布之后，最高人民法院、最高人民检察院、公安部随之颁布了相应的解释性文件，其中亦不乏电子数据的审查判断规则。然而，综合考察这些规范性文件关于电子数据的规定会发现，虽然数量可观、内容较为全面，但是很多规则十分抽象、概括，也未形成系统的审查判断电子数据的规则体系。为此，有必要针对刑事诉讼中电子数据的审查判断设计详细的司法解释,从而为司法实践提供具体的操作规程和指引。

本司法解释草案在制定时始终坚持问题意识和实践品格,力图通过本司法解释草案的制定,积极回应《刑事诉讼法》的立法变化所导致的司法实践中审查判断电子数据所存在的疑难问题。通过明确电子数据的概念、关联性规则、合法性规则、真实性规则、完整性规则、传闻证据规则、特免权规则等等,既保证进入刑事诉讼程序的电子数据符合《刑事诉讼法》的规定,亦充分发挥新时代下电子数据在证明刑事案件事实方面的独特和重要作用,满足司法实践的迫切需要。从具体来看,本司法解释草案主要立足于电子数据审查判断以下几个方面最为关键和迫切的问题的解决,为了更好地体现本司法解释草案对规范司法实践中审查判断电子数据的重要作用,每个相关问题都附有真实的案例对比分析。

一、电子数据独立诉讼地位的明确化

《刑事诉讼法》对1996年《刑事诉讼法》第42条有关证据含义和种类的条文进行了修改。本次修改,"基本吸收了我国证据法学理论界关于证据定义和证据种类的最新研究成果;而且从司法实践出发,将一些实践中确实在采用、但原《刑事诉讼法》没有将其作为证据种类的材料规定为证据,从而解决了司法实践中运用某些材料作为证据'师出无名'的问题,因而值得肯定"。[①] 言下之意,《刑事诉讼法》增加了"电子数据"这一新的证据类型,为司法实践中运用电子数据查明案件事实,甚至作为定案的根据提供了法律依据,但是却未明确何为电子数据。为此,本起草小组在设计有关电子数据审查判断的司法解释草案时,界定了电子数据的概念,即以电子形式存在的,用以证明案件事实的一切材料及其派生物。在该概念界定下,电子数

---

① 陈光中主编:《〈中华人民共和国刑事诉讼法〉修改条文释义与点评》,人民法院出版社2012年版,第47页。

据具有如下特征：以电子形式存在、可分离性、开放性与客观性、稳定性。随着计算机技术、网络技术的发展，以计算机信息系统和网络为载体的电子数据在刑事案件中的数量越来越多。质言之，公安司法机关将会遇到越来越多需要依靠电子数据查明案件事实、乃至定案的情形。在电子数据成为独立的证据种类之前，在司法实践中公安司法机关经常以电子数据为线索去力图寻找和发现传统的证据形式。然而，这种处理方式，虽然在一部分刑事案件中可以使用，但是在证据材料均为电子数据的刑事案件中，局限性十分明显。因此，为了适应司法实践的需要，明确电子数据为独立的证据种类、电子数据的概念及特征实为亟需。

相关问题的案例对比分析——邢某、李某销售假冒注册商标的商品案

1. 案例基本案情

2011年1月份，宿迁市公安局经侦支队的民警在进行例行网上巡查时，无意中发现了一个淘宝网店销售的LV、香奈儿等世界名牌皮具价格低得吓人。民警立即和对方取得联系，店主竟然明确表示他们的包都是高仿的，但可以保证质量。民警仔细查看，发现这家网店销量惊人，生意十分红火。民警当天就梳理相关线索，随后锁定网店的老板就住在宿豫区的一小区内。2011年1月21日上午，民警直奔现场，当场将正在网上进行交易的邢某、李某夫妻俩控制住。民警在仓库里看到，货架上摆满了LV、古驰、香奈儿等世界著名品牌的高仿钱包，经清点竟有1472个，按照正品的市场价格来计算，涉案价值在500余万元。据调查，邢某、李某共拥有"涛涛精品皮具""晚秋名牌包包88"和"明珠店"等5个淘宝店，正常经营的有3个。而且，从2010年10月到2011年1月，在短短的4个月时间里，邢某和李某在网上的销售金额就达32万多元。

2. 程序与评析

宿迁市中级人民法院审理认为，邢某、李某的行为均已构成销售假冒注册商标的商品罪。邢某被判处有期徒刑三年，并处罚金人民币

15万元；李某被判处有期徒刑三年，缓刑四年，并处罚金11万元；同时追缴违法所得。

本案中，宿迁市公安机关虽然通过远程勘验的方式从互联网上获取了两犯罪嫌疑人所开多家网点的网上交易记录。但是，由于《刑事诉讼法》尚未明确电子数据可以在刑事案件中作为证据使用，办案机关只能将该电子数据打印出来"转化为"书证。在审查起诉阶段，经检察机关审查讯问，发现犯罪嫌疑人的供述与辩解有反复，二人虽然对销售假冒注册商标的商品一事予以承认，但是对侦查机关在网上提取的电子销售记录辩解称该记录并不完全是销售金额，部分交易记录是为了增加店铺信用，花钱请人做的虚假交易，对于网上销售记录中哪些属于虚假交易则不记得了，且两名犯罪嫌疑人对虚假交易金额方面的供述不一致。为此，如何审查侦查机关提供的转化型书证及获取犯罪嫌疑人的口供成为办案的焦点。这是1996年《刑事诉讼法》未明确电子数据的独立地位所导致的司法实践中经常出现的尴尬问题。

3. 新司法解释草案下的重新审视

本司法解释草案在《刑事诉讼法》规定的基础上，明确了电子数据的概念和特征，以帮助公安司法机关及工作人员在实际办案过程中充分利用和准确把握电子数据。根据本司法解释草案的规定重新审视上述案例，可以发现，该案中侦查机关从网上提取的电子销售记录可以直接作为证据使用，无需再转化为书证。同时，对于犯罪嫌疑人所辩称的网上销售记录中的虚假部分，也完全可以通过技术手段调取订单的具体信息、资金往来等信息予以查实。如此一来，不但使侦查机关移送审查起诉的证据更具直观性、客观性，而且还更具真实性。

二、电子数据关联性的审查判断

如前所述，关联性是包含电子数据在内的所有证据材料应当具备的自然属性。公安司法机关所收集的电子数据应当与案件事实具有关联性。这种关联性包含以下要求：电子数据与案件事实应当具有客观的联系，而非主观臆想的联系，且联系应当具有可感知性；该电子数据对于案件事实的证明能起到一定的实质作用。诚然，无论是《刑事诉讼法》还是司法解释等规范性文件，抑或诉讼法学理论，均对证据的关联性作出了明确的要求。然而，在司法实践中，公安司法机关及工作人员可能由于破案的压力或其他原因，虽然明知证据材料应当具有关联性的规定，但是在司法实践中却未能很好地遵守和运用，损害了最基本的司法公正，甚至有可能造成冤假错案，冤枉好人，放纵真正的犯罪嫌疑人。为此，本司法解释草案对电子数据的关联性作出了明确的规定，认为"电子数据应当与案件事实具有联系，且能对案件事实的证明产生一定的实质影响"，以确保所有进入刑事诉讼程序的电子数据均是具有关联性的证据。

（一）相关问题的案例对比分析——云南巧家赵登用案件

1. 案例基本案情

2012年5月10日，云南巧家县发生恶性爆炸，爆炸导致4人死亡、16人受伤的严重后果。案件发生不久且尚未侦破，当地公安机关负责人杨某就在当地警方召开的案情通报会上信誓旦旦地对媒体放言，愿以个人前途来担保，赵登用就是爆炸案的罪魁祸首。其依据有两个：其一是经过刑侦专家确认，爆炸点就在赵登用所在的位置。通过将提取的残肢与赵登用此前违法时录下的指纹对比，结果显示指纹统一。通过大量调查，可以肯定这个案件一定是赵登用所为。其二是赵登用两年前在QQ空间中发表的一些比较偏激的言论。例如赵登用的QQ空间名为"兵刀的空间"，QQ网名为"大赵"。在警方提供的空间说说里，一条写于2010年5月2日20点53分的说说内容为："社会之残酷越来越让我要暴乱了。我不知道在我实在混不走的时候会有多少人死于我的手下。不是能力决定一切，而是社会背景决定一切，难道这社会不会乱吗？"在2010年1月23日16点03分的说说里，赵登用写道："我啊，本来是好心人，可是，社会教我不要做好心人，如果有一天我觉得什么都没意义时，那些人又会好过吗？"时隔三个月，2012年8月7日，云南昭通市公安局通报：经过近3个月深入侦查，造成4人死亡、16人受伤的"5·10"巧家爆炸案已成功告破，涉案犯罪嫌疑人邓德勇、宋朝玉因涉嫌爆炸案已被依法逮捕。

2. 程序与评析

2012年8月29日，云南省昭通市中级人民法院依法对致4人死亡16人受伤的巧家爆炸案进行公开宣判：以爆炸罪判处被告人邓德勇、宋朝玉死刑，剥夺政治权利终身；以非法买卖爆炸物罪判处被告人陈和志有期徒刑八年。由被告人邓德勇、宋朝玉赔偿附带民事诉讼原告人张敏等28人经济损失共计人民币98万元。这个判决结果意味着被炸死的赵登用是云南巧家爆炸案的被害人，而非犯罪嫌疑人。

本案中，在侦查过程中，侦查机关依据以下两个事实认定被害人赵登用为爆炸案的嫌疑人：其一是赵登用所站的位置是爆炸点；其二是赵登用在QQ空间里发表的比较偏激的言论。质言之，侦查机关认为赵登用在QQ空间里发表的偏激言论，代表了其实施爆炸犯罪的动机，因而与爆炸案件的事实具有关联性。也正因为如此，当地公安机关负责人在新闻发布会上信誓旦旦地宣布犯罪嫌疑人绝对是赵登用。虽然该案在侦查阶段就洗清了赵登用的犯罪嫌疑，抓获了真正的犯罪嫌疑人，但是侦查机关在该案件侦查阶段犯的错误，正是对证据关联性的误解和误用。正是这种误解和误用，差点造成冤假错案。

3. 新司法解释草案下的重新审视

根据本司法解释草案进行重新审视会发现，赵登用在QQ空间里发表了比较偏激的言论确属事实，其所写的文字经过法定程序提取、复制、保存也自然形成本司法解释所定概念下的电子数据，但是问题的核心在于该份电子数据与前述爆炸案件是否具有本司法解释草案所界定的关联性。如前所述，本起草小组认为，所谓关联性，应当具备两个条件：电子数据与案件事实是否具有某种联系；该电子数据对于案件事实的证明能否发挥一定的实质影响。首先，虽然根据赵登用发表的比较偏激的言论可以合理地推测其有报复他人、报复社会的想法或者冲动，在一定程度上可以假设二者能形成因果关系，但是这种因果关系形成的前提是假设，而非可感知的客观联系。其次，虽然侦查机关根据偏激言论锁定了爆炸案的犯罪嫌疑人，可以认为对于案件事实的证明具有一定的实质影响。但是，这种联系和影响是不能成立的。如果我们理性地对赵登用的偏激言论进行分析，比较合理的解释应该为一个不得志的少年在发牢骚。因此，根据本司法解释草案的规定，我们能够很轻易地认定该份电子数据并不具关联性，故不能作为认定案件事实的依据。这一点，在侦查机关查明真正的犯罪嫌疑人之后会显得更加的明显和清晰。

（二）相关问题的案例对比分析——云南马加爵杀人案件（2004）昆刑一初字第 107 号、（2004）云高刑复字第 492 号

1. 案例基本案情

2004 年 2 月 23 日中午，云南大学鼎鑫学生公寓 6 幢 317 室两名同学感觉宿舍有异味，遂一起打扫卫生，发现了宿舍内一个衣柜被一把梅花牌小锁锁着，柜内有液体流出并带有臭味，于是向学校宿管科值班人员报告。柜锁撬开后，露出一只人脚，校方立即向昆明市公安局 110 报警。公安机关在这个宿舍 4 个储物柜内分别发现了 4 具男尸。公安机关通过勘验、核实和学校师生反复辨认，初步认定 4 名死者是云南大学生命科学学院生物技术专业约一周前 5 名失踪学生中的 4 人：唐学李、杨开红、邵瑞杰、龚博。在现场勘查、尸体检验及调查走访综合研判后，重大犯罪嫌疑人的目标锁定在另外一名失踪的学生——马加爵身上。云南省公安厅 2 月 23 日连夜向全省发出通缉令；公安部 2 月 24 日向全国发出 A 级通缉令，缉捕昆明"2·23"重大杀人在逃犯罪嫌疑人马加爵。按照"活要见人，死要见尸"的要求，一张缉捕马加爵的大网在全国撒开。3 月 15 日晚，马加爵在海南省三亚市落网。

2. 程序与评析

昆明市人民法院认定，马加爵连续、残忍地杀害多人，非法剥夺他人生命权利，在整个犯罪过程中杀人犯意坚决，作案时手段残忍；在犯罪行为完成后畏罪潜逃，其犯罪行为具有严重的社会危害性，犯罪情节特别恶劣，犯罪后果特别严重，构成故意杀人罪，判处马加爵死刑、剥夺政治权利终身。马加爵于 2004 年 6 月 17 日被依法执行死刑。

一般认为，马加爵案件虽然社会影响力较大，实质上就是一起普通的故意杀人案件，与电子数据并无关联。但是，本案在侦查阶段有一个细节却显示了证据的关联性对刑事案件侦查所具有的重要作用。在该案案发后，侦查机关虽然将重大犯罪嫌疑人的目标锁定在了马加爵身上，但是对于马加爵的去向和案件的突破口并无任何把握。在此情况下，为了收集案件线索、侦破案件，刑侦专家决定使用技术手段，对马加爵在宿舍内使用过的电脑硬盘进行数据分析，侦查人员和技术专家通过对电脑系统进行恢复，恢复出来的数据显示，马加爵在出逃前三天搜索的信息基本上都是海南省尤其是三亚市的旅游、交通和房地产的信息。侦查机关正是根据所搜集的电子数据，断定了本案的侦破方向。① 不出所料，3月15日，警方在海南省三亚市将马加爵缉拿归案。

3. 新司法解释草案下的重新审视

实质上，马加爵案件是侦查机关采用技术手段获取相关电子数据进而侦破案件的一个正面案例。然而，依据本司法解释草案有关电子数据关联性的认定规则进行重新审视，仍能发现恰当分析、认定电子数据的关联性对于刑事案件办理所具有的重要作用。首先，回顾前述电子数据的关联性认定标准：与案件事实有关联；能对案件事实的证明产生一定的实质作用。在本案中，侦查机关决定恢复马加爵电脑的硬盘，目的即是为了获取犯罪嫌疑人的相关信息，包括当下的去向。通过恢复硬盘获取的上网记录，为本司法解释规定下的电子数据。之所以称该电子数据具有关联性，是因为首先，犯罪嫌疑人上网查询三亚的旅游、交通和房地产信息的目的很明确，肯定是为了给自己出逃设计路线、方案。因此，该电子数据与犯罪嫌疑人的去向具有关联性；其次，侦查机关按照该电子数据提供的信息，顺利地在三亚抓获了马加爵，从结果层面证明了该电子数据对于案件待证事实，尤其是

---

① 刘品新主编：《电子取证的法律规制》，中国法制出版社2010年版，第19页。

犯罪嫌疑人的确定和抓获具有实质指向作用。因此，本起草小组在本司法解释草案中再次强调了电子数据应当具有关联性。

三、电子数据合法性的审查判断

程序法定是《刑事诉讼法》的基本原则之一。程序法定原则要求公安司法机关工作人员办理刑事案件，必须依照法定程序，收集能够证实犯罪嫌疑人、被告人有罪、无罪、犯罪情节轻重的各种证据。如前所述，形式意义上的程序法定原则包含两个方面的含义：有法可依与执法必严。本起草小组在设计有关电子数据合法性规则的具体条文时，着重在于强调执法必严。无论是《刑事诉讼法》还是司法解释等规范性文件，均对侦查机关取证程序作出了明确具体的规定，目前需要重视的是司法实践中如何保证办案人员严格按照法定程序收集电子数据等证据材料。这也正是《刑事诉讼法》再修改增加非法证据排除规则的原因之一。为了解决司法实践中办案人员违反法定程序收集调取证据的问题，本起草小组认为，有必要再一次强调电子数据收集的合法性原则，并设立了违反法定程序收集的电子数据的排除规则。只有这样，才能确保程序正义的实现。从另外一个角度来讲，电子数据往往更多地存在于网络犯罪之中，对于电子数据的提取、收集，需要相关的技术与知识作为支撑，而且一旦操作不当，很容易对电子数据造成损害。因此，两高一部《关于办理网络犯罪案件适用刑事诉讼程序若干问题的意见》明确规定，"收集、提取电子数据，应当由二名以上具备相关专业知识的侦查人员进行。取证设备和过程应当符合相关技术标准，并保证所收集、提取的电子数据的完整性、客观性"。

然而，在《刑事诉讼法》实施之前，无论是法典还是相关司法解释性规范性文件，均未对电子数据的收集、提取程序作出明确规定。在司法实践中，各地侦查机关在收集、提取电子数据时，对于除了遵守现行的普遍性标准，还应当遵循何种特定的具体程序并未形成一致意见和做法。因此，在司法实践中出现了这样一种现象：公安机关在收集、提取电子数据时，完全遵守了法典和司法解释的规定，但是在技术性标准上却存在着疏漏、不合法之处。虽然该公安机关顺利、完整地获取了该份证据，但是取证行为本身却存在着风险。因此，本起草小组对电子数据合法性审查判断规则进行说明和解释时就提到了，除了遵守收集、审查、核实和认定证据的一般规定之外，还应当遵守收集、提取电子数据的特殊规则。

相关问题的案例对比分析——软件博士赵虎侵犯商业秘密案

1. 案例基本案情

柳州市轶新计算机软件有限公司（以下简称轶新公司），是国内最早开发煤矿矿井生产辅助管理系统及通风、输配电系统软件的企业。2005年6月，该公司向柳州警方报案，称公司的软件产品源代码被公司的研发人员泄露，改头换面后在市场上低价销售，犯罪嫌疑人是该公司的研发人员赵某。赵某是华中科技大学的博士生，曾与轶新公司签订技术开发合同。合同规定，在赵某任职期间所开发项目的知识产权和版权归轶新公司所有，未经公司同意，赵某不得将该项目的有关内容泄露给第三方，否则将依法追究其刑事责任。赵某的主要工作是对轶新公司的原有产品进行技术升级，这些产品的源代码及相关资料都由赵某保管。而赵某利用在轶新公司任职掌握重要商业秘密的便利，在北京与他人合伙成立了北京杰威特科技有限公司（以下简称杰威特公司），任公司总工程师并持有该公司35%的股份。赵某先后四次将轶新公司委托其开发及升级的软件源代码私自复制，并将其中的两套更名后以杰威特公司的名义在国家版权局进行登记并取得版权，公开在国内市场上进行销售。据公安机关查证，杰威特公司侵权获利共计94.8万元，而按照市场中间价计算，销售金额竟高达735万元。值得注意的是，在本案的侦查过程中，经过反复研讨，就如何依法取证、如何保全电子证据等问题，办案民警及软件研发专家最终制定了周密细致的取证方案。为确保犯罪证据不被销毁，根据软件专家的意见，办案民警严格按照电子证据的取证要求，扣押了犯罪嫌疑人的笔记本电脑及计算机硬盘，并对拆卸、贴封等取证过程进行全程摄像。经过十个多小时不间断的搜查取证及问话，柳州警方提取到大量第一手电子技术证据,并调取了杰威特公司销售侵权软件的财务资料。为了从法律上确认赵某的犯罪行为,柳州市公安局委托了北京知识产权研究会法律部——北京九州世初知识产权司法鉴定中心(以下简称鉴定中心)的专家,对杰威特公司的软件产品与轶新公司的软件产品是否构成实质性相似进行鉴定。鉴定专家组对比轶新公司的软件版本与杰威特公司的软件程序的两个版本的演变过程,最终认定:实际上这两个软件是同一个软件在其逐步完善过程中的不同版本。

2. 程序与评析

法院认定被告人赵虎违反约定,披露、使用其所掌握的他人的商业秘密,被告人王瑞礼明知是他人的商业秘密,仍与赵虎使用并销售,后果特别严重,二被告人的行为已构成侵犯商业秘密罪。法院经审理,判处被告人赵虎侵犯商业秘密罪,判处有期徒刑三年六个月,并处罚金人民币50000元。被告人王瑞礼犯侵犯商业秘密罪,判处有期徒刑三年,并处罚金人民币50000元。

本案中,该案的核心证据是计算机软件源代码,取证的专业技术性很强。警方经过反复商量论证,聘请了山东科技大学的软件研发专家协助办案,并制定了周密细致的取证方案,可以认为严格遵守了程序法定原则,确保了取证行为的合法性。但是有一个现象需要注意:行动开始,警方在一家咖啡店里先将赵虎控制住,并带着赵虎迅速赶往杰威特公司,以防止其同伙毁灭罪证。到该公司后,侦查人员立即切断了外部网线,同时命令所有工作人员立即离开座位,然后让赵某做到他的电脑前面,开机并按照技术专家的指令进行操作。20分钟后,技术专家找到了署名"杰威特公司"的软件源代码。按照取证要求,侦查人员让赵某自行将电脑中的硬盘拆卸后封存,同时对拆卸、贴封等取证过程进行了全程摄像。经过10个多小时不间断的搜查,侦查人员在杰威特公司一共扣押了三台笔记本电脑和八块计算机硬盘。这个现象反映出了两个问题:首先,侦查人员让犯罪嫌疑人赵虎在专家的指令下操作电脑以搜寻电子数据的行为并不合适;其次,侦查人员直接在犯罪嫌疑人电脑上查看、分析和扣押数据的行为亦不科学。

3. 新司法解释草案下的重新审视

本司法解释草案再次强调了收集、提取电子数据应当遵守法定程序，不仅应当遵守一般规定，还应遵守针对电子数据收集、提取的特殊程序规则。根据本司法解释草案重新审视上述案例，可以发现，根据两院一部《关于办理网络犯罪案件适用刑事诉讼程序若干问题的意见》的规定，对于这种能够获取到原始存储介质的情形，应当封存原始存储介质，而不是直接在搜查现场对原始存储介质进行查看、分析和扣押。因为，如果直接在原始存储介质上进行分析，不仅无法保证提取到有价值的电子数据信息，也容易造成原始电子数据的损害，造成无法弥补的损失。更为科学合理的做法为，如果经过现场搜查发现了犯罪嫌疑人存储电子数据的计算机等原始存储介质，应当首先将该电子数据的原始存储介质进行封存、扣押，然后才展开真正意义上的计算机搜查，由具有相关专业技术知识的侦查人员或者聘请专家对原始存储介质进行分析、验证。

四、收集电子数据完整性的审查与判断

完整性是针对电子数据的特殊要求，涉及电子数据的证明力大小。无论是两院三部《办理死刑案件证据规定》还是最高人民法院《解释》均对电子数据的完整性提出了明确的要求，但是并未明确完整性的具体标准，对于何为完整性并未给出明确的标准。但最高人民法院《解释》的如下立法思路蕴含了电子数据完整性审查判断的具体标准：首先，如果电子数据随原始存储介质移送，一般认为该电子数据具有完整性；其次，如果原始存储介质无法封存、不便移动或者依法应当由有关部门保管、处理、返还时，则明确要求提取、复制电子数据应当具有保证电子数据的完整性。本司法解释草案在设立电子数据完整性的审查判断规则时，着重在于弥补这一立法疏漏，一方面直接规定，只有"自形成之时，其内容一直保持完整或未被改动"的电子数据才具有完整性，另一方面，借鉴国外先进立法经验，设立了电子数据完整性的推定规则，即通过审查载有电子数据的电子信息系统的完整性

来推定电子数据的完整性。需要说明的是,本司法解释草案所规定的电子数据的完整性规则,并非仅指单个电子数据应当具有完整性,更蕴含着公安司法机关应当全面收集与案件有关的电子数据的要求。

相关问题的案例对比分析——江西樟树易某诈骗案

1. 案例基本案情

2011年5月,江西省樟树市警方接到被害人熊某的报案,称犯罪嫌疑人易某有网络诈骗行为。2011年5月20日,易某在广东被抓获归案,并查明全案犯罪事实。易某等利用网站发布服装批发等虚假信息,以低价诱使受害者与其联系购买,并在收到货款后又向受害者有意制造各种理由,继续要求受害者反复汇款,直至受害者意识到被骗为止,受骗人数多达219人,累计金额286328.89元。同时,易某等非法持有二十余张信用卡用于诈骗,且无法供述信用卡的合法来源。樟树市人民法院经审理查明,被告人易某从2003年年底开始,在广东省湛江市,雇用宣某等在网上发布服装批发等虚假信息,在其所制作的网页上留下联系方式,诱使熊某等219名受害者与其联系购买。当受害人将购物款按照被告人易某提供的汇款账号将款项汇出后,被告人便以受害者汇款时未加货款零头、银行卡不显示、银行机器出现故障无法取款等理由,要求受害者重复汇款,直到与易某失去联系。

2. 程序与评析

江西省樟树市人民法院经过审理,最终判处被告人易某犯诈骗罪,判处有期徒刑七年七个月,并处罚金人民币20万元;妨害信用卡管理罪,判处有期徒刑一年,并处罚金人民币4万元;决定执行有期徒刑八年。

本案中,之所以犯罪嫌疑人的犯罪事实能够顺利查明,并且能够顺利结案,是因为樟树市人民检察院公诉部门审查这一案件时,全面审查了相关网址、QQ聊天记录、电话、传真等证据,从而使证据形成了完整的证据链。

3. 新司法解释草案下的重新审视

电子数据自身的完整性及电子数据之间、电子数据与传统证据之间形成完整的证据锁链,是公安司法机关查明案件事实,正确处理刑事案件的前提。依据本司法解释草案的规定,电子数据只有自形成之日起,内容保持完整、稳定或未被改动的才具有完整性;同时规定如果电子数据由当事人以外的第三方在正常的业务活动中记录或保存,而该第三方不受任何一方的控制,那么推定该电子数据具有完整性。本案中,无论是QQ聊天记录、还是电话、传真记录,均是由提供服务的第三方(腾讯公司、移动公司)的计算机系统予以客观、公正的记录,因此推定具有完整性。而且樟树市人民检察院在审查起诉时,着重审查了相关网址、QQ聊天记录、电话、传真等证据,以确保单个电子数据自身具有完整性。如前所述,电子数据是否具有完整性,是审查其是否真实的基本前提。正是因为樟树市人民检察院严格依法审查确保了前述电子数据的完整性,进而确认了真实性,而这种完整性、真实性认定得到法院的认可与支持,才确保该案件得以顺利结案,被告人被判处相应的刑罚,承担相应的责任。

五、电子数据真实性的审查判断规则

本起草小组在界定电子数据的概念、特征时,认为电子数据具有客观性、稳定性的特征,但这并不意味着凡是电子数据就具有真实性。不可否认的是,正是由于电子数据是以电子形式存在的证据材料,只要敲击键盘,就有可能对该电子数据进行增加、修改、删除。因此从这个角度讲,电子数据具有易变性、不稳定性。之所以本起草小组认为其具有客观性、稳定性,是基于如下的前提基础:无论是通过任何方式对电子数据进行的增加、删除、修改,均会留下一定的痕迹和线索,通过先进的计算机技术可以发现、还原。最高人民法院《解释》也正是看到了电子数据这种易变性特征,规定人民法院在审查电子数据时应当注意电子数据的内容是否真实,有无删除、修改、增加等情形。因此,公安司法机关在审查电子数据是否真实时,应当从生成、存储、传送、收集等各个环节,认真审查该份电子数据的内容是否是原始的,是否经过人为的变动。如果对电子数据真实性的审查碰到专门性问题难以确定的,还应当及时聘请鉴定人进行鉴定,以辅助进行判断。与此同时,办案人员还应当将电子数据与本案的其他证据进行相互印证,遵守认定案件事实必须由若干份证据构成相互印证的体系之"孤证不能定案"原则。只有电子数据与其他证据之间能够相互印证,进而成为完整的证据锁链,才符合《刑事诉讼法》规定的"案件事实清楚、证据确实充分"的要求。

相关问题的案例对比分析——广州顺亨汽车配件贸易有限公司走私案

1. 案例基本案情

2007年至2009年3月间,被告广州顺亨公司为谋取不法利益,经总经理被告人李木钦决定,指使该公司职员被告人李增坚具体操作,将被告单位广州顺泰昌公司、广州宏璟公司以及香港鸿益贸易公司、广州鸿星汽配经营部委托该公司包税进口的汽车配件和其自购的进口汽车配件,以明显低于正常报关进口应缴税款的价格,转委托被告单位深圳创竞达公司、深圳天芝柏公司、广州瀚盛公司及广东新联公司等公司包税进口,从中赚取包税差价。经海关关税部门核定,广州顺亨公司(李木钦、李增坚)走私进口汽车配件277个货柜,偷逃应缴税额人民币(以下币种同)108094245.41元。

被告单位广州顺泰昌公司、广州宏璟公司及香港鸿益贸易公司、广州鸿星汽配经营部为降低进口汽车配件成本,少缴进口关税,在明知被告单位广州顺亨公司伙同其他单位采用低报价格、伪报品名和藏匿等手段走私进口汽车配件的情况下,经各自的负责人被告人庄楚镇、许德才、张树鸿、许适棠决定,将其单位或者个人自购或其他客户委托其进口的汽车配件,以明显低于正常报关进口应缴税款的价格委托被告单位广州顺亨公司包税进口。香港鸿益贸易公司为减少中间环节,经张树鸿决定和经手,还将部分进口汽车配件以明显低于正常报关进口应缴税款的价格直接委托被告单位深圳创竞达公司、深圳天芝柏公司等单位包税进口。香港鸿益贸易公司还利用其在香港的鸿益货场,为广州顺亨公司、广州顺泰昌公司等单位或者个人从美国、新加坡等国家和地区购买和运输至香港或者在香港直接购买的进口汽车配件进行集装箱拼装、压缩、再包装、藏匿等,为将上述货物从香港走私入境提供便利。经海关关税部门核定,张树鸿(香港鸿益贸易公司)参与走私进口汽车配件 167 个货柜,偷逃应缴税额 62198632.32 元;广州顺泰昌公司(庄楚镇)走私进口汽车配件 61 个货柜,偷逃应缴税额 17231714.75 元;广州宏璟公司(许德才)走私进口汽车配件 19 个货柜,偷逃应缴税额 5681951.26 元;许适棠(广州市鸿星汽配经营部)走私进口汽车配件 10 个货柜,偷逃应缴税额 1899900.35 元。

被告单位深圳创竞达公司、深圳天芝柏公司及广东新联公司(另案处理)为获得非法利益,由其各自的负责人被告人陈海涛、陈浩儒(另案处理)、黄秋文决定,深圳天芝柏公司利用深圳市佳立维电子有限公司、深圳市合德贸易有限公司、深圳市鼎江投资有限公司(原名深圳市渝江投资有限公司)等公司的名义,深圳创竞达公司利用深圳市明智创业贸易有限公司、深圳市永德金工贸有限公司、广州海函机电设备有限公司等公司的名义,由职员被告人李海祥、陈两宜、陈泽波等人具体操作,修改进口货物的真实价格、数量和品名等,制作虚假的报关资料,委托报关公司采用低报价格、伪报品名和藏匿等手段,将被告单位广州顺亨公司、香港鸿益贸易公司等单位委托其包税进口的汽车配件走私进境。经海关关税部门核定,深圳创竞达公司(陈海涛)走私进口汽车配件 170 个货柜,偷逃应缴税额 67742309.98 元,其中李海祥参与走私进口汽车配件 103 个货柜,偷逃应缴税额 42314922.95 元,陈两宜参与走私进口汽车配件 15 个货柜,偷逃应缴税额 6108170.53 元;深圳天芝柏公司走私进口汽车配件 116 个货柜,偷逃应缴税额 46842717.47 元,其中陈泽波参与走私进口汽车配件 100 个货柜,偷逃应缴税额 40763473.06 元;广东新联公司(黄秋文)走私进口汽车配件 31 个货柜,偷逃应缴税额 11515840.05 元。

被告单位广州瀚盛公司、广州鸿桂源公司为谋取不法利益,分别由被告人苏杰、施伟权决定和操作,以明显低于正常报关进口应缴税款的价格,将被告单位广州顺亨公司及杭州新德通公司、杭州红马公司、杭州鑫亚新公司、广州钜安公司、广州运德公司、广州市越秀区立德汽配商行、杨宇公司、黎仕能等客户委托其包税进口的汽车配件，转委托珠海新盈基公司包税进口，从中赚取包税差价。经海关关税部门核定，广州瀚盛公司（苏杰）走私进口汽车配件95个货柜，偷逃应缴税额21019877.85元；广州鸿桂源公司（施伟权）走私进口汽车配件65个货柜，偷逃应缴税额19008236.17元。

珠海新盈基公司为获得非法利益，由其负责人的黄俊铿（另案处理）决定，指使公司财务人员被告人劳英时、业务员被告人唐丽平、周泽鑫、王龙修改进口货物的真实价格、数量和品名等，制作虚假的报关资料，收取包税费用等，委托报关公司采用低报价格、伪报品名和夹藏等手段，将被告单位广州瀚盛公司、广州鸿桂源公司、被告人黄兆祥委托其包税进口的汽车配件走私进境。经海关关税部门核定，珠海新盈基公司（劳英时、唐丽平、周泽鑫、王龙）走私进口汽车配件179个货柜，偷逃应缴税额45831362.37元；黄兆祥走私进口汽车配件18个货柜，偷逃应缴税额人民币3296828.91元。

2. 程序与评析

法院认为，被告单位广州顺亨公司、深圳创竞达公司、深圳天芝柏公司、广州瀚盛公司、广州鸿桂源公司、广州顺泰昌公司、广州宏璟公司，被告人张树鸿、黄兆祥、许适棠违反国家法律，逃避海关监管，走私普通货物进境，偷逃应缴税额特别巨大，其行为均构成走私普通货物罪。判决如下：被告单位广州顺亨汽车配件贸易有限公司犯走私普通货物罪，判处罚金人民币一亿一千万元；被告人李木钦犯走私普通货物罪，判处有期徒刑十四年；被告人张树鸿犯走私普通货物罪，判处有期徒刑十二年，并处罚金人民币六千三百万元；查封和扣押的本案各被告单位和被告人的违法所得、作案工具，均依法予以没收，上缴国库；继续追缴本案各被告单位和被告人的违法所得，依法予以没收，上缴国库。

本案中，真实的上货清单既是估算"包税价"的依据，也是保证"交易"双方信守契约的重要凭证。本案非法交易涉及多个包税人，且系层层转包,各被告人为确保各类数据在传送过程不遗漏、不受损,没有采用传统的电话、传真等传输手段,而是选择网络传输途径。因此,本案的被告单位和被告人,从老板到经办文员,从签订合同、单证往来,到付汇、收款等,均用电子邮件、MSN、QQ 等进行。对于这些电子数据,如何审查判断其真实性成为认定案件的核心问题之一。本案中,侦查机关现场固定电子数据时采用了"封存—扣押"模式:召集见证人,切断电源及接口,封存介质,拍照、录像固定,制作搜查笔录和扣押清单,送有资质部门鉴定。对于计算机中未被删除的数据,在其他证据足以佐证的前提下,采用了"打印——确认"模式。最终固定、提取涉案电脑 100 多台,一批 U 盘、移动硬盘、手机卡等存储介质。侦查机关在获得上述电子数据材料后即提交给电子数据鉴定机关进行鉴定,鉴定意见均在法庭审理时予以出示并进行质证。同时,侦查机关对扣押的 100 多台电脑进行分析,在不破坏数据的情况下,对现有数据提取、分析,对已删除数据恢复后提取,并使用 60 部只读设备和电子数据专业分析软件,解决对已删除数据的固定、分析难题。所有提取、固定的电子证据材料,在侦查和起诉阶段均打印成文字件,交由相关的被告人及证人进行签认。

3. 新司法解释草案下的重新审视

本司法解释草案在规定电子数据真实性审查判断规则时,注重从电子数据的生成、存储、传送与收集等各个环节进行审查。本案中,侦查机关采取了前述之"封存——扣押"模式、"打印——确认"模式,严格按照相关的法定程序收集、提取、固定电子数据,进而保证了所取得的电子数据是真实的。另外,本案中还有一个现象值得注意:办理此案的侦查机关在网络取证中还进行了向中立的第三方取证。本司法解释草案不仅规定了从正面直接证明电子数据真实性的方法,还规定了电子数据真实性的推定规则。其中一项推定即为电子数据是中立的第三方在正常的业务活动中生成和保管的。本案中,侦查机关通过电子邮件所属服务商确定网络服务商的地址,向服务商调取了 30 个涉案邮箱中的 20 万封电子邮件,经过筛选后将其中与本案有关联的部分作为电子数据材料提交法庭。同时，向第三方取证的数据材料均由第三方单位存储在只能读不能写的光盘里面，阅读者无法对这些数据进行修改，从而保证了电子数据材料的真实性。可以说，本司法解释草案关于电子数据真实性的推定规则设立，正是借鉴了司法实践中公安司法机关办理相关刑事案件的有益经验。

七、电子数据最佳证据规则的适用

在我国，本源意义上的最佳证据规则，是指对于书证、物证，应当收集、调取原件、原物，只有在取得原件确实有困难，或者原物不便搬运、不易保存、依法应当返还被害人时，才可以是副本、复印件或者照片录像。但是最高人民法院《解释》第93条规定，"对电子邮件、电子数据交换、网上聊天记录、博客、微博客、手机短信、电子签名、域名等电子数据，应当着重审查以下内容：（一）是否随原始存储介质移送；在原始存储介质无法封存、不便移动或者依法应当由有关部门保管、处理、返还时……"。从前述规定可知，对于电子数据，也适用最佳证据规则，只是不要求提供电子数据的原件，而是原始存储介质。两院一部《关于办理网络犯罪案件适用刑事诉讼程序若干问题的意见》同样规定，收集、提取电子数据，能够获取原始存储介质的，应当封存原始存储介质；只有在法定情形下无法获取原始存储介质的，才可以提取电子数据。同时，该解释还规定，收集、提取的原始存储介质或者电子数据，应当以封存状态随案移送，并制作电子数据的复制件一并移送。对文档、图片、网页等可以直接展示的电子数据，可以不随案移送电子数据打印件，但是应当附有展示方法说明和展示工具；人民法院、人民检察院因设备等条件限制无法直接展示电子数据的，公安机关应当随案移送打印件。因此，本司法解释草案规定，对据以定案的电子数据应当附有电子数据，只有在特定情形下，才可以提取、复制电子数据；电子数据的复制件、打印件，必须经过与原始存储介质中的电子数据核对无误、经鉴定为真实或者以其他方式确认为真实的，才能作为定案的根据。

相关问题的案例对比分析——吉某某信用卡诈骗案

1. 案例基本案情

2010 年 10 月至 12 月期间，被告人吉某某以通过违规操作帮助职工代领取公积金并收取手续费为名，在网络上发布相关信息，并与被害人王某在 QQ 上聊天，讨论由被害人提供相关书面材料，包括身份证复印件，银行卡、密码，由其帮忙修改身份事项，从而骗取公积金管理部门发放公积金，后苏州工业园区公积金管理中心将核发的属于被害人王某的公积金 28000 余元转入被害人银行卡内。后被告人吉某某在被害人王某不知情的情况下，利用之前获取的被害人银行卡和密码，分 3 次在银行自动柜员机上从被害人王某的银行卡中提取现金 28200 元。本案中，被害人陈述、被告人有罪供述、从被告人处查获的被害人的银行卡、银行卡取款记录等已经基本能够证实案件事实，但是被告人庭审中辩解，要被害人提供银行卡密码只是为了防止被害人不付手续费，而被害人却表示，被告人在网络聊天时表示，没有本人持身份证到现场是不能发放公积金的，由于被害人并没有到现场，故其并不知道其公积金已经发放到银行卡内，更不知道卡内资金被被告人取走。公诉机关提供被害人与被告人的聊天记录打印文本以证实上述内容。该打印文本上只有被害人签字证实是由其提供给侦查机关。庭审中被告人对该份聊天记录并没有提出异议，法院经审查后作为证据予以采纳。

2. 程序与评析

法院认定吉某某以帮人代领公积金并收取相应的手续费为名，经与被害人王某进行网络聊天，以帮助其修改身份事项为由，套取被害人王某的银行卡及密码，而后在公积金到账后在被害人不知情的情况下，分三次通过银行自动柜员机将钱取走的行为，构成信用卡诈骗罪。

在本案中，存在问题的是法院对聊天记录的审查判断及采纳。从前述案例事实会发现，该份网络聊天记录是由被害人王某将 QQ 系统里存储的被告人与其的对话提取、复制、打印形成的文字版并签字交给侦查机关的，而公诉机关向法庭提交的正是这份网络聊天记录的打印件。这也就意味着办理该案的侦查机关并未亲自登陆 QQ 软件或者向服务提供商进行查证、审核，就简单地将被害人提供的证据材料移送给检察机关。虽然该份聊天记录的打印件可能完全是真实的，审判法院采纳该份证据也并未造成任何实体不公正，但是侦查机关的处理方式却违反了基本的调查取证程序规范，也不符合本司法解释草案规定的最佳证据规则。

3. 新司法解释草案下的重新审视

在我国刑事诉讼中，收集、调取证据的主体应当为人民法院、人民检察院，公安机关和辩护人。根据两院一部《关于办理网络犯罪案件适用刑事诉讼程序若干问题的意见》的规定，首先，收集、提取电子数据，应当由二名以上具备相关专业知识的侦查人员进行，取证设备和过程应当符合相关技术标准，并保证所收集、提取的电子数据的完整性、真实性。其次，对于计算机内存存储的数据、网络传输的数据等不适存储在存储介质上的电子数据的，可以提取电子数据，但应当在笔录中注明不能获取原始存储介质的原因，原始存储介质的存放地点等情况，并有侦查人员、电子数据持有人、提供人签名或者盖章。同时，侦查机关收集、提取电子数据还应当制作详细的笔录，记载案由、对象、内容等事项。最后，对于文档、图片、网页等可以直接展示的电子数据，可以随案移送打印件。而且，本司法解释草案也明确规定，对于提取、复制电子数据未提供提取、复制过程及原始存储介质存放地点的文字说明和签名，可能影响电子数据真实性的，不能作为定案的根据。因此，从本司法解释草案重新审视会发现，侦查机关的前述做法是不规范的，甚至有可能导致法院对该份电子数据的真实性产生合理怀疑而不被采纳。比较规范的做法应当是，侦查机关在接到被害人提供的聊天记录以后，由侦查人员登陆被害人、被告人的 QQ 软件，查找被害人所说的聊天记录并进行核对，或者要求 QQ 软件服务提供商从后台服务器中下载该聊天记录，并进行收集、提取、封存，同时严格遵循前述程序性规范。如此形成的电子数据才符合本条所涉及的电子数据最佳证据规则。

八、境外电子数据收集的对应处理

网络犯罪，无论是通过危害计算机信息系统完全实施的盗窃、诈骗、敲诈勒索等犯罪案件，还是在网络上发布信息或者设立主要用于实施犯罪活动的网站、通讯群组，针对或者组织、教唆、帮助不特定多数人实施的犯罪案件中，网站服务器所在地、网络接入地、网站建立者、管理者所在地，犯罪嫌疑人、被害人使用的计算机信息提供所在地并不相同。在很多网络犯罪案件中，尤其是利用网络传播淫秽色情信息、网络赌博案件，服务器与犯罪嫌疑人、被告人往往在两个以上的不同的处所，同时服务器在我国领域外的情形也十分普遍，因此公安司法机关在办理此类案件时，如何跨地区、甚至跨国境收集、调取证据成为首先应当解决的重要问题。从之前的司法实践来看，解决跨地区、跨国境收集、调取证据问题的方式有两个：其一为侦查机关派员到犯罪地实地取证，此时需要当地公安司法机关予以配合协助；其二为侦查机关在当地通过互联网络进行远程取证。对于第一种方式，如果在我国境内，排除港澳台地区，只需提供办案协作函及相关法律文书等即可；如果到我国境外去收集调取证据，就应当遵守相应的特殊程序来操作。因此，本司法解释草案针对跨地区、跨国境调查取证及远程取证所取得的电子数据的可采性和证明力做出了明确的规定，以确保司法实践中公安司法机关严格遵守相应的程序规范和要求。

相关问题的案例对比分析——"九九情色论坛"传播淫秽物品牟利案

1. 案例基本案情

2004年9月3日，天津市公安局网络监察处接到一条举报线索，称一个名为"99bbs"（中文名为"九九情色论坛"）的色情网站非常活跃，大量吸收注册会员，发布淫秽色情电影、图片和文章。天津警方调查后发现该网站与安徽合肥有关。接到天津的传真，安徽省公安厅要求合肥市局迅速展开侦查。通过外围初步侦查，合肥警方发现了

"九九情色论坛"有3个域名,即www.99bbs.com、www.99bbs.cc、www.99bbs.org,服务器位于美国,网站有大量淫秽色情内容,在国内实行会员登记收费制,管理人员遍布全国……与此同时,江西公安机关也注意到了"九九情色论坛"的异常活动,也展开了秘密调查工作。9月23日,公安部在广州召开全国网监处长会议。期间,通过协商,鉴于安徽警方前期所做的大量工作和收费人在安徽合肥,公安部决定将此案挂牌督办,交由安徽警方负责侦办,其他省市区警力全力配合。9月底到10月底的一个月时间里,合肥网警抽调专人开展24小时网上侦查,并南下福州、东去南京调查取证,查明了犯罪嫌疑人甲的情况和资金账户的使用情况,并对"九九情色论坛"网站的构成、组织管理体系等有了初步了解,情况令所有人感到震惊。"九九情色论坛"网站创建于2002年,犯罪成员涉及全国18个省市区……堪称当时国内第一网络色情案。面对如此重大的案件,安徽省公安厅迅速成立专案组,加快取证力度。由于"九九情色论坛"网站的服务器在美国,专案组组织专案民警昼夜工作开展网上远程取证。从11月月初到月底,网站24小时开放,20多位民警轮班上网,收集的资料、证据装满了20个硬盘,渐渐堆满了办公室的柜子和抽屉,"九九情色论坛"网站人员构成图也逐渐清晰、明朗。事后,专案组派人到外省调查取证,在各地公安机关的协助下,一举将国内的主要犯罪嫌疑人甲等人抓获,成功破获该案。

2. 程序与评析

合肥市中级人民法院经过审理认为,被告人邵蓉、史兴华等明知"九九情色论坛"是一个发布、传播淫秽信息的注册会员制收费网站而接受招募,并根据不同的管理权限和分工,在王勇的组织、指挥下,分工协作,共同维护管理该网站,充实网站内容,吸引网民,发展会员,收取会员费,使该网站得以传播大量淫秽视频文件、图片、文章等信息,并获取了巨额非法利益。邵蓉、史兴华等人的行为均已构成传播淫秽物品牟利罪,且属情节特别严重。根据法院判决,被告人邵蓉、史兴华被判有期徒刑十二年,并各处罚金人民币五万元,被告人曹峻凯被判有期徒刑十一年，并处罚金人民币五万元，被告人赵岩被判有期徒刑七年，并处罚金人民币三万元，被告人蒋建栋被判有期徒刑十年，并处罚金人民币四万元。其余王迎军、曹飞等六被告分别被判处五年至三年不等有期徒刑，处两万元或一万元罚金。宣判后，邵蓉、史兴华等8人不服判决，遂上诉至安徽省高级人民法院。安徽省高级人民法院日前对"九九情色论坛"案作出终审裁定：驳回上诉，维持原判。

3. 新司法解释草案下的重新审视

本案中，据以定案的多项电子数据均是侦查人员通过国内远程登录涉案网站收集、提取到的。从前述法院的判决文书的表述可以得知，这些电子数据对于法院认定案件事实起到了举足轻重的作用。虽然"九九情色论坛"的服务器在美国，从这个角度来讲，其所存储的电子数据是境外电子数据，但是侦查人员采用的是计算机远程取证的方式来收集、提取这些电子数据，该取证方式并不涉及不同的法域，因而无需遵守服务器所在国的法律，也免于受到国际刑事司法协助相关规定的制约，从而能较为迅速地固定犯罪嫌疑人的犯罪证据。当然，不受外国刑事法律和国际刑事司法协助条约的限制，并不意味着对于此类电子数据的收集、固定不受法律的约束，其仍然要遵守我国《刑事诉讼法》及相关规范性文件的规范和制约。因此，本司法解释草案规定，"侦查人员通过远程取证手段获取位于境外的电子数据，只需履行我国相关的取证手续"。然而，对于此种情形，侦查人员应当制作相关的笔录，说明具体情况，审判人员应当根据说明的情况予以审查，判断电子数据提出过程的合法性、完整性、真实性，进而对是否采纳该电子数据做出决定。

九、依据电子数据定案的处理

随着互联网技术、通讯技术的迅速发展，利用网络进行犯罪的情形越来越多。相应的，在刑事案件的侦查、审查起诉和审判过程中，公安司法机关的办案人员遇到电子数据的数量也会大幅度地增长，完全以电子数据定案的情形不会仅仅停留在理论探讨层面，而会真实的出现在司法实践当中。《刑事诉讼法》明确规定了刑事案件的证明标准为"案件事实清楚，证据确实充分"。其中证据确实充分又包含三个层面的含义：定罪量刑的事实都有证据证明；用于定案的证据均经法定程序查证属实；综合全案证据，对所认定事实已排除合理怀疑。为了应对这种局面，本司法解释草案结合《刑事诉讼法》的前述规定，明确了电子数据的证明力规则，制定了三项内容：对电子数据的真实性，应当综合全案证据进行审查；对电子数据的证明力，应当根据案件的具体情况，从完整性、电子数据与待证事实的关联程度、电子数据与其他证据之间的联系等方面进行审查判断；证据之间具有内在联系，共同指向同一待证事实，不存在无法排除的矛盾和无法解释的疑问的，才能作为定案的根据。以上内容不仅规定了单个电子数据证明力的审查判断规则，更对于完全依靠电子数据定案时如何把握作出了规定。

相关问题的案例对比分析——于某侵犯著作权案件（2011）澄知刑初字第13号

1. **案例基本案情**

韩国Gravity Co Ltd公司对网络游戏软件《仙境传说》享有著作权，并授权盛趣信息技术（上海）有限公司在中国大陆独家运营，盛趣信息技术（上海）有限公司授权上海盛大网络发展有限公司运营。被告人于某为非法获利，于2007年8月至2010年8月10日期间，在未有《仙境传说》网络游戏著作权人授权的情况下，下载《仙境传说》程序，并租用中国E动网架设在江阴的服务器，在互联网上仿冒《仙境传说》网络游戏，开设了私服《彩虹仙境》网络游戏非法经营，并在游戏中向玩家出售各种游戏装备，非法经营数额人民币40余万元，非法获利人民币30余万元。经上海辰星电子数据司法鉴定中心司法鉴定，《彩虹仙境》游戏客户端与《仙境传说》游戏客户端存在实质性相似。

2. **程序与评析**

江阴市人民法院认为：被告人于某以营利为目的，未经著作权人许可，非法架设私人服务器，通过互联网复制发行他人享有著作权的计算机游戏软件，并出售游戏装备牟利，违法所得数额巨大，其行为确已构成侵犯著作权罪。公诉机关指控被告人于某犯侵犯著作权罪事实基本清楚，证据确实、充分，指控的罪名正确，予以采纳，指控的数额有误，予以纠正。对被告人于某提出的辩解，经查，按照被告人于某电脑上的装备交易记录确定被告人于某出售游戏装备的时间、金额，与被告人于某工商银行190101100120137×××账号、支付宝账号、PAYPAL账号中入账的金额相比对，相对应的非法经营数额为人民币40余万元，非法获利人民币30余万元，基本事实清楚、基本证据确实，应予认定。故对该辩解意见本院予以采信。对被告人于某的辩护人提出"公诉机关指控的侵权后果的事实上存在事实不清、证据不足的问题"的意见，经查，本案中，被告人于某电脑上的装备交易记录与其工商银行账号、支付宝账号、PAYPAL账号中的入账金额相对应的非法经营数额为人民币40余万元，违法所得人民币30余万元，且有被告人供述、证人证言相佐证，上述证据形成证据锁链，事实清楚、证据充分，足以认定。公诉机关指控的数额虽有误，但并非侵权后果存在事实不清、证据不足，故对该意见不予采纳。对于被告人于某的辩护人提出"危害结果并非数额特别巨大、也非有其他的特别严重情节"的意见，根据相关司法解释，违法所得人民币十五万元以上为违法所得数额巨大，非法经营数额人民币二十五万元以上属有其他特别严重情节。而本案有证据证实非法经营数额人民币40余万元，违法所得人民币30余万元，故对该意见本院不予采纳。江阴市人民法院于2011年2月10日作出（2011）澄知刑初字第1号刑事判决：被告人于某犯侵犯著作权罪，判处有期徒刑三年，缓刑四年，并处罚金人民币250000元。

本案的争议焦点就在于如何确定被告人于某通过设立私服出售游戏装备的非法经营数额。公安机关收集了电子数据网上交易的金额，但被告人于某辩称网上交易金额中还有除运营私服外的其他收入，故仅凭公安机关收集的电子数据来认定被告人于某通过设立私服出售游戏装备的非法经营数额是不充分的。因而承办法官再将上述电子数据与银行交易明细等书证相互比对，只有网上交易记录、装备交易记录和银行交易明细一致的才予以采信，从而确定了被告人于某通过设立私服出售游戏装备的非法经营数额40余万元，对检察院认定的非法经营数额50余万元予以扣减，对证据不足的部分不予认定。上述认证过程真正体现了将电子数据与其他证据相互印证来证明案件事实的证据规则。最终被告人、辩护人、公诉机关都对法院判决书中确定的上述数额表示认可，未提出任何异议。

3. 新司法解释草案下的重新审视

本案中的主要证据均为电子数据，被告人于某开设私服使用的游戏软件、经营私服时的支付宝账户明细、PAYPAL支付平台账户明细及电脑上的装备交易记录、装备价格清单，承办法官首先对上述电子数据进行了查明，公安机关对存储游戏软件服务端程序的原始存储介质硬盘数据的勘查、对网络交易平台数据的提取、对电子文档数据的复制，上述电子数据取证合法，内容真实，故在庭审中被告人和辩护人对于上述电子数据的真实性和合法性都予以认可。我国刑事证据制度历来强调认定案件事实的证据必须相互印证，强调体系定案。而体系定案既有数量的要求，也有质量的要求，关键在于证明案件主要事实的证据能否相互印证。传统证据如此，电子数据应用于司法证明领域也不例外。尤其电子数据是记录于计算机等存储介质中，或通过以上设备生成、发送、接受的数据或信息，容易被篡改；且一些电子数据仅是行为人特定行为的痕迹，也并不能完全证实整个案件事实，故电子数据作为单一证据的证明力不足，只有得到其他证据的印证方能发挥其证明力。所以人民法院在使用电子数据时不能单凭电子数据来认定案件事实，而必须采用将电子数据与其他证据相互印证的方式来证明案件事实。在处理涉及电子数据的刑事案件中，应当严格按照刑事证据的真实性、合法性、关联性要求对电子数据进行审查，尤其应建立对于电子数据只有在其与其他证据相互印证的基础上方能将其作为刑事证据使用的证据规则，从而保证案件审理的质量和效果。

第四章　刑事诉讼电子数据鉴定领域的司法完善

第一节　《关于办理刑事案件电子数据鉴定规则（草案）》

为规范公安司法机关办理刑事案件电子数据鉴定工作，依据《中华人民共和国刑事诉讼法》和全国人民代表大会常务委员会《关于司法鉴定管理问题的决定》等有关规定，结合司法实际，制定本规则。

第一条　电子数据鉴定是具有鉴定资格的鉴定机构及鉴定人运用专门知识，对案件中电子数据的专门性问题作出判断并出具鉴定意见的活动。

第二条　电子数据鉴定范围包括：

（一）对各类存储介质或设备存储数据、已删除数据和加密文件数据内容的认定；

（二）电子数据的真伪及形成过程的认定；

（三）电子数据内容一致性的认定；

（四）计算机程序功能或系统状况的认定；

（五）根据诉讼需要进行的关于电子数据的其他认定。

第三条　电子数据鉴定人应当具备下列资格条件：

（一）具有与电子数据鉴定相关的专业职业资格、技术职称或者高等院校相关专业本科以上学历；

（二）具有从事电子数据鉴定业务相关工作五年以上经历；

（三）具有从事信息技术相关的全职工作；

（四）具有参与诉讼的条件。

第四条 进行电子数据鉴定，委托单位或个人应当提交以下材料：

（一）鉴定委托书；

（二）证明送检人身份的有效证件；

（三）检材及有关检材的各种记录材料（接受、收集、调取或扣押工作记录，使用和封存记录；检材是复制件的，还应有复制工作记录）；

（四）委托说明（包括检材的来源、真实完整、合法取得、固定及封存状况等）；

（五）其他所需材料。

重新鉴定或补充鉴定的，应当说明理由并提交原鉴定书或检验报告。

第五条 接到委托时，应当审查以下事项：

（一）委托主体和程序是否符合规定；

（二）鉴定要求是否属于受理范围；

（三）核对封存状况与记录是否一致；

（四）启封查验检材的名称、数量、品牌、型号、序列号等；

（五）检材是否具备鉴定条件；

（六）记录材料是否齐全，内容是否完整。

第六条 经审查符合要求的，应当决定受理；具有下列情形之一的，应当不予受理：

（一）违反国家法律、法规的；

（二）超出受理范围和鉴定范围的；

（三）违反委托程序要求的；

（四）不具备鉴定条件的；

（五）其他不应受理或者无法受理的情形。

第七条 有下列情形之一的，鉴定机构或鉴定人应当进行重新鉴定：

（一）鉴定机构、鉴定人不具备鉴定资格的；
（二）鉴定人依法应当回避而未回避的；
（三）在鉴定过程中对送检的电子数据进行修改，并可能影响鉴定客观、公正的；
（四）鉴定程序不符合法律规定的；
（五）其他可能影响鉴定客观、公正情形的。

鉴定意见与事实不符或者同其他证据有明显矛盾的，鉴定机构或者鉴定人可以接受委托，重新鉴定。

需要进行重新鉴定的，应当另行指派或者聘请鉴定人。

第八条 有下列情形之一的，鉴定机构或鉴定人可以接受委托，进行补充鉴定：

（一）对已鉴定电子数据有新的鉴定要求的；
（二）发现新的相关重要鉴定材料的；
（三）鉴定意见不完善可能导致案件或者事件不公正处理的。

鉴定事项有遗漏的，鉴定机构或者鉴定人应当进行补充鉴定。

补充鉴定可以由原鉴定人或者其他鉴定人进行。

第九条 电子数据鉴定应当由两名以上鉴定人员进行。必要时，可以指派或者聘请其他具有专门知识的人员参加。

第十条 受理鉴定后，鉴定人应当制定方案。必要时，可以进一步了解案情，查阅案卷，参与询问或讯问。

第十一条 鉴定前应当对检材进行复制，及时封存检材。检查鉴定在检材复制件上进行，保证原始存储媒介和电子设备中的数据的完整性，不得对其进行修改。

对于无法复制的检材或者鉴定需要使用原始储存媒介和电子设备的，应当采取必要措施，确保检材不被修改。可能对原始储存媒介和电子设备的数据进行修改的，应当向委托人说明情况，经委托人同意后进行。

第十二条 鉴定人鉴定电子数据，应当详细记录检验鉴定的全过程，独立的第三方根据记录能够重复检验过程并获得相同结果。记录内容包括：

（一）操作起止时间、地点和人员；

（二）使用的设备名称、型号和软件名称等；

（三）具体方法和步骤；

（四）结果。

必要时，对检材的关键操作应当进行全程录像。

第十三条 鉴定人员对于鉴定过程中知悉的国家秘密、商业秘密和个人隐私，应当保密。

第十四条 在鉴定过程中，有下列情形之一，应当中止鉴定：

（一）需要补充检材的，书面通知委托单位；

（二）委托单位要求中止鉴定的；

（三）出现自身无法解决的技术难题；

（四）因不可抗力致使鉴定无法继续进行的；

（五）其他原因。

中止鉴定的原因消失后，应当继续进行鉴定。

第十五条 在鉴定过程中，有下列情形之一，应当终止鉴定：

（一）补充检材后仍无法满足鉴定条件的，书面通知委托单位；

（二）委托单位要求终止鉴定的；

（三）其他原因。

终止鉴定后，应当将有关鉴定材料及时退还鉴定委托单位或个人，并说明理由。

第十六条 鉴定完毕后，鉴定人员应当出具鉴定意见，制作鉴定文书。检验鉴定文书包括鉴定书和检验报告，经检验鉴定确定的电子数据作为检验鉴定文书的附件。

第十七条 鉴定结束后，电子数据鉴定机构或鉴定人应当将委托人提交的检材以及相关材料连同鉴定意见一并退还委托人。有研究价值，需要留做资料的，应征得送检单位或个人的同意，并商定留用的时限和应当承担的保管、销毁责任。

第十八条 本司法解释自颁布之日起施行。

第二节 《关于办理刑事案件电子数据鉴定规则（草案）》说明及理由

第一条 电子数据鉴定定义

电子数据鉴定是具有鉴定资格的鉴定机构及鉴定人运用专门知识，对案件中电子数据的专门性问题作出判断并出具鉴定意见的活动。

◉ 说明及理由

本条是对电子数据鉴定的定义。根据《刑事诉讼法》第48条之规定，"可以用于证明案件事实的材料，都是证据。证据包括：（一）物证；（二）书证；（三）证人证言；（四）被害人陈述；（五）犯罪嫌疑人、被告人供述和辩解；（六）鉴定意见；（七）勘验、检查、辨认、侦查实验等笔录；（八）视听资料、电子数据。"电子数据已作为证据的一种类型列入我国刑事诉讼法，要在刑事诉讼中予以采纳，应当具有证据三性，即关联性、合法性、客观性。刑事诉讼法中的电子数据涵盖范围非常广泛，包罗了一切以电子形式存在的材料，如当今网络社会普遍使用的电子邮件、聊天记录、个人博客、通话记录和短信等等。此外，"电子数据"之外延，应当是开放的，随着信息技术的不断发展，电子数据的新类型将不断出现，只要与计算机以及信息技术相关的能够证明案件事实但又明显不属于其他证据种类的材料，原则上均可纳入电子数据之范畴。[①] 然而电子数据具有高科技性，大量应用现代信息技术的知识，这种专业知识和信息并不是一般性的常识，能够被普通的诉讼当事人掌握，此外其本身又具有脆弱性，简单的操作就会导致电子数据被删减或者更改，诉讼中当事人往往会对电子数据的真实性予以质疑。电子数据的这种广泛性、高科技性和脆

---

① 陈光中主编：《〈中华人民共和国刑事诉讼法〉修改条文释义与点评》，人民法院出版社2012年版，第52页。

弱性促使了对其进行专业鉴定的必要性，由具有专门知识和鉴定资格的鉴定机构或者鉴定人对电子数据进行技术性鉴定，对其真实性及其他所反映的案件事实进行判断与解释，而电子数据鉴定程序同时就需要相应的法律规定予以规范。

目前关于电子数据鉴定方面的司法解释有 2005 年《公安机关电子数据鉴定规则》和 2009 年《人民检察院电子证据鉴定程序规则（试行）》，但随着《刑事诉讼法》的生效实施和当今社会的发展，上述两部鉴定规则在内容和实践中都存在着一些不足，因此本司法解释的目的就在于更加合理地规范电子数据的鉴定程序，对于电子数据鉴定机构及鉴定人的相关鉴定行为制定规则予以规制。此外，电子数据的鉴定机构和鉴定人员，需要具备相当的专业知识，对其鉴定资格应当进行严格的审查，目前虽然对于电子数据司法鉴定机构和鉴定人的管理没有专门的司法解释予以规定，但全国人大常委会《关于司法鉴定管理问题的决定》第 2 条规定，"国家对从事下列司法鉴定业务的鉴定人和鉴定机构实行登记管理制度：（一）法医类鉴定；（二）物证类鉴定；（三）声像资料鉴定；（四）根据诉讼需要由国务院司法行政部门商最高人民法院、最高人民检察院确定的其他应当对鉴定人和鉴定机构实行登记管理的鉴定事项。"电子数据司法鉴定机构及鉴定人的管理适用该条第四项的情形，可以参考适用全国人民代表大会常务委员会《关于司法鉴定管理问题的决定》的规定。

第二条　电子数据鉴定范围界定

电子数据鉴定范围包括：

（一）对各类存储介质或设备存储数据、已删除数据和加密文件数据内容的认定；

（二）电子数据的真伪及形成过程的认定；

（三）电子数据内容一致性的认定；

（四）计算机程序功能或系统状况的认定；

（五）根据诉讼需要进行的关于电子数据的其他认定。

● 说明及理由

本条是对电子数据鉴定的范围的规定。根据最高人民检察院《电子证据鉴定规则》第 4 条规定,"电子证据鉴定范围:(一)电子证据数据内容一致性的认定;(二)对各类存储介质或设备存储数据内容的认定;(三)对各类存储介质或设备已删除数据内容的认定;(四)加密文件数据内容的认定;(五)计算机程序功能或系统状况的认定;(六)电子证据的真伪及形成过程的认定;(七)根据诉讼需要进行的关于电子证据的其他认定。"该条七项规定采用了列举式的方法,没有什么标准和规律可循,其中第(二)、(三)、(四)项都是关于电子数据内容方面的鉴定,可以将该三项整合为一项,没有必要单独列举。中国合格评定国家认可委员会(CNAS)于 2013 年发布的 CNAS-AL13《司法鉴定/法庭科学机构认可领域分类》将电子数据分为五个方面:一是电子数据的提取、固定与恢复;二是电子数据真实性(完整性)鉴定;三是电子数据同一性、相似性鉴定;四是功能鉴定;五是信息系统事件调查(特指针对用户与系统行为,包括了对电子数据痕迹、日志的分析、入侵分析等综合性检验鉴定),本条根据 CNAS-AL13《司法鉴定/法庭科学机构认可领域分类》中五方面的电子数据,结合司法实践,将最高人民检察院《规则》第 4 条规定的电子数据鉴定范围进行整合,划分为四类:一是电子数据的提取、固定与恢复,包括了最高人民检察院《人民检察院电子证据鉴定程序规则(试行)》第 4 条规定中的第(二)、(三)、(四)项;二是电子数据真实性鉴定,即第(六)项;三是电子数据同一性、相似性鉴定,即第(一)项;四是功能鉴定和信息系统事件调查,即第(五)项,并辅以兜底性条款予以补充,如此规定使得电子数据鉴定范围划分具有一定的标准。

(一)对各类存储介质或设备存储数据、已删除数据和加密文件数据内容的认定

本项是关于电子数据的提取、固定与恢复的规定。由于电子数据

具有虚拟性，要通过各类存储介质或存储设备展示，如智能卡、磁卡、数码设备、移动终端、网络数据等等，其所包含的用以认定案件事实的内容需要通过存储媒介表达，然而电子数据包含大量信息和数据，甚至表现为代码或符号，其中和案件相关的内容需要专门人员从存储媒介中提取出来，并对电子数据的内容加以认定，对于存储介质中被删除或者加密的电子数据，则需要鉴定人员进行技术性恢复或者解密，并将被删除或者加密的内容予以专业认定。此外，鉴定人员还需要将电子数据的内容予以固定，以便在刑事诉讼程序中展示，接受质证。

（二）电子数据的真伪及形成过程的认定

本项是关于电子数据真实性鉴定的规定。电子数据具有易修改性，相较于传统的证据，电子数据极易被修改和伪造，对于在现代社会较为常用的电子签名、电子邮件、即时通信、电子文档、数据库等，任何具有基本计算机知识的人都可以进行修改伪造操作，修改的痕迹是肉眼或者常用的检测仪器难以察觉的，而且实践中的电子数据往往被有意或无意的修改过，这就会对认定案件事实方面产生影响。本项规定的鉴定范围就是针对这一现象，对电子数据真伪性的鉴别，鉴定电子数据是否被修改或编辑，并通过追溯电子数据的形成过程，以鉴别电子数据的真实性。

（三）电子数据内容一致性的认定

本项是关于电子数据同一性、相似性鉴定的规定。电子数据具有易复制性，诉讼中的电子数据多数是通过复制整理出来，呈交法庭予以证明案件事实，这种通过复制的电子数据作为传来证据，与传统证据种类一样，应当对其与原始证据的一致性进行说明与认定，传统形式的传来证据通过与原件予以核对一致后而采纳，电子数据形式的传来证据则需要与源程序、源数据核对，只有与原始证据核对过，具有一致性的电子数据才能够在诉讼中用于证明案件事实，电子数据的易复制性致使大量的电子数据需要进行一致性认定，因此，对于电子数据内容一致性应当进行严格的鉴定。除此之外，电子数据内容一致性的认定，还表现在打击侵犯知识产权方面，主要集中在对软件、电子文档等进行盗版抄袭，需要进行电子证据内容相似性鉴定以确定。

（四）计算机程序功能或系统状况的认定

本项是关于功能鉴定和信息系统事件调查的规定。正如之前所述，电子数据需要必备的媒介才能够存在，电子数据的内容需要相应媒介才能够展示，那么电子设备与信息系统的功能状况直接影响着电子数据的状态。计算机程序是目前主要的电子数据载体，其硬件、软件以及信息系统的状况都会影响其所承载的电子数据，甚至它们本身就是电子数据，因此，对于计算机硬件的功能、软件的应用、信息系统的状况都有必要进行专业性鉴定，也包括针对用户与系统行为进行信息系统事件调查，对电子数据痕迹、日志的分析、入侵分析等综合性检验鉴定等。

（五）根据诉讼需要进行的关于电子数据的其他认定

本款是电子数据鉴定范围的兜底性条款。前四款尽可能地列举了电子数据需要鉴定的范围，然而随着现今科学技术发展，电子数据的形式和内容呈现多样化，并且不断增加，设置该兜底性条款是为了保证将其他需要鉴定的范围纳入进来，防止未来因科技发展导致法律适用方面的滞后性。

第三条　电子数据鉴定人应当具备的资格条件

电子数据鉴定人应当具备下列资格条件：

（一）具有与电子数据鉴定相关的专业职业资格、技术职称或者高等院校相关专业本科以上学历；

（二）具有从事电子数据鉴定业务相关工作五年以上经历；

（三）具有从事信息技术相关的全职工作；

（四）具有参与诉讼的条件。

●说明及理由

　　本条是对电子数据鉴定人资格条件的规定，电子数据的高科技性对其鉴定人员的资格提出严格的要求，目前我国法律对电子数据鉴定人的资格条件的规定，只有公安部《公安机关电子数据鉴定规则》第11条对"公安机关电子数据鉴定人"的资格作出了规定，"公安机关电子数据鉴定人应当具备下列资格条件：（一）地市级以上公安机关公共信息网络安全监察部门在编或者聘请的专业技术人员；（二）具有从事电子数据鉴定所需的专门知识和工作经验；（三）具有高等院校大学本科以上学历；（四）经公安部电子数据鉴定专业培训并考试合格。"但该规定并不完善，该资格规定主要是公安机关从自身的角度出发，为刑事诉讼中需要进行电子数据鉴定而进行鉴定人资格甄别，并不具有普遍适用性，尤其是第1项和第4项规定鉴定人资格需要由公安机关在编或聘请，甚至要经过公安部电子数据鉴定专业培训并考试，这就使得鉴定人具有相当大的局限性，虽然我国刑事诉讼中鉴定人要求必须是由专门机关指派或聘请，但这并不表示鉴定人的资格必须也经过专门机关的审查或考核，这会使得对于刑事诉讼中需要进行鉴定选择鉴定机构或者鉴定人时，可能会由于选择其他不符合上述鉴定人资格条件规定的相关专家进行鉴定而影响其鉴定意见的效力，因此，公安部《公安机关电子数据鉴定规则》第11条规定的电子数据鉴定人的资格条件需要进一步完善。此外，全国人大常委会《关于司法鉴定管理问题的决定》虽未规定电子数据鉴定人的资格，但其中第4条规定了可以申请登记从事司法鉴定业务人员的条件，"具备下列条件之一的人员，可以申请登记从事司法鉴定业务：（一）具有与所申请从事的司法鉴定业务相关的高级专业技术职称；（二）具有与所申请从事的司法鉴定业务相关的专业执业资格或者高等院校相关专业本科以上学历，从事相关工作五年以上；（三）具有与所申请从事的司法鉴定业务相关工作十年以上经历，具有较强的专业技能。"该条规定主要从鉴定人员专业知识和技能的角度进行限定，若应用该条规定作为电子数据鉴定人资格的条件，显然是不够全面的。

英国学者克利夫·梅建议说，在遴选适格的计算机法庭科学专家时依照以下步骤行事是必要的：1.审查他们是否拥有计算机法庭科学领域的广泛经历与背景；2.审查他们是否从事计算机法庭科学的全职工作，这关系到他们能否跟进该领域和法庭技术领域的最新发展；3.审查他们是否进行过相关的成功尝试；4.审查他们是否熟悉如何处理电子数据与保持证据锁链的那些公认标准；5.审查他们是否拥有与需要鉴定的计算机系统有关的软件工具和经历；6.审查他们拥有什么样的备用措施；7.审查他们能否在紧急情况下迅速开展工作；8.审查他们能否用通俗语言解释复杂的技术争议。[①]

本条在借鉴了克利夫·梅的建议的基础上，结合我国立法实际，参考全国人大常委会《关于司法鉴定管理问题的决定》第4条中对于鉴定人资格条件的规定，对电子数据鉴定人资格提出了四点条件。

（一）具有与电子数据鉴定相关的专业职业资格、技术职称或者高等院校相关专业本科以上学历

本项主要是从专业知识的角度对电子数据鉴定人资格提出要求，这项规定借鉴于上述全国人大常委会《关于司法鉴定管理问题的决定》第4条中第1、2项和公安部《公安机关电子数据鉴定规则》第11条第3项。电子数据鉴定人应当具有与电子数据鉴定相关的专业职业资格、技术职称，主要是指计算机网络相关的资格证书或者技术职称，但鉴于电子数据范围广泛，涉及领域多样，并不是所有领域都存在国家认可的相关资格或技术职称认定，因此，电子数据鉴定人还可以具有与电子数据鉴定相关的高等院校相应专业本科以上学历，该条件与专业职业资格、技术职称两者有其一即可。这项规定目的在于保证鉴定人拥有扎实的理论基础和专业知识，能够应对电子数据鉴定过程中出现的专业性问题。

---

① 刘品新：《电子商务对传统证据法的冲击及因应》，http://www.civillaw.com.cn/article/default.asp?id=14465，访问日期2014年8月13日。

（二）具有从事电子数据鉴定业务相关工作五年以上经历

本项要求电子数据鉴定人拥有丰富的工作经历，电子数据鉴定极强的专业性不仅要求鉴定人员具备扎实的专业知识，还应当具有丰富的实践经验，本项借鉴于全国人大常委会《关于司法鉴定管理问题的决定》第4条第3项规定，该项规定，"具有与所申请从事的司法鉴定业务相关工作十年以上经历，具有较强的专业技能"，在这一规定上加以修改，将"十年以上经历"修改为"五年以上经历"，如此修改是因为当今社会中电子数据的高科技专业性人才很年轻化，并不需要"十年"如此长的工作经历，"五年"的经历足够应对电子数据鉴定中的相关问题，因此该项要求鉴定人员从事电子数据鉴定业务相关工作五年以上，以保证鉴定人能够熟练的应对鉴定过程中出现的各种问题。

（三）具有从事信息技术相关的全职工作

本项规定在我国以往立法上没有出现过，不论是公安部《公安机关电子数据鉴定规则》第11条和全国人大常委会《关于司法鉴定管理问题的决定》第4条关于鉴定人员条件的规定，还是最高人民法院、最高人民检察院与鉴定相关的司法解释中，都没有涉及鉴定人员是否应当从事相关鉴定方面的全职工作，该项规定主要是借鉴英国学者克利夫·梅的建议中的第2条，即"审查他们是否从事计算机法庭科学的全职工作，这关系到他们能否跟进该领域和法庭技术领域的最新发展"。不同于传统鉴定业务，电子数据的科技性决定了电子数据更新发展迅速，这就要求鉴定人员能够时时跟进该领域技术的最新发展，对于兼职人员，他们明显没有足够的时间和精力来关注和了解电子数据的最新发展状况，只有从事信息技术全职工作的专业人员，才能够保证其专业水平，能够跟进电子数据领域的最新发展。

（四）具有参与诉讼的条件

关于本项的规定，我国立法上虽然没有专门规定在鉴定人资格条件中，但是相关的立法中间接地要求鉴定人应当具有参与诉讼的条件，根据《刑事诉讼法》第187条规定，"公诉人、当事人或者辩护人、诉讼代理人对鉴定意见有异议，人民法院认为鉴定人有必要出庭的，鉴定人应当出庭作证。经人民法院通知，鉴定人拒不出庭作证的，鉴定意见不得作为定案的根据。"《刑事诉讼法》规定鉴定人负有出庭作证义务，就侧面的要求鉴定人不能仅限于出具鉴定意见文书，还应当具备参与诉讼的相关条件，能够有足够的时间和精力参与诉讼，出席法庭，并能够运用通俗易懂的语言解释复杂的鉴定过程和所依据的专业理论或技术。

第四条 进行电子数据鉴定所应当提交的材料

进行电子数据鉴定，委托单位或个人应当提交以下材料：

（一）鉴定委托书；

（二）证明送检人身份的有效证件；

（三）检材及有关检材的各种记录材料（接受、收集、调取或扣押工作记录，使用和封存记录；检材是复制件的，还应有复制工作记录）；

（四）委托说明（包括检材的来源、真实完整、合法取得、固定及封存状况等）；

（五）其他所需材料。

重新鉴定或补充鉴定的，应当说明理由并提交原鉴定书或检验报告。

◉ 说明及理由

电子数据鉴定从委托人的委托开始，本条规定了委托单位或个人委托鉴定时应当提交的材料，包括鉴定委托书、身份证明、鉴定检材、委托说明以及鉴定人要求提供的与鉴定有关的其他材料，如果需要重新鉴定或者补充鉴定的，还应提供原鉴定书或检验报告。本条规定借鉴了最高人民检察院《人民检察院电子证据鉴定程序规则（试行）》第 5 条、第 6 条和公安部《公安机关电子数据鉴定规则》第 23

条，其中最高人民检察院《人民检察院电子证据鉴定程序规则（试行）》第 5 条规定，"进行电子证据鉴定，委托单位应当提交以下材料：（一）鉴定委托书；（二）检材清单；（三）检材及有关检材的各种记录材料（接受、收集、调取或扣押工作记录，使用和封存记录；检材是复制件的，还应有复制工作记录）；（四）委托说明（包括检材的来源、真实完整、合法取得、固定及封存状况等）；（五）其他所需材料。"公安部《公安机关电子数据鉴定规则》第 23 条规定，"鉴定委托单位送检时应当向电子数据鉴定机构提交下列材料：（一）《电子数据鉴定委托登记表》；（二）证明送检人身份的有效证件；（三）委托鉴定的检材；（四）鉴定人要求提供的与鉴定有关的其他材料。"本条规定综合了上述两个规则中规定的应当提交的材料。此外，对于重新鉴定或补充鉴定方面，沿用了最高人民检察院《人民检察院电子证据鉴定程序规则（试行）》第 6 条的规定，"重新鉴定或补充鉴定的，应说明理由并提交原鉴定书或检验报告。"委托单位或者个人要求重新鉴定或补充鉴定的，除了提交申请鉴定的上述五项材料之外，还应当就重新鉴定或补充鉴定说明理由，同时提交原鉴定书或检验报告。

第五条　接受鉴定委托后应当审查的事项

接到委托时，应当审查以下事项：

（一）委托主体和程序是否符合规定；

（二）鉴定要求是否属于受理范围；

（三）核对封存状况与记录是否一致；

（四）启封查验检材的名称、数量、品牌、型号、序列号等；

（五）检材是否具备鉴定条件；

（六）记录材料是否齐全，内容是否完整。

●说明及理由

本条规定了鉴定机构和鉴定人在接到电子数据鉴定委托时，所要审查的事项。本条基本沿用了最高人民检察院《人民检察院电子证据鉴定程序规则（试行）》第7条的规定。该条规定，"接受委托时，应当听取案情介绍，并审查以下事项：（一）委托主体和程序是否符合规定；（二）鉴定要求是否属于受理范围；（三）核对封存状况与记录是否一致；（四）启封查验检材的名称、数量、品牌、型号、序列号等；（五）检材是否具备鉴定条件；（六）记录材料是否齐全，内容是否完整"。从六个方面对委托鉴定的相关材料进行审查。

本条在借鉴了最高人民检察院《人民检察院电子证据鉴定程序规则（试行）》第7条的基础上，对其进行了两点修改：一是将"接受委托"改为"接到委托"，鉴定人在"接到"委托后，通过对委托人提交的材料进行审查后，才能够确定是否"接受"鉴定委托，予以鉴定，正如法院在收到起诉状时，要经过初步的审查，看起诉是否符合立案条件，才能够决定是否立案。最高人民检察院《人民检察院电子证据鉴定程序规则（试行）》第7条的规定致使接受委托后，才对提交材料予以审查，"接受委托"说明鉴定机构或者鉴定人已经接受了委托人的委托，然后再进行审查，显然本末倒置了，逻辑顺序颠倒，因此，出于立法的严谨方面的考虑，本条将"接受委托"改为"接到委托"。二是删除了"听取案情介绍"的规定。最高人民法院《人民法院司法鉴定工作暂行规定》第7条规定，"鉴定人权利：（一）了解案情，要求委托人提供鉴定所需的材料；……"，最高人民检察院《人民检察院电子证据鉴定规则（试行）》第6条规定，"鉴定人享有下列权利：（一）了解与鉴定有关的案件情况，要求委托单位提供鉴定所需的材料；……"，公安部《公安机关电子数据鉴定规则》第14条规定，"公安机关电子数据鉴定人享有以下权利：（一）在其专业范围内可以充分表达鉴定意见，不受任何单位或者个人的非法干涉；……"由此可见，鉴定人在必要时可以了解与鉴定有关的案件情况，以便作出较为准确的鉴定意见，这是鉴定人享有的权利，但是在收到委托，审查是否受理时，仅对提交材料在形式上进行审查，并不进行实质上的鉴定，没有听取案情介绍的必要，此外，鉴定人提前听取相关案件情况，有可能使得鉴定人出于个人的主观看法或判断而拒绝接受鉴定委托。因此，本条删除了鉴定人在审查鉴定委托相关材料时"听取案情介绍"的规定，但这并不影响鉴定人在后续鉴定工作中了解与鉴定有关的案件情况。

第六条　受理鉴定的条件

经审查符合要求的，应当决定受理；具有下列情形之一的，应当不予受理：

（一）违反国家法律、法规的；

（二）超出受理范围和鉴定范围的；

（三）违反委托程序要求的；

（四）不具备鉴定条件的；

（五）其他不应受理或者无法受理的情形。

● **说明及理由**

本条规定了对电子数据鉴定委托的受理情况，鉴定人员在审查委托人提交的相关材料后，应当作出受理或者不予受理的决定，对于符合要求的，应当予以受理。在不予受理情形方面，本条借鉴了最高人民检察院《人民检察院电子证据鉴定程序规则（试行）》第8条之规定，"经审查符合要求的，应当予以受理。需要进一步审查的，应当在收到委托书之日起五个工作日内完成审查，并向委托单位作出答复。具有下列情况之一的，应当不予受理：（一）超出受理范围和鉴定范围的；（二）违反委托程序要求的；（三）不具备鉴定条件的；（四）其他情形。"此外，还有公安部《公安机关电子数据鉴定规则》第31条之规定，"具有下列情形之一的，公安机关电子数据鉴定机构对鉴定委托不予受理：（一）违反国家法律、法规的；（二）不具备鉴定委托主体资格的；（三）违反鉴定委托程序要求的；（四）超出鉴定范围的；（五）检材和物品与案件或者事件无关的；（六）不具备检验鉴定条件的；（七）已经委托其他物证鉴定机构正在进行鉴定的；（八）其他不应受理或者无法受理的情形。"

　　本条将上述两条规定的不予受理的情形综合归纳，规定了五种情形应当不予受理，将其他情形予以删除：一是公安部《电子数据鉴定规则》第31条中第（二）项"不具备鉴定委托主体资格的"情形，该情形是从属于"违反委托程序要求的"情形的，根据上述第五条之规定，"接到委托时，应当审查以下事项：（一）委托主体和程序是否符合规定；……"此外，我国刑事诉讼法规定鉴定人只能由专门机关予以指派或聘请，其他诉讼主体委托鉴定人进行鉴定即是"违反委托程序要求"，因此没有必要将此情形单独罗列出来。二是公安部《公安机关电子数据鉴定规则》第31条中第（五）项"检材和物品与案件或者事件无关的"情形，该情形将与案件无关的检材排除在鉴定之外，然而鉴定人员在进行鉴定之前将如何判断"检材与案件无关"，正如之前所述，电子数据具有虚拟性，需要依赖于一定的载体，而"对各类存储介质或设备存储数据、已删除数据和加密文件数据内容的认定"正是鉴定的范围，并通过鉴定后判断电子数据的内容是否与案件相关联，在鉴定之前并不能准确判断委托鉴定的电子数据是否与案件无关，因此，本条将公安部《公安机关电子数据鉴定规则》第31条中第（五）项"检材和物品与案件或者事件无关的"情形删除。三是公安部《公安机关电子数据鉴定规则》第31条中第（七）项"已经委托其他物证鉴定机构正在进行鉴定的"情形，鉴定不同于管辖，人民法院不得受理其他法院已经受理的案件，这是基于管辖的规定，防止人民法院之间的管辖冲突，然而鉴定机构或者鉴定人并没有管辖的要求，甚至不得对鉴定机构或者鉴定人进行管辖的限制，全国人大常委会《关于司法鉴定管理问题的决定》第8条规定，"各鉴定机构之间没有隶属关系；鉴定机构接受委托从事司法鉴定业务，不受地域范围的限制。"此外，根据《刑事诉讼法》第187条第3款之规定，"公诉人、当事人或者辩护人、诉讼代理人对鉴定意见有异议，人民法院认为鉴定人有必要出庭的，鉴定人应当出庭作证。经人民法院通知，鉴定人拒不出庭作证的，鉴定意见不得作为定案的依据。"在诉讼中，当事人可以对鉴定机构或者鉴定人出具的鉴定意见提出异议，鉴定意见并不必然成为定案的依据，不同鉴定机构或者鉴定人出具的鉴定意见具有同等效力，只有经过法庭质证，被法庭认定为定案依据的鉴定意见才具有法律效力，因此，以"已经委托其他物证鉴定机构正在进行鉴定"为由而不予受理鉴定委托是不合理的，本条在此予以删除。

第七条　重新鉴定的情形

有下列情形之一的，鉴定机构或鉴定人应当进行重新鉴定：

（一）鉴定机构、鉴定人不具备鉴定资格的；

（二）鉴定人依法应当回避而未回避的；

（三）在鉴定过程中对送检的电子数据进行修改，并可能影响鉴定客观、公正的；

（四）鉴定程序不符合法律规定的；

（五）其他可能影响鉴定客观、公正情形的。

鉴定意见与事实不符或者同其他证据有明显矛盾的，鉴定机构或者鉴定人可以接受委托，重新鉴定。

需要进行重新鉴定的，应当另行指派或者聘请鉴定人。

◉ **说明及理由**

本条对重新鉴定的情形进行了列举规定，最高人民检察院《电子证据鉴定规则》中并没有对重新鉴定予以规定，公安部《公安机关电子数据鉴定规则》第38条规定，"案件或者事件当事人、本案侦查人员发现下列情形之一，可以提出重新鉴定的申请：（一）电子数据鉴定机构、鉴定人不具备鉴定资质、资格的；（二）鉴定人依法应当回避而未回避的；（三）在鉴定过程中对送检的电子数据进行修改，并可能影响鉴定结论客观、公正的;(四)鉴定结论与事实不符或者同其他证据有明显矛盾的;(五)鉴定结论不准确的。重新鉴定应当由地市级以上公安机关公共信息网络安全监察部门负责人批准后进行。需要进行重新鉴定的,电子数据鉴定机构应当另行指派或者聘请鉴定人员。"该条仅规定了可以"申请"重新鉴定的五种情形,而且还规定"重新鉴定应当由地市级以上公安机关公共信息网络安全监察部门负责人批准后进行",如此规定造成重新鉴定过于随意,完全由公安机关把握,或者申请重新鉴定限于反复拉锯状态,使得诉讼当事人的要求重新鉴定的权利受到限制,因此,电子数据鉴定应同其他传统鉴定程序一样,明确规定应当重新鉴定的情形。

　　本条对于重新鉴定情形的规定是在借鉴公安部《公安机关电子数据鉴定规则》第38条规定的基础上加以修改:第一款所规定的"应当重新鉴定"的五项情形均是关于电子数据鉴定程序方面不符合法律规定,可能影响鉴定客观、公正的,鉴定机构或者鉴定人对于程序方面的违法行为应当予以更正,因此对于上述5项情形,明确规定鉴定机构或者鉴定人"应当"进行重新鉴定;第2款规定的情形是在内容方面存在问题,即"与事实不符或者同其他证据有明显矛盾的"情形,对此鉴定机构或者鉴定人"可以"进行重新鉴定,毕竟鉴定意见仅仅是鉴定人员所做出的个人结论,不同的鉴定人员对同一问题可能有不同的意见或看法,得出不同的结果,同时,委托鉴定的电子数据仅仅是刑事诉讼中的一种证据种类,鉴定意见是鉴定人员根据送检材料作出的判断,并不必然符合事实或者与其他证据一致,诉讼中所有的证据也并不是完全一致的,因此不能因为鉴定意见"与事实不符或者同其他证据有明显矛盾"就否认该鉴定意见,要求重新鉴定,此外,如此规定也是为了防止诉讼当事人因不满鉴定意见而随意要求进行重新鉴定,造成资源浪费和诉讼拖延。对于本条第3款沿用了公安部《公安机关电子数据鉴定规则》第38条规定中"需要进行重新鉴定的,电子数据鉴定机构应当另行指派或者聘请鉴定人员",规定重新鉴定时另行指派或聘请鉴定人员,进行重新鉴定主要是因为鉴定机构或者鉴定人在程序上存在违法行为，那么在进行重新鉴定时原鉴定人将不再适合，应当有新的鉴定人进行重新鉴定，这点也是沿用了传统证据鉴定的规定，例如，最高人民检察院《人民检察院电子证据鉴定规则（试行）》第 17 条规定，"重新鉴定时，应当另行指派或者聘请鉴定人。"

第八条　补充鉴定的情形

有下列情形之一的，鉴定机构或鉴定人可以接受委托，进行补充鉴定：

（一）对已鉴定电子数据有新的鉴定要求的；

（二）发现新的相关重要鉴定材料的；

（三）鉴定意见不完善可能导致案件或者事件不公正处理的。

鉴定事项有遗漏的，鉴定机构或者鉴定人应当进行补充鉴定。

补充鉴定可以由原鉴定人或者其他鉴定人进行。

●说明及理由

本条借鉴了公安部《公安机关电子数据鉴定规则》第 37 条之规定，"案件或者事件当事人、本案侦查人员发现下列情形之一，可以提出补充鉴定的申请：（一）鉴定内容有明显遗漏的；（二）发现新的有鉴定意义的证据的；（三）鉴定结论不完善可能导致案件或者事件不公正处理的；（四）对已鉴定电子数据有新的鉴定要求的。补充鉴定应当由地市级以上公安机关公共信息网络安全监察部门负责人批准后进行。补充鉴定可以由原鉴定人或者其他鉴定人进行。"同公安部《公安机关电子数据鉴定规则》第 38 条规定仅仅规定了"申请重新鉴定"的情形一样，该条仅仅规定了案件或者事件当事人、本案侦查人员"可以提出补充鉴定的申请"，此外是否补充鉴定须由"地市级以上公安机关公共信息网络安全监察部门负责人"批准才能够进行，这对于诉讼当事人提出补充鉴定的权利将造成一定的限制。

基于上述原因，本条对电子数据鉴定中补充鉴定的情形进行了规范。本条第1款规定的三种情形中，进行补充鉴定主要是基于有新证据、新要求或者鉴定意见不完善，然而对于鉴定机构或者鉴定人，其原来对电子数据的鉴定过程以及鉴定意见并不存在明显的错误或不足，鉴定机构或者鉴定人已经切实地履行了自己在电子数据鉴定程序中的义务，因此对于这三项鉴定机构"可以"补充鉴定，并不具有强制性，是否进行补充鉴定由鉴定机构或鉴定人自由裁量。而对于第2款中"鉴定事项有遗漏"的情形，明显是鉴定机构或者鉴定人的责任，是由于鉴定机构或者鉴定人疏忽大意造成的，也就是说鉴定人员为充分履行其在电子数据鉴定程序中的义务，基于这种原因，鉴定机构或者鉴定人应当对其原鉴定过程中的错误或不足予以补正，在鉴定事项有遗漏时，应当承担补充鉴定的义务。本条第3款之规定是沿用了公安部《公安机关电子数据鉴定规则》第37条中的规定，"补充鉴定可以由原鉴定人或者其他鉴定人进行"，如前所述，补充鉴定的原因主要是由于有新证据、新要求或者鉴定意见不完善，鉴定人本身并不存在过错，因此进行补充鉴定时，没有必要更换鉴定人，此外，原鉴定人对之前鉴定的电子数据以及相关案件事实有一定的了解，能够更好地对于新证据、新要求予以鉴定并较快作出鉴定意见，有利于司法效率的提高。然而在鉴定事项有遗漏，应当进行补充鉴定时，原鉴定人存在一定的过错，可能不再被委托人所信任，此时委托人要求补充鉴定更换鉴定人是合理的，因此，本条第3款对于补充鉴定时的鉴定人的规定，为电子数据鉴定的委托人提供了一定的选择权，"可以由原鉴定人或者其他鉴定人进行"。

第九条　鉴定的程序

电子数据鉴定应当由两名以上鉴定人员进行。必要时，可以指派或者聘请其他具有专门知识的人员参加。

◉ 说明及理由

本条沿用了最高人民检察院《人民检察院电子证据鉴定程序规则（试行）》第 12 条和公安部《公安机关电子数据鉴定规则》第 39 条。其中最高人民检察院《人民检察院电子证据鉴定程序规则（试行）》第 12 条规定，"检验鉴定应当由两名以上鉴定人员进行。必要时，可以指派或者聘请其他具有专门知识的人员参加。"公安部《公安机关电子数据鉴定规则》第 39 条规定，"电子数据鉴定应当由两名以上鉴定人员参加。必要时，可以指派或者聘请具有专门知识的人协助鉴定。"本条规定电子数据鉴定由具有鉴定资格的鉴定人员进行，并且不得少于两人。鉴定作为侦查行为的一种，同其他侦查行为一样，从程序预防的角度出发，在进行时应当不得少于两人，如《刑事诉讼法》第 116 条规定，"讯问犯罪嫌疑人必须由人民检察院或者公安机关的侦查人员负责进行。讯问的时候，侦查人员不得少于二人。"而且，电子数据的易修改性和脆弱性要求在对其进行鉴定时，更加应当保持谨慎的态度，由两名以上鉴定人员进行，以防止鉴定人员在鉴定过程中对鉴定的电子数据进行毁损或污染。本条还规定了"必要时，可以指派或者聘请其他具有专门知识的人员参加"，电子数据的高科技性决定了对其鉴定的复杂和困难，鉴定的电子数据可能同时具有多方面的专业问题，鉴定人员并不一定完全了解所有的专业知识，因此，必要时，可以指派或聘请其他具有专门知识的人员予以协助，以更好地完成对电子数据的鉴定。

第十条　鉴定人员对案情的了解

受理鉴定后，鉴定人应当制定方案。必要时，可以进一步了解案情，查阅案卷，参与询问或讯问。

◉ 说明及理由

本条沿用了最高人民检察院《人民检察院电子证据鉴定程序规则

(试行)》第 14 条之规定,"受理鉴定后,鉴定人应当制定方案。必要时,可以进一步了解案情,查阅案卷,参与询问或讯问。"本司法解释草案在第 5 条中,删除了鉴定人在接到委托进行审查时"听取案情介绍"的规定,但如前所述,鉴定人并不是不能听取案情介绍,恰恰相反,鉴定人具有了解案情的权利,最高人民法院《人民法院司法鉴定工作暂行规定》第 7 条规定,"鉴定人权利:(一)了解案情,要求委托人提供鉴定所需的材料;……",最高人民检察院《人民检察院电子证据鉴定程序规则(试行)》第 6 条规定,"鉴定人享有下列权利:(一)了解与鉴定有关的案件情况,要求委托单位提供鉴定所需的材料;……",公安部《公安机关电子数据鉴定规则》第 14 条规定,"公安机关电子数据鉴定人享有以下权利:(一)在其专业范围内可以充分表达鉴定意见,不受任何单位或者个人的非法干涉;……"由此可见,鉴定人在必要时可以了解与鉴定有关的案件情况,查阅案卷,甚至可以参与询问或讯问,以便作出较为准确的鉴定意见,这是鉴定人享有的权利。本司法解释草案第五条的规定在于说明鉴定人在"接到委托,审查事项时"不能"听取案情介绍",但在受理鉴定后,必要时,鉴定人可以根据鉴定需要了解相关案情,查阅案卷,以便得出鉴定结果。本条规定正是肯定了鉴定人在受理鉴定委托后享有了解案情的权利,因此,本条规定,"受理鉴定后,鉴定人应当制定方案。必要时,可以进一步了解案情,查阅案卷,参与询问或讯问。"

第十一条 鉴定材料的复制与检验

鉴定前应当对检材进行复制,及时封存检材。检查鉴定在检材复制件上进行,保证原始存储媒介和电子设备中的数据的完整性,不得对其进行修改。

对于无法复制的检材或者鉴定需要使用原始储存媒介和电子设备的,应当采取必要措施,确保检材不被修改。可能对原始储存媒介和电子设备的数据进行修改的,应当向委托人说明情况,经委托人同意后进行。

●说明及理由

本条规定了鉴定过程中的不污染检材的原则，防止检材在鉴定过程中受到污染不仅仅是科学活动的基本要求，也是法律追求真实性的体现。例如，计算机证据国际组织（IOCE）提出的检验工作指南中就明确要求在检验实施前要充分考虑反污染的预防措施，使用的所有设备、取样材料、存储和运输容器都应该是新的，最好是一次性的，或者使用前后经过彻底清洁的，等等。[1] 英国警察局局长协会和电子数据证据国际组织的立法中规定，电子数据鉴定中的任何处理行为均不可更改被检验介质上的数据，如果不得不访问原始介质，访问者必须具备相应的能力，并证明其行为的必要性和可能造成的后果。[2]

本条主要借鉴了最高人民检察院《人民检察院电子证据鉴定程序规则（试行）》和公安部《公安机关电子数据鉴定规则》的规定，其中最高人民检察院《人民检察院电子证据鉴定规则（试行）》第10条规定，"对受理的检材，应当场密封，由送检人、接收人在密封件上签名或者盖章，并制作《使用和封存记录》。"第11条规定，"《使用和封存记录》应记录以下内容：（一）受理编号；（二）检材的编号和名称；（三）使用情况以及使用人；（四）启封、封存时间、地点以及操作人。"第15条规定，"检验鉴定过程应当严格按照技术规范操作，并做好相应的工作记录。检验鉴定应当对检材复制件进行，对检材的关键操作应当进行全程录像。检材每次使用结束后应当重新封签，并填写《使用和封存记录》。特殊情况无法复制的，在检验鉴定过程中，采取必要措施，确保检材不被修改。对特殊原因采取的技术操作，应当在《使用和封存记录》中注明。"公安部《公安机关电子数据鉴定规则》第41条规定，"公安机关电子数据鉴定机构应当采取技术措施保证分析过程中对原始存储媒介和电子设备中的数据不作

---

[1] 麦永浩主编：《电子数据司法鉴定实务》，法律出版社2011年版，第43页。
[2] 杨郁娟：《论电子数据的司法鉴定》，载《中国司法鉴定》2011年第3期。

修改。如因特殊原因，分析过程可能修改原始存储媒介和电子设备中的数据，公安机关电子数据鉴定机构应当制作《原始证据使用记录》。"第42条规定，"《原始证据使用记录》应当准确、真实地记录以下内容：（一）证物名称、编号；（二）使用起止时间；（三）使用的原因和目的；（四）实施的操作、操作的时间以及操作可能对原始数据造成的影响。《原始证据使用记录》应当由两名鉴定人员签名。"

本条在上述司法解释的基础上加以完善，以尽可能的保障鉴定过程中检材不受污染：一是对于电子数据的鉴定应当尽可能地在检材复制件上进行，不对原始数据直接进行检验；二是特殊情况下，原始检材无法进行复制，或者鉴定需要在原始数据上进行，应采取必要措施，确保检材不被修改；三是可能对原始数据进行修改的，应当征求委托人的同意，并采取技术措施将对原检材的影响尽可能地减少。前两点在最高人民检察院《人民检察院电子证据鉴定程序规则（试行）》第15条和公安部《公安机关电子数据鉴定规则》第41条中都加以规定，本条在沿用前两点的基础上，增加了第三点，即"可能对原始存储媒介和电子设备的数据进行修改的，应当向委托人说明情况，经委托人同意后进行，"因为鉴定人仅仅是接受委托对电子数据进行鉴定，没有权利修改送检的电子数据内容，甚至擅自更改送检材料的行为是违反法律规定的，因此在特殊情况，必须对检材进行修改，鉴定人应当征求委托人同意后才能够进行，否则，可能会致使鉴定人员以"鉴定必须对原始材料进行修改"为由，破坏或污染检材。

第十二条 鉴定过程

鉴定人鉴定电子数据，应当详细记录检验鉴定的全过程，独立的第三方根据记录能够重复检验过程并获得相同结果。记录内容包括：

（一）操作起止时间、地点和人员；

（二）使用的设备名称、型号和软件名称等；

（三）具体方法和步骤；

（四）结果。

必要时，对检材的关键操作应当进行全程录像。

●说明及理由

本条规定了对鉴定程序的规范和监督，电子数据本身的复杂性导致对其鉴定的过程也相对复杂，而电子数据的脆弱性、易修改性，也使得我们不得不秉承着谨慎的原则严格的规范电子数据的鉴定过程，以防止鉴定人员对电子数据进行更改，尤其是鉴定人员由于本身所具有的极强的专业技能，如果鉴定人员对送检的电子数据作出修改、删减或伪造，就会导致更加难以发现电子数据被修改或变更的痕迹，甚至无法进行恢复，电子数据的真实性就会被破坏，不能用以证明案件事实，进而影响整个案件的诉讼进程。英国电子数据鉴定相关立法中规定，"对证据处理的全过程要详细记录，独立的第三方根据记录应能重复检验过程并获得相同结果。"[1] 为了保证电子数据鉴定程序的规范，最高人民检察院《人民检察院电子数据鉴定程序规则（试行）》第16条也规定了，"检验鉴定过程应进行详细的工作记录，包括：（一）操作起止时间、地点和人员；（二）使用的设备名称、型号和软件名称等；（三）具体方法和步骤；（四）结果。"然而该规定存在着一定的不足，仅规定对检验鉴定过程应进行详细的工作记录，并未强调对鉴定全过程进行记录，而对于所谓的"详细"的工作记录详细到何种程度，也未予以明确的规范。本条第1款就是在该条规定的基础上进行完善，明确规定对电子数据鉴定全过程予以记录，应实时有效、清晰明了，应包含足够的信息，同时借鉴了英国电子数据鉴定相关立法中的规定，明确工作记录应当详尽到"独立第三方能够根据记录重复检验过程并获得相同结果"。此外，本条第2款沿用了最高人民检察院《人民检察院电子证据鉴定程序规则（试行）》第15条之规定，"检验鉴定过程应当严格按照技术规范操作，并做好相应的工

---

[1] 杨郁娟：《论电子数据的司法鉴定》，载《中国司法鉴定》2011年第3期。

作记录。检验鉴定应当对检材复制件进行，对检材的关键操作应当进行全程录像。检材每次使用结束后应当重新封签，并填写《使用和封存记录》。"在必要时，对关键性的鉴定操作进行录像，以保障鉴定程序的规范性，保证被鉴定的电子数据的完整性。

第十三条　鉴定人员的守密义务

鉴定人员对于鉴定过程中知悉的国家秘密、商业秘密和个人隐私，应当保密。

● **说明及理由**

本条规定了电子数据鉴定的保密原则，我国现行立法中没有专门规定鉴定人员的保密原则，仅仅在鉴定人员的义务中予以规定，如最高人民法院《人民法院司法鉴定工作暂行规定》第8条规定，"鉴定人义务：（一）尊重科学，恪守职业道德；（二）保守案件秘密；（三）及时出具鉴定结论；（四）依法出庭宣读鉴定结论并回答与鉴定相关的提问。"最高人民检察院《人民检察院电子证据鉴定程序规则（试行）》第7条规定，"鉴定人应当履行下列义务：（一）严格遵守法律、法规和鉴定工作规章制度；（二）保守案件秘密；（三）妥善保管送检的检材、样本和资料；（四）接受委托单位与鉴定有关问题的咨询；（五）出庭接受质证；（六）法律、法规规定的其他义务。"公安部《公安机关电子数据鉴定规则》第15条规定，"公安机关电子数据鉴定人应当履行以下义务：（一）遵守国家法律、法规、行业标准和检验鉴定规程有关规定；（二）做好鉴定的原始记录；（三）负责妥善保管送检物品，不得挪用、丢失、损坏送检物品，不得故意增加、删除、篡改送检物品中保存的电子数据；（四）严格保守执业秘密；（五）在作出回避决定前或者回避复议期间，继续进行检验鉴定工作；（六）根据有关规定出庭作证；（七）法律、法规要求履行的其他义务。"相较于传统证据，电子数据，其传播途径非常广泛并且非常迅速，因此对于电子数据鉴定人的保密义务也应当专门强调，不能仅限于将其作为鉴定人义务之一列举在鉴定人应当履行的义务中，因此，本条专门强调了鉴定人的保密义务，要求电子数据鉴定人员应当严格保守执业秘密，禁止泄露与鉴定有关的国家秘密、商业秘密和相关案情，对于可能涉及鉴定的个人隐私等信息，也要求鉴定人员必须严格按照相关保密规定予以保密。①

第十四条　中止及终止鉴定的情形

在鉴定过程中，有下列情形之一，应当中止鉴定：

（一）需要补充检材的，书面通知委托单位；

（二）委托单位要求中止鉴定的；

（三）出现自身无法解决的技术难题；

（四）因不可抗力致使鉴定无法继续进行的；

（五）其他原因。

中止鉴定的原因消失后，应当继续进行鉴定。

第十五条　在鉴定过程中，有下列情形之一，应当终止鉴定：

（一）补充检材后仍无法满足鉴定条件的，书面通知委托单位；

（二）委托单位要求终止鉴定的；

（三）其他原因。

终止鉴定后，应当将有关鉴定材料及时退还鉴定委托单位或个人，并说明理由。

● **说明及理由**

上述两条规定了中止和终止鉴定过程的情形，基本沿用了最高人

---

① 台志强：《规制电子数据鉴定的几个基本问题》，载《中国司法鉴定》2012年第2期。

民检察院《人民检察院电子证据鉴定程序规则（试行）》第18、19条和公安部《公安机关电子数据鉴定规则》第43条的规定，其中最高人民检察院《人民检察院电子证据鉴定程序规则（试行）》第18条规定，"鉴定过程中遇有下列情况之一的，应当中止鉴定：（一）需要补充检材的，书面通知委托单位；（二）委托单位要求中止鉴定的；（三）其他原因。"第19条规定，"鉴定过程中遇有下列情况之一的，应当终止鉴定：（一）补充检材后仍无法满足鉴定条件的，书面通知委托单位；（二）委托单位要求终止鉴定的；（三）其他原因。"公安部《公安机关电子数据鉴定规则》第43条规定，"电子数据鉴定机构在检验鉴定中发现有下列情形之一的，可以中止鉴定：（一）出现自身无法解决的技术难题；（二）必须补充的鉴定资料无法补充的；（三）鉴定委托单位要求中止鉴定的；（四）因不可抗力致使鉴定无法继续进行的。中止鉴定原因一旦消除，电子数据鉴定机构应当继续进行鉴定；确实无法鉴定的，电子数据鉴定机构应当将有关鉴定资料及时退还鉴定委托单位，并说明理由。"最高人民检察院《人民检察院电子证据鉴定程序规则（试行）》第18、19条仅规定了中止鉴定和终止鉴定的情形，未规定之后如何进行处理，而公安部《公安机关电子数据鉴定规则》第43条未规定终止鉴定的情形，因此本条将上述规定综合起来，作出适当的调整，以规范电子数据鉴定过程中的中止和终止。

第十六条 鉴定结束后的处理

鉴定完毕后，鉴定人员应当出具鉴定意见，制作鉴定文书。检验鉴定文书包括鉴定书和检验报告，经检验鉴定确定的电子数据作为检验鉴定文书的附件。

● **说明及理由**

本条借鉴了最高人民检察院《人民检察院电子证据鉴定程序规则（试行）》第22条和公安部《公安机关电子数据鉴定规则》第46、

47、50 条的规定。其中最高人民检察院《人民检察院电子证据鉴定程序规则（试行）》第 22 条规定，"检验鉴定完成后，应当制作检验鉴定文书。检验鉴定文书包括鉴定书和检验报告，经检验鉴定确定的电子证据作为检验鉴定文书的附件。"公安部《公安机关电子数据鉴定规则》第 46 条规定，"鉴定完毕后，鉴定人应当制作《电子数据鉴定书》。《电子数据鉴定书》一式三份，一份交委托鉴定单位，另两份存档。"第 47 条规定，"电子数据鉴定能够作出明确结论的，《电子数据鉴定书》应当写明鉴定结论；因鉴定条件不足或者其他原因无法作出明确结论的，《电子数据鉴定书》可出具鉴定意见。"第 50 条规定，"在鉴定结论、鉴定意见和论证报告中引用到的电子数据，应当以电子数据的形式提交作为鉴定报告的附件，并制作《提取电子证据清单》记录该电子数据的来源、提取方法及其含义。如果电子数据数量巨大，无法作为附件提交的，可以在《提取电子证据清单》中只注明该电子数据在原存储媒介中的存储位置。"由于公安部《公安机关电子数据鉴定规则》是 2005 年制定的，最高人民检察院《人民检察院电子证据鉴定程序规则（试行）》是 2009 年制定的，其中相关内容和表述已不再符合 2012 年《刑事诉讼法》的规定，最突出的就是"鉴定结论"的表述，根据我国《刑事诉讼法》第 48 条之规定，"证据包括：（一）物证；（二）书证；（三）证人证言；（四）被害人陈述；（五）犯罪嫌疑人、被告人供述和辩解；（六）鉴定意见；（七）勘验、检查、辨认、侦查实验等笔录；（八）视听资料、电子数据。"采用"鉴定意见"之表述，考虑到鉴定是鉴定人凭借其专门知识对案件的专门性问题发表意见和看法的活动，鉴定人表达出来的这些意见和看法并非事实本身，也绝非完全准确无误的科学结论。[1] 基于以上原因，本条在借鉴以往立法的基础上，作出了相应的调整，规定"鉴定完毕后，鉴定人员应当出具鉴定意见，制作鉴定文书"。

---

[1] 陈光中主编：《〈中华人民共和国刑事诉讼法〉修改条文释义与点评》，人民法院出版社 2012 年版，第 49 页。

第十七条　鉴定结束后鉴定材料的处理

鉴定结束后，电子数据鉴定机构或鉴定人应当将委托人提交的检材以及相关材料连同鉴定意见一并退还委托人。有研究价值，需要留做资料的，应征得送检单位或个人的同意，并商定留用的时限和应当承担的保管、销毁责任。

● **说明及理由**

本条主要是针对鉴定结束后的后续处理工作作出了规定，即鉴定结束后，鉴定人应当将送检材料与鉴定意见退还委托人，如要留用相关资料以作研究，必须征得委托人的同意，并承担保管、销毁责任。本条基本沿用了公安部《公安机关电子数据鉴定规则》第44条之规定，"鉴定结束后，公安机关电子数据鉴定机构应将鉴定报告连同送检物品一并退还送检单位。有研究价值，需要留做资料的，应征得送检单位同意，并商定留用的时限和应当承担的保管、销毁责任。对原已封存的原始存储媒介和电子设备，在退还时应当重新封存，并填写《封存电子证据清单》。"仅仅基于之前陈述的理由，根据最新立法，将"鉴定报告"的表述修改为"鉴定意见"。

第十八条　本司法解释生效时间

本司法解释自颁布之日起施行。

● **说明及理由**

本条规定本司法解释草案的施行时间，即自颁布之日起具有法律效力，以前发布的司法解释与本解释不一致的，依照新法优于旧法的原则，适用本司法解释。

第三节　《关于办理刑事案件电子数据鉴定规则》实证案例分析

《刑事诉讼法》修改将电子数据作为一种新的证据种类纳入到我

国刑事诉讼法的证据体系中，对于电子数据的司法鉴定已成为一种新型的鉴定，然而电子数据相较于传统的证据种类，具有独特之处，对其进行的鉴定也区别于其他证据种类，我国目前立法中关于电子数据鉴定方面的程序规则并不全面和完善，这给电子数据司法鉴定带来了极大的不便，进而影响到整个诉讼程序的进程。本规则主要针对电子数据，从其独特的角度出发，对其鉴定程序进行规范，为了更好地体现本规则对电子数据鉴定程序规范化的促进作用，现辅以真实的案例予以分析。

一、电子数据鉴定范围问题

对于鉴定来说，鉴定的范围和内容是最主要的，是整个鉴定程序的核心方面，委托人委托鉴定机构或者鉴定人对送检的电子数据进行鉴定，主要目的就是希望鉴定人对鉴定范围作出鉴定意见，立法制定相关鉴定程序规则也是从这一核心出发，规范整个鉴定程序以保证对鉴定范围达成合法的鉴定意见，因此鉴定程序规则应当明确规定鉴定的范围。正如之前所述，电子数据范围广泛、种类繁多，且其新类型还在不断出现，对电子数据鉴定程序更应当对其鉴定的范围进行明确规范，虽然最高人民检察院《人民检察院电子证据鉴定程序规则（试行）》对电子数据鉴定范围进行了规定，但没有明确的标准，本草案以 CNAS－AL13《司法鉴定/法庭科学机构认可领域分类》为基础，将电子数据鉴定范围分为四类并辅以兜底条款：（一）对各类存储介质或设备存储数据、已删除数据和加密文件数据内容的认定；（二）电子数据的真伪及形成过程的认定；（三）电子数据内容一致性的认定；（四）计算机程序功能或系统状况的认定；（五）根据诉讼需要进行的关于电子数据的其他认定。其中第 1 项，针对电子数据的特殊性，电子数据必须依附于一定的存储介质或设备，且易于被删减、修改，需要鉴定人员对原始电子数据进行恢复，并将存储介质中的电子数据固定下来，也基于电子数据的脆弱性，需要鉴定人员在鉴定前将送检的电子数据复制下来以防鉴定过程对检材产生影响，此外有些电子数据仅仅是代码、符号，其所表现的内容需要专门鉴定人员转换为一般性语言，形成最终的鉴定意见。

相关问题的案例对比分析——李俊等破坏计算机信息系统案（2007）仙刑初字第350号

1. 案例基本案情

2006年10月，李俊制作计算机病毒"熊猫烧香"，于11月上旬完成病毒源代码并测试成功，通过送给网友方式传播。此病毒的特点是能中止大量的反病毒软件和防火墙，并且自动链接指定网站，下载恶意程序等。2006年12月初，李俊通过腾讯QQ与被告人王磊联系，由王磊出资1600元租用南昌锋讯网络科技有限公司服务器架设李俊的www.krvkr.com网站，中了"熊猫烧香"病毒的计算机会自动访问该网站，随着病毒传播，该网站的流量会不断增长。同时，李俊按雷磊的建议修改了"熊猫烧香"病毒，由于其技术原因，修改后的病毒虽然能够不改别人的图标，但会导致图标变花，隐藏进程的问题也没有解决。李俊将此修改后的病毒挂在其网站上传播。2006年12月中旬，王磊介绍被告人张顺购买李俊网站的流量，李俊将张顺提供的盗号木马的自动下载链接挂到www.krvkr.com网站，从而中了"熊猫烧香"病毒的计算机自动访问该网站时就会感染盗号木马，木马会自动监测计算机里的网络游戏的账号和密码，然后通过电子邮件发送出来。张顺将木马盗窃的含账号和密码的大量网络游戏"电子信封"以每个0.9至2.5元的价格在网上出售，并先后多次给李俊、王磊汇款。在此期间，王磊在网上通过腾讯QQ帮李俊卖出三个"熊猫烧香"病毒后三次共汇给李俊1450元。通过病毒的传播，李俊获利145149元，王磊获利80000元，张顺获利12000元。通过国家计算机病毒应急处理中心从2006年11月至2007年3月1日的监测及各反病毒应急小组成员上报的情况表明，已发现北京、上海、天津、山西、河北、辽宁、广东等多个省市的用户遭受感染。"熊猫烧香"病毒能导致受感染计算机用户计算机运行速度下降，出现蓝屏、频繁重启以及系统硬盘数据文件被破坏等现象，致使计算机系统不能正常运行并

第四章　刑事诉讼电子数据鉴定领域的司法完善 | 197

且由于备份文件的损坏不能及时恢复系统，影响计算机系统正常运行。

2. 程序与评析

本案中鉴定人员使用硬盘复制机将原始硬盘数据克隆至无任何数据的取证硬盘，克隆后的取证硬盘和其他介质通过只读设备与取证计算机连接，连接后通过 ENCASE 软件等专业软件进行初步分析，如果数据已被删除，则利用数据恢复工具进行恢复，对全部嫌疑数据进行分析统计并形成鉴定报告，然后将固定的电子数据刻成光盘和鉴定书一并提交。鉴定完成后，除需要提交的鉴定书和有关附件数据外，销毁取证过程中产生的所有数据，整个操作流程对原始存储媒介中保存的原始信息不会造成任何影响。[1]

3. 新司法解释草案下的重新审视

根据本司法解释草案第 2 条之规定，"电子数据鉴定范围：（一）对各类存储介质或设备存储数据、已删除数据和加密文件数据内容的认定；（二）电子数据的真伪及形成过程的认定；（三）电子数据内容一致性的认定；（四）计算机程序功能或系统状况的认定；（五）根据诉讼需要进行的关于电子数据的其他认定。"本案中对鉴定的电子数据中已被删除的数据，利用数据恢复工具进行恢复，并分析统计。根据第 11 条之规定，"鉴定前应当对检材进行复制，及时封存检材。检查鉴定在检材复制件上进行，保证原始存储媒介和电子设备中的数据的完整性，不得对其进行修改。对于无法复制的检材或者鉴定需要使用原始储存媒介和电子设备的，应当采取必要措施，确保检材不被修改。可能对原始储存媒介和电子设备的数据进行修改的，应当向委托人说明情况，经委托人同意后进行。"本案中鉴定人为了保证原始存储媒介中的原始信息不受影响，将原始信息复制下来，如前所述，"使用硬盘复制机将原始硬盘数据克隆至无任何数据的取证硬盘，克隆后的取证硬盘和其他介质通过只读设备与取证计算机连接"，以

---

[1] 向大为，麦永浩：《"熊猫烧香"案件的分析鉴定》，载《警察技术》2009 年第 1 期。

保证其完整性,并保证"整个操作流程对原始存储媒介中保存的原始信息不会造成任何影响"。根据第16条之规定,"鉴定完毕后,鉴定人员应当出具鉴定意见,制作鉴定文书。检验鉴定文书包括鉴定书和检验报告,经检验鉴定确定的电子数据作为检验鉴定文书的附件。"本案中鉴定人员鉴定结束后,制作鉴定报告,将经检验确定的电子数据固定下来与鉴定书一并提交。根据第17条之规定,"鉴定结束后,电子数据鉴定机构或鉴定人应当将委托人提交的检材以及相关材料连同鉴定意见一并退还委托人。有研究价值,需要留做资料的,应征得送检单位或个人的同意,并商定留用的时限和应当承担的保管、销毁责任。"本案鉴定人员鉴定后将相关检材退还委托鉴定单位,并销毁取证过程中产生的所有数据。

二、电子数据鉴定材料的审查问题

当电子数据进行鉴定时,委托单位或者个人需要委托电子数据鉴定机构或鉴定人,申请鉴定,同时提交相应材料:(一)鉴定委托书;(二)证明送检人身份的有效证件;(三)检材及有关检材的各种记录材料(接受、收集、调取或扣押工作记录,使用和封存记录;检材是复制件的,还应有复制工作记录);(四)委托说明(包括检材的来源、真实完整、合法取得、固定及封存状况等);(五)其他所需材料。然而并不是委托单位或者个人提交申请,就能够进行鉴定,电子数据鉴定人员在接到委托时,会对提交的材料进行审查,只有鉴定人员审查后认为鉴定委托符合条件才会接受委托,进行电子数据鉴定。鉴定机构或者鉴定人进行审查的事项之一就是核对封存状况与记录是否一致。委托单位或者个人在申请鉴定时,提交的材料中主要是需要进行鉴定的检材,其他诸如鉴定委托书、身份证件、委托说明都是委托人的基本信息和相关的必要手续,送检的检材才是根本性的材料,委托人针对检材提出委托要求或说明,鉴定人对检材进行鉴定,鉴定人对检材作出专业意见,由此可见,检材是鉴定程序的关键,也是鉴定人员在接到委托时应当着重审查的事项,虽然鉴定人员在鉴定前并不对检材的实体内容进行审查，但是仍应当对其基本的形式或信息进行核对，即核对送检的检材和相关记录是否一致。此项审查对于电子数据尤为重要，电子数据本身脆弱、易于修改，要保证鉴定人员对送检的电子数据作出正当的判断，就应当保证送检的电子数据封存完好，与其记录一致，没有缺失。

相关问题的案例对比分析——逸豪商贸有限公司等走私普通货物案（2014）常刑二初字第3号

1. 案例基本案情

逸豪商贸有限公司（以下简称逸豪公司），系在香港注册成立的股份有限公司，从事钟表买卖，吴加胜系该公司的个人董事。2012年，吴加胜与张建平在联系手表业务过程中，为逃避海关监管，偷逃税款，商定由吴加胜负责联系"水客"，将张建平通过QQ、电话等方式向逸豪公司订购的手表，由"水客"从香港携带走私入境至深圳，再从深圳将走私的手表通过快递邮寄至张建平处。期间，张建平还向香港的基立集团有限公司订购了手表，同样由吴加胜以上述方式联系"水客"，将张建平订购的手表走私入境。至案发，逸豪公司与张建平走私手表共计155只，经海关核定计税价格共计人民币1369954元，偷逃应缴税款共计人民币638465.74元。

2. 程序与评析

本案中被告人吴加胜和张建平之间主要通过QQ、电话等方式进行联系，为了获取被告人之间的联系内容和交易过程，侦查人员对从被告人吴加胜和张建平处扣押的三台电脑和手机进行封存，将证据提交给电子数据鉴定人员予以鉴定，鉴定人员从电脑中提取电脑硬盘内的数据及QQ聊天记录，从手机中获取手机内的通讯录、通话记录、短信等内容，以证明被告人吴加胜和张建平进行手表交易的过程。

3. 新司法解释草案下的重新审视

根据本司法解释草案第2条之规定，"电子数据鉴定范围：（一）对各类存储介质或设备存储数据、已删除数据和加密文件数据内容的认定；（二）电子数据的真伪及形成过程的认定；（三）电子数据内容一致性的认定；（四）计算机程序功能或系统状况的认定；（五）根据诉讼需要进行的关于电子数据的其他认定。"本案中对电子数据鉴定范围为对各类存储介质或设备存储数据、已删除数据和加密文件数据内容的认定，从电脑和手机等存储设备中提取存储数据和内容。此外，根据第5条之规定，"接到委托时，应当审查以下事项：（一）委托主体和程序是否符合规定；（二）鉴定要求是否属于受理范围；（三）核对封存状况与记录是否一致；（四）启封查验检材的名称、数量、品牌、型号、序列号等；（五）检材是否具备鉴定条件；（六）记录材料是否齐全，内容是否完整。"本案中进行电子数据鉴定，委托单位或个人应当提交的材料中包括检材及有关检材的各种记录材料，其中检材的记录材料中包括使用和封存记录，而电子数据鉴定人员在接到委托时，应当审查的事项之一就是核对封存状况与记录是否一致。

三、电子数据鉴定事项确定的问题

如前所述，鉴定范围是整个鉴定程序的核心，本草案对于电子数据鉴定范围划分为五个方面，其中第3项是电子数据内容一致性的认定，该项包含了两个方面。第一个方面是原始证据与传来证据的一致性。相较于传来证据，原始证据更加的可靠，因此在刑事诉讼中，应当尽力取得原始证据，努力掌握第一手资料，但是不能因此认为传来证据不重要，它们往往是发现原始证据的线索，能够审查和鉴别原始证据的可靠程度。[①] 此外，根据最高人民法院《关于执行〈中华人民共和国刑事诉讼法〉若干问题的解释》第70条的规定，"物证的照片、录像、复制品，经与原物核对无误、经鉴定为真实或者其他方式确认为真实的，可以作为定案的根据。"第71条的规定"书证的副本、复制件，经与原件核对无误、经鉴定为真实或者以其他方式确认

---

① 陈光中主编：《刑事诉讼法》，北京大学出版社、高等教育出版社2012年6月第4版，第204页。

为真实的，可以作为定案的根据。"传来证据在与原始证据核对无误时，可以作为定案的根据，而确定传来证据与原始证据的一致性就需要进行鉴定，这一点在电子数据中尤为突出，电子数据的易复制性致使大量的传来证据的存在，甚至可以说多数提交到法庭上的电子数据都是从原始存储设备中复制下来的传来证据，要想该电子数据被法庭采纳，必须证明其与原始证据内容上具有一致性。第二个方面是两个或两个以上的电子数据在内容上具有一致性或者相似性，这种内容上的一致性主要是针对知识产权方面的鉴定。对于传统证据种类中有关知识产权，尤其是著作权方面，主要集中在书证上，对于这种内容上相似性或一致性的认定，较为简单，有些情形不需要进行专门的鉴定，一般书证所要表达的内容都比较清楚、明了，法官和当事人都能够理解明白，并能够做出一定的判断。而对于电子数据来说，其外在形式表现为代码或者符号，例如计算机编程、软件数据，对于不具有相应专业知识的人员来说完全无法理解，更不要说对两个电子数据的一致性作出判断了，此时，就需要鉴定人员对该电子数据的内容进行鉴定，并将鉴定的内容和结果形成一般性语言文字，才能够在法庭上予以陈述，才有可能被法庭予以采纳。

相关问题的案例对比分析——周超侵犯著作权案

1. 案例基本案情

2003 年 8 月，韩国 Actoz S0ft Co. Ltd 公司及 Wemade Entertainment Co. Ltd 公司共同开发的《The Legend of Mir2》（中文名称为"传奇"或"传奇2"或"热血传奇"）网络游戏软件在我国申请取得计算机软件著作权登记，之后该公司授权上海盛大网络发展有限公司在中国大陆独家运营。被告人周超案发前是金城科技网络公司负责人。2010 年 3 月，周超在湖北省咸宁市成立了金城网络科技公司，并架设了域名为 www.gm887.com 的网站。为了谋取利益，周超未经著作权人许可，私自下载"传奇"游戏程序，对其中部分关键程序进行修改，并从湖南株洲零九网络公司租用服务器，开展私服一条龙服务，同时在网上开通了 IS 语音平台 400400 频道对该传奇私服进行宣传。2010 年

3月至8月间，周超通过向开通"传奇"私服的客户出售私服网络游戏，非法获利12万元。2010年8月14日，周超在咸宁市被公安机关抓获。归案后，周超如实供述了自己的犯罪事实，并退回了117000元赃款。鉴于被告人周超交代了全部犯罪行为，并有积极退赃表现，天门法院依法判处被告人周超有期徒刑三年六个月，并处罚金16万元。

2. 程序与评析

本案中公安机关委托上海晨星电子数据司法鉴定中心，对周超开通的"传奇"游戏程序与韩国 Actoz SOft Co. Ltd 公司及 Wemade Entertainment Co. Ltd 公司共同开发的并授权上海盛大网络发展有限公司在中国大陆独家运营的《The Legend of Mir2》网络游戏软件内容的一致性进行电子数据鉴定，上海晨星电子数据司法鉴定中心经过司法鉴定后，出具鉴定意见书认定：该游戏与上海盛大网络发展有限公子经营的"传奇"游戏存在实质性的相似。据此法院认定周超侵犯著作权罪名成立，依法作出判决。

3. 新司法解释草案下的重新审视

根据本司法解释草案第2条之规定，"电子数据鉴定范围：（一）对各类存储介质或设备存储数据、已删除数据和加密文件数据内容的认定；（二）电子数据的真伪及形成过程的认定；（三）电子数据内容一致性的认定；（四）计算机程序功能或系统状况的认定；（五）根据诉讼需要进行的关于电子数据的其他认定。"本案中鉴定机构对电子数据的鉴定范围为对电子数据内容一致性的认定，鉴定人员对于送检的两份电子数据内容进行鉴定，判断两者内容上具有一致性、相似性，并出具鉴定意见书。

四、电子数据鉴定功能的问题

在对电子数据进行鉴定的范围中有一项具有特殊性，即第4项，计算机程序功能或系统状况的认定。对于传统证据种类，书证以文字、符号、图表、图画等表达的思想内容来证明案件事实，物证以其存在方式、外部特征和物质属性来证明案件事实,[①] 其他证据以其表达的内容来证明案件事实,传统证据种类都以证据本身来证明案件事实,而电子数据的特殊性在于其不仅可以以其本身的内容,还可以以其存在的介质或媒体来证明案件事实。电子数据的特殊性要求它必须依附于一定的存储介质才能够存在,其内容也必须通过相应媒介才能够表达,那么电子数据的状态很大程度上取决于其所依附的媒体,其存在的介质的状况或者功能直接影响着电子数据的存在,因此对于电子数据的鉴定不仅限于对其内容、真伪性、一致性的鉴定,还要对电子数据所具有的功能以及其存在的介质状况进行鉴定。本草案将对电子数据媒介的鉴定也列入了电子数据鉴定范围之中,即对计算机程序功能或系统状况的认定,根据 CNAS－AL13《司法鉴定/法庭科学机构认可领域分类》,对计算机程序功能或系统状况的认定包括对计算机硬件的功能、软件的应用、信息系统的状况进行鉴定,对用户与系统行为进行信息系统事件调查,对电子数据痕迹、日志的分析、入侵分析等综合性检验鉴定等等。

相关问题的案例对比分析——白某某诈骗案(2014)奉法刑初字第00143号

1. 基本案情

2013年5月,白某某与网民卢某某经 QQ、电话等方式商定以600元的价格向卢某某出售网络游戏"CF"(中文名:穿越火线)角色装备"火麒麟"枪、点钻各一套后,卢某某向白某某支付了 Q 币300元,电话充值卡300元。白某某在无法向卢某某提供装备的情况下,继续向卢某某谎称要交手续费才能获得装备,骗取卢某某多次向其建设银行账户汇款共计6300元,后白某某将6300元取出后用于日常消费。经福建中证司法鉴定中心鉴定:白某某所使用的刷"CF"游戏装备的软件不具有"刷枪"功能。重庆市奉节县人民法院认为,

---

[①] 陈光中主编:《刑事诉讼法》,北京大学出版社、高等教育出版社2012年6月第4版,第196页。

被告人白某某以非法占有为目的，虚构事实、隐瞒真相，骗取他人现金 6300 元，数额较大，其行为构成诈骗罪，应当受到刑罚处罚。公诉机关指控的犯罪事实及罪名成立。被告人到案后能够如实供述自己的罪行，系坦白，依法可从轻处罚。鉴于被告人系初犯，且涉案赃款已全部发还给被害人，社会危害性较小，可酌情从轻处罚。因此，判决白某某犯诈骗罪，判处拘役三个月，缓刑六个月，并处罚金人民币三千元。

2. 程序与评析

本案中判定白某某实施了诈骗罪的主要依据就是福建中证司法鉴定中心的鉴定意见，该鉴定机构认为白某某所使用的刷"CF"游戏装备的软件不具有其所声称的"刷枪"功能。白某某向卢某某谎称其可出售给卢某某网络游戏"CF"（中文名：穿越火线）角色装备"火麒麟"枪、点钻各一套，然而其所使用的刷"CF"游戏装备的软件不具有刷枪功能，无法向卢某某提供装备，在此情况下，骗取卢某某6300 元，以此构成诈骗罪。

3. 新司法解释草案下的重新审视

根据本司法解释草案第 2 条之规定，"电子数据鉴定范围：（一）对各类存储介质或设备存储数据、已删除数据和加密文件数据内容的认定；（二）电子数据的真伪及形成过程的认定；（三）电子数据内容一致性的认定；（四）计算机程序功能或系统状况的认定；（五）根据诉讼需要进行的关于电子数据的其他认定。"本案中鉴定机构对送检的电子数据的内容进行认定，针对其软件的功能作出鉴定，判断予以鉴定的电子数据是否具有相应的功能，出具相应鉴定意见，本案中福建中证司法鉴定中心出具的鉴定意见针对本司法解释草案第 2 条第（四）项鉴定范围作出意见，成为法院据以裁判的主要证据。

第五章　刑事诉讼法的未来立法完善

第一节　电子数据规则的立法完善

一、电子数据的定位

[新条文]

第四十八条　可以用于证明案件事实的材料，都是证据。

证据包括：（一）物证；（二）书证；（三）证人证言；（四）被害人陈述；（五）犯罪嫌疑人、被告人供述和辩解；（六）鉴定意见；（七）勘验、检查、辨认、侦查实验等笔录；（八）视听资料；（九）电子数据。

证据必须经过查证属实，才能作为定案的根据。

[原条文]

第四十八条　可以用于证明案件事实的材料，都是证据。

证据包括：（一）物证；（二）书证；（三）证人证言；（四）被害人陈述；（五）犯罪嫌疑人、被告人供述和辩解；（六）鉴定意见；（七）勘验、检查、辨认、侦查实验等笔录；（八）视听资料、电子数据。

证据必须经过查证属实，才能作为定案的根据。

● 说明及理由

本条修改涉及证据的种类，改变了《刑事诉讼法》将视听资料与电子数据合并作为一个证据种类进行规定的立法方式，转而将二者予以区分，明确电子数据是我国《刑事诉讼法》中一种独立的证据种类。

之所以本刑事诉讼法修正案作如上修改，理由如下：首先，电子数据与视听资料的概念不同。依据现在的主流观点，所谓电子数据是指以电子形式存在的，用作证据使用的一切材料及其派生物。它不仅包括反映法律关系产生、变更或消灭的电子信息正文本身，又包括反映电子信息生成、存储、传递、修改、增删等过程的电子记录，还包括电子信息所处的硬件和软件环境。[①] 视听资料，通常是指以录音、录像等形式存储的，以声音、图像来证明案件事实的证据材料。最高人民检察院《关于印发检察机关贯彻刑事诉讼法若干问题的意见的通知》认为，视听资料是指"以图像和声音形式证明案件情况的证据。包括与案件事实、犯罪嫌疑人以及犯罪嫌疑人实施反侦查行为有关的录音、录像、照片、胶片、视盘、电子计算机内存信息资料等"。需要说明的是，该通知将电子计算机内存信息资料归为视听资料，"只是受制于当时立法框架的权宜之计"。[②] 由此可认为，视听资料仅包括以图像和声音形式证明案件情况的录音带、录像带、视盘等证据材料。在《刑事诉讼法》将电子数据规定为证据种类之后，电子计算机内容信息资料应当归入电子数据。其次，电子数据与视听资料的外延不同。视听资料的外延主要包含静态或动态的图像和声音，物理载体大致为录音带、录像带。电子数据的外延范围更大，不仅包含以电子形式存在的录音、录像，还包含电子邮件、网络聊天记录、手机短信及其他文字信息等等。有学者认为，"新《刑事诉讼法》采取将'视

[①] 陈光中主编：《〈中华人民共和国刑事诉讼法〉修改条文释义与点评》，人民法院出版社2012年版，第51页。

[②] 张军、江必新主编：《新刑事诉讼法及司法解释适用解答》，人民法院出版社2013年版，第104页。

听资料'与'电子数据'合并作为一种证据种类进行规定的立法方式,既有效解决了司法实践中将电子数据作为证据使用的法律根据问题,也避免了在某些特殊情况下,如在计算机网页的视频文件,视听资料与电子数据难以完全分开的难题,因此如此规定在立法技术上是比较妥当的"。[1] 本起草小组认为,前述观点尚值得进一步探讨。前述观点之所以认为在某些特殊情况下,视听资料与电子数据难以完全分开,很大程度上是因为其认为以电子形式存在的视听资料既是电子数据也是视听资料。既然《刑事诉讼法》已经将电子数据与视听资料并列规定,就意味着二者是完全不同的证据种类,而且,从立法本意考量,以电子形式存在的视听资料,自然应当归属电子数据。另外,由于电子数据还包含电子书证、电子物证、电子证人证言等与传统证据种类交叉的表现形式,如果按照前述思路进行分析会发现,立法应当在每一个传统证据种类后加上电子数据,以避免二者难以完全分开的问题。这不仅会导致立法的混乱,还可能导致司法实践中适用的混乱。再次,从司法效果来看,录音、录像证据与通过计算机等现代信息技术而形成的证据有着显著的差别。[2]

因此,本起草小组通过本条修正案区分了传统视听资料与电子数据。在该条之下,视听资料是指以录音带、录像带等传统方式存储的视听资料,电子数据则仍然指以电子形式存在的,用作证据使用的一切材料及其派生物。至于诸如网页上的视频文件等以电子形式存储的录音、录像资料,在司法实践中认定为电子数据为宜。

二、公民和单位提交电子数据的义务

[新条文]

第一百三十五条 任何单位和个人,有义务按照人民检察院和公

---

[1] 陈光中主编:《〈中华人民共和国刑事诉讼法〉修改条文释义与点评》,人民法院出版社2012年版,第52页。

[2] 陈卫东主编:《模范刑事诉讼法典(第二版)》,中国人民大学出版社2011年版,第176页。

安机关的要求,交出可以证明犯罪嫌疑人有罪或者无罪的物证、书证、视听资料、电子数据等证据。

[原条文]

第一百三十五条 任何单位和个人,有义务按照人民检察院和公安机关的要求,交出可以证明犯罪嫌疑人有罪或者无罪的物证、书证、视听资料等证据。

●说明及理由

本草案在原条文规定的提交对象中增加了"电子数据"。对调取证据的规定除《刑事诉讼法》第135条外,《刑事诉讼法》第52条规定,"人民法院、人民检察院和公安机关有权向有关单位和个人收集、调取证据。有关单位和个人应当如实提供证据。"由于科技的进步,网络犯罪的出现,刑事司法实践中出现了一种新的证据类型——电子数据。《刑事诉讼法》第48条已将其规定为一种新的证据种类。虽然《刑事诉讼法》第135条里有"等证据",但这主要是防止出现新的证据种类的兜底规定,为了和前面相协调并且强调电子数据提交令,有必要作此修改。对于电子数据的调取,欧洲理事会《网络犯罪公约》规定为电子数据的提交令。欧洲理事会《网络犯罪公约》第18条第1款规定,"各缔约方应调整必要的国内法或者规定,授权其有权机关可以指令:a. 个人在其控制范围内提交个人所有或者控制的特定计算机数据,这些计算机数据储存在一计算机系统中,或者是某计算机数据存储媒体中;b. 在缔约方国内提供服务的服务商在服务商所有或者控制范围内,提交与这些服务相关的用户信息。"本条对此加以借鉴。

第二节 侦查人员勘验、检查、搜查规则的立法完善

一、侦查人员勘验、检查的范围

[新条文]

第一百二十六条 侦查人员对于与犯罪有关的场所、物品、信息系统和网络、人身、尸体应当进行勘验或者检查。在必要的时候,可以指派或者聘请具有专门知识的人,在侦查人员的主持下进行勘验、检查。

[原条文]

第一百二十六条 侦查人员对于与犯罪有关的场所、物品、人身、尸体应当进行勘验或者检查。在必要的时候,可以指派或者聘请具有专门知识的人,在侦查人员的主持下进行勘验、检查。

◉ **说明及理由**

本条对侦查人员勘验、检查的范围进行了修改,增加了"信息系统和网络"。由于信息技术突飞猛进地发展,网络犯罪也泛滥成灾,虽然能将信息系统等电子设备解释为"犯罪的场所、物品",但是传统的"犯罪的场所、物品"已经不能涵盖由信息网络创造的虚拟空间。而且,进行传统勘验的侦查人员与场所、物品同处一室,但是进行网络犯罪勘验的侦查人员与被勘验的空间却分处两端。随着科技的发展和时代的进步,网络犯罪的勘验已经突破了原有勘验的含义。因此,为了顺应新的社会形势和司法实践,有必要对勘验的范围做扩展。何为信息系统和网络?最高人民法院、最高人民检察院《关于办理危害计算机信息系统安全刑事案件应用法律若干问题的解释》第11条规定,"计算机信息系统"是指具备自动处理数据功能的系统,包括计算机、网络设备、通信设备、自动化控制设备等。据此,信息系统是指具备自动处理数据功能的系统,包括计算机信息系统、移动电

话、平板电脑等电子设备。根据最高人民法院、最高人民检察院《关于办理利用信息网络实施诽谤等刑事案件适用法律若干问题的解释》第 10 条规定，信息网络是指包括以计算机、电视机、固定电话机、移动电话机等电子设备为终端的计算机互联网、广播电视网、固定通信网、移动通信网等信息网络，以及向公众开放的局域网络。据此，信息系统和网络是指具备自动处理数据功能的系统和以此为终端的信息网络。

根据现行刑事诉讼法，侦查人员可以对计算机信息系统等电子设备进行勘验，但是对网络创造的空间进行勘验却没有明确规定，如远程勘验。远程勘验是指通过网络对远程目标系统实施的以提取、固定远程目标系统的状态和保存电子数据的一种侦查活动。根据本条修正案侦查人员可以进行远程勘验。

二、侦查人员对信息系统和网络的搜查

［新条文］

第一百三十四条　为了收集犯罪证据、查获犯罪人，侦查人员可以对犯罪嫌疑人以及可能隐藏罪犯或者犯罪证据的人的身体、物品、住处和其他有关的地方进行搜查。

对于网络犯罪案件，必要时可以指派或者聘请其他具有专门知识的人，在侦查人员的主持下对信息系统和网络进行搜查。

［原条文］

第一百三十四条　为了收集犯罪证据、查获犯罪人，侦查人员可以对犯罪嫌疑人以及可能隐藏罪犯或者犯罪证据的人的身体、物品、住处和其他有关的地方进行搜查。

◉ 说明及理由

修改后的条文增加一款："对于网络犯罪案件，必要时可以指派或者聘请其他具有专门知识的人，在侦查人员的主持下对信息系统和网络进行搜查。"同样，网络信息时代下，一种由科技发展衍生的网

络犯罪对传统的搜查提出挑战,一方面,诚然,"物品和其他有关的地方"能容纳"信息系统",但是要涵盖由信息网络创造的虚拟空间则较为勉强。因为,我们一般都是从物理意义上来理解"地方"的,它是指事物所处的地点、位置。而由信息网络创造的虚拟空间显然与物理空间截然不同。另外,与勘验一样,进行传统搜查的侦查人员与场所、物品同处一室,但是进行网络犯罪搜查的侦查人员与被勘验的空间却可能是分立的。欧洲理事会《网络犯罪公约》第19条也对存储的计算机数据的搜查做了规定,"1. 各缔约方应调整必要的国内法或者,授权有权机关搜查或者相似地进入其境内的:a. 一个计算机系统或者其中某部分和存储在其中的计算机数据;b. 可能存储计算机数据的计算机数据存储媒体。2. 各缔约方应调整必要的国内法或者规定,保证如果有权机关搜查或者类似地进入第一款a规定的特定的计算机或者其部分,并有理由相信要搜寻的计算机数据存储在领域内另一计算机系统中或者某部分中,而且,这些数据对起始系统是公开的或者可以合法进入的,有权机关应能够快速展开搜寻或者类似地进入其他系统。"因此,为了应对犯罪出现的新情况、新特点,应明确对信息系统和网络的搜查。

另外,《刑事诉讼法》并未规定侦查机关可以指派或者聘请其他具有专门知识的人协助搜查。《刑事诉讼法》第134条规定,"为了收集犯罪证据、查获犯罪人,侦查人员可以对犯罪嫌疑人以及可能隐藏罪犯或者犯罪证据的人的身体、物品、住处和其他有关的地方进行搜查。"但是对信息系统和网络的搜查不同于传统搜查,具有很强的专业性和科技性,因此,有必要规定具有专门知识的人可以参与对信息系统和网络的搜查。

第三节 检析规则的立法完善

一、侦查章"第七节 鉴定"节名的修改

[新条文]
第七节 鉴定、检析
[原条文]
第七节 鉴定

● **说明及理由**

在《刑事诉讼法》侦查章"第七节 鉴定"节名后增加"检析"。检析是指为了发现和提取与案件相关的线索和证据,对计算机系统等电子设备进行检验、分析。而鉴定是为了查明案情,解决案件中某些专门性问题。因此,鉴定不能涵盖检析。为了适应司法实践中从信息系统中提取证据的新情况,有必要对此加以规定。

二、侦查人员指派、聘请有专门知识的人进行检析的规定

[新条文]
第一百四十四条 为了查明案情,需要解决案件中某些专门性问题的时候,应当指派、聘请有专门知识的人进行鉴定。

为了发现和提取与案件相关的线索和证据,应当指派、聘请有专门知识的人进行检析。

[原条文]
第一百四十四条 为了查明案情,需要解决案件中某些专门性问题的时候,应当指派、聘请有专门知识的人进行鉴定。

● **说明及理由**

本修正案修改后的条文增加了"检析"的规定。检析是指在对网

络犯罪进行现场和网络勘验、搜查收集到的电子设备进行检验、分析以发现和提取与案件相关的线索和证据的活动。如鉴定一样，检析也具有相对独立性，它是勘验、搜查的后续活动，因此需要单独于勘验、搜查而做出明确的规定。另外，检析涉及辨析数据和实验室分析等极强的专业性活动。辨析数据是指通过比较的方法，并运用数据分析技术对存储于系统中的大量数据进行分析，从中分辨出与犯罪有关的电子数据。它包括发现目标系统中的所有文件，包括隐藏文件、加密文件等；恢复删除的文件；访问加密文件等步骤。实验室分析的内容包括分析计算机的类型、采用的操作系统是否为多操作系统或有无隐藏的分区；有无可疑外设；有无远程控制、木马程序及当前计算机系统的网络环境等。[①] 因此，应当指派、聘请有专门知识的人进行检析。

三、检析程序及法律责任

[新条文]

第一百四十五条　鉴定人、检析人进行鉴定、检析后，应当写出鉴定意见、检析报告，并且签名。

鉴定人、检析人故意作虚假鉴定、检析的，应当承担法律责任。

[原条文]

第一百四十五条　鉴定人进行鉴定后，应当写出鉴定意见，并且签名。

鉴定人故意作虚假鉴定的，应当承担法律责任。

●说明及理由

依据本刑事诉讼法典修正案的上述规定，检析人同鉴定人一样，应当写检析报告，并且签名，故意做虚假检析应当承担法律责任。最高人民法院《解释》第85条规定，"鉴定意见具有下列情形之一的，

---

① 刘品新主编：《电子取证的法律规制》，中国法制出版社2010年版，第67~69页。

不得作为定案的根据：……（五）鉴定程序违反规定的；（六）鉴定过程和方法不符合相关专业的规范要求的；（七）鉴定文书缺少签名、盖章的……"检析报告要求记录检析程序和结果，不仅可以保证检析报告的科学有效，而且有利于公安司法人员进行审查判断电子数据。为了防止检析人不负责或者故意虚假检析，检析报告需要签名，否则不具有效力。因此，应当在《刑事诉讼法》第145条中增加检析人撰写检析报告、签名以及故意作虚假检析应当承担责任的规定。

第四节　技术侦查规则的立法完善

一、对技术侦查措施规定的修改

[新条文]

第一百四十八条　公安机关在立案后，对于危害国家安全犯罪、恐怖活动犯罪、黑社会性质的组织犯罪、重大毒品犯罪或者其他依法可能判处七年以上有期徒刑的暴力犯罪和利用或者针对电信、计算机网络实施的犯罪案件，根据侦查犯罪的需要，应当制作呈请采取技术侦查措施报告书，由设区的市一级以上的公安机关报检察机关批准，制作采取技术侦查措施决定书，可以采取技术侦查措施。

人民检察院在立案后，对于重大的贪污、贿赂犯罪案件以及利用职权实施的严重侵犯公民人身权利的重大犯罪案件，根据侦查犯罪的需要，应当制作呈请采取技术侦查措施报告书，由设区的市一级以上的检察机关报上一级检察机关批准，制作采取技术侦查措施决定书，可以采取技术侦查措施，按照规定交有关机关执行。

因前两款规定的犯罪案件而追捕被通缉或者批准、决定逮捕的在逃的犯罪嫌疑人、被告人，经过批准，可以采取追捕所必需的技术侦查措施。

[原条文]

第一百四十八条　公安机关在立案后，对于危害国家安全犯罪、恐怖活动犯罪、黑社会性质的组织犯罪、重大毒品犯罪或者其他严重危害社会的犯罪案件，根据侦查犯罪的需要，经过严格的批准手续，可以采取技术侦查措施。

人民检察院在立案后，对于重大的贪污、贿赂犯罪案件以及利用职权实施的严重侵犯公民人身权利的重大犯罪案件，根据侦查犯罪的需要，经过严格的批准手续，可以采取技术侦查措施，按照规定交有关机关执行。

追捕被通缉或者批准、决定逮捕的在逃的犯罪嫌疑人、被告人，经过批准，可以采取追捕所必需的技术侦查措施。

◉ 说明及理由

本刑事诉讼法典修正案对于《刑事诉讼法》第148条关于技术侦查措施的规定的修改主要包含以下三个方面的内容：

（一）技术侦查的批准程序

技术侦查措施具有秘密性、扩张性、侵权性等特点，不合理地使用会对公民的基本权利造成极大地侵害。因此，技术侦查措施应当按照比例原则的要求用于具有巨大社会危害性的严重犯罪：一方面侦查手段的严厉性应当同犯罪的社会危害性相适应；另一方面坚持只有在穷尽一般侦查措施的时候才能使用技术侦查措施，也即最后手段原则。《刑事诉讼法》第148条第1款的规定，"公安机关在立案后，对于危害国家安全犯罪、恐怖活动犯罪、黑社会性质的组织犯罪、重大毒品犯罪或者其他严重危害社会的犯罪案件……可以采取技术侦查措施"。该条第2款规定，"人民检察院在立案后，对于重大的贪污、贿赂犯罪案件以及利用职权实施的严重侵犯公民人身权利的重大犯罪案件……可以采取技术侦查措施"。鉴于侦查权的扩张性和我国刑事司法现状，模糊的规定"其他严重危害社会的犯罪案件"，在具体适用中大大扩展了技术侦查措施的适用范围，极易成为侦查机关滥用技术侦查措施的借口。

鉴于此，对《刑事诉讼法》第148条进行限缩是十分有必要的，将运用技术侦查措施的条件具体化、细致化,避免侦查权力的滥用。具体修改有二:一是增加了"刑罚标准",由于一般案件的性质相对轻微,只有在可能判处七年以上有期徒刑的犯罪案件中才可以使用技术侦查措施追捕,这是合乎比例原则的。将刑罚定为 7 年有期徒刑,既符合我国刑事司法实践,而且同国际接轨。域外发达国家多以 5 年有期徒刑作为适用技术侦查措施的分界点,如意大利《刑事诉讼法》第 266 条规定对非过失犯罪和妨害公共管理的犯罪实施监听的必要条件为应处无期徒刑或 5 年以上有期徒刑,考虑到我国刑罚设置较重,适当提高为 7 年有期徒刑。二是增加了案件类型,并非所有可能判处 7 年以上有期徒刑的犯罪案件都可以适用技术侦查措施,必须是暴力犯罪案件和利用或者针对电信、计算机网络实施的犯罪案件。这两类犯罪案件的共同特点是社会危害性大,影响恶劣,如果单纯依赖传统侦查措施,此类案件将耗费大量的人力物力财力,尤其是利用或者针对电信、计算机网络实施的犯罪。利用技术侦查措施,可以节约司法资源,有效地获得犯罪证据。

(二)对"经过严格的批准手续"的细化

《刑事诉讼法》在"技术侦查措施"一节中规定技术侦查措施的适用需要经过批准,虽然刑事诉讼法第 148 条~151 条规定了批准的案件范围、适用期限、措施种类等,但是没有对批准程序做出具体规定,仅模糊的规定"经过严格的批准手续"。尤其是批准机关的模糊化,极易导致侦查机关自我批准、自我监督。

纵观法治发达国家的立法和实践可知,技术侦查措施的批准往往实行司法令状主义,法院被赋予了决定权。但是从可行性的角度考虑,如果在中国引入法官司法审查制度,则必然改变现行的司法体制,因涉及整个体制的重新构建,变革成本可以说将会是巨大的①。结合我国司法实践,将公安机关的技术侦查措施批准决定权赋予人民检察院是较为可行的一种方案。将技术侦查措施的审批权限设定为

---

① 郝宏奎主编:《侦查论坛》(第六卷),中国人民公安大学出版社 2007 年版,第 291 页。

"设区的市一级以上的公安机关报同级检察机关批准",是出于严格技术侦查措施审批手续的目的。

为了应对职务犯罪所呈现的高发态势,技术侦查措施更为频繁地在职务犯罪案件中得到运用。同公安机关相比,检察机关适用技术侦查措施的审批手续具有一定的特殊性,将检察机关的技术侦查措施批准手续"上提一级",由"设区的市一级以上的检察机关报上一级检察机关批准"。检察机关在刑事诉讼中行使侦查监督和审查批捕等权力,但对于检察机关的自侦案件则缺乏有效监督,而技术侦查措施作为一把"双刃剑",在发挥打击职务犯罪功能时,不应实行自我审批的模式。检察机关采取技术侦查措施的审批手续"上提一级",是借鉴了自侦案件审查批准程序的设置。最高人民检察院《规则》第327条规定,省级以下(不含省级)人民检察院直接受理立案侦查的案件,需要逮捕犯罪嫌疑人的,应当报请上一级人民检察院审查决定。第328条具体规定了申请手续:"下级人民检察院报请审查逮捕的案件,由侦查部门制作报请逮捕书,报检察长或者检察委员会审批后,连同案卷材料、讯问犯罪嫌疑人录音、录像一并报上一级人民检察院审查,报请逮捕时应当说明犯罪嫌疑人的社会危险性并附相关证据材料。"

将技术侦查措施的审批手续由上一级检察院决定的,部分解决了检察机关自侦案件审批缺乏中立性的问题,有利于强化技术侦查措施的严格实施。

(三)明确技术侦查的必要性原则

《刑事诉讼法》第148条第3款的规定,"追捕被通缉或者批准、决定逮捕的在逃的犯罪嫌疑人、被告人,经过批准手续,可以采取追捕所必需的技术侦查措施"。《刑事诉讼法》第153条规定的发布通缉令的条件是"应当逮捕的犯罪嫌疑人如果在逃,公安机关可以发布通缉令"。这说明适用对象是否符合逮捕条件成为采取技术侦查措施的重要因素。《刑事诉讼法》第79条规定对于逮捕的标准是"对有证据证明有犯罪事实、可能判处徒刑以上刑罚的犯罪嫌疑人、被告人,采取取保候审尚不足以防止发下列社会危险性……"。而我国《刑法》规定的大部分犯罪均可能判处徒刑以上刑罚，这意味着在我国实践中高逮捕率、高羁押率的环境下，几乎所有的犯罪嫌疑人、被告人均有被逮捕的可能性，进而其在逃或被通缉时均属于适用技术侦查措施的对象。对于这类案件如果不加区分地使用技术侦查措施，也就违背了比例原则中最后手段原则的要求。

针对"追捕被通缉或者批准、决定逮捕的在逃的犯罪嫌疑人、被告人"的案件，只有在穷尽一般侦查措施而有采取技术侦查措施之必要时，才能适用技术侦查措施。即使某些案件满足"刑罚标准"，但是在案情十分简单明了的情况下运用技术侦查措施，是对紧缺诉讼资源的一种极大浪费，而且也不符合比例原则的要求。

二、新增技术侦查解除后执行机关的通知义务

[新条文]

第一百四十九条 批准决定应当根据侦查犯罪的需要，确定采取技术侦查措施的种类和适用对象。批准决定自签发之日起三个月以内有效。对于不需要继续采取技术侦查措施的，应当及时解除；对于复杂、疑难案件，期限届满仍有必要继续采取技术侦查措施的，经过批准，有效期可以延长，每次不得超过三个月。除无法通知或通知有碍侦查的情形以外，技术侦查措施解除后，应当由执行机关通知被采取技术侦查措施的人员。

[原条文]

第一百四十九条 批准决定应当根据侦查犯罪的需要，确定采取技术侦查措施的种类和适用对象。批准决定自签发之日起三个月以内有效。对于不需要继续采取技术侦查措施的，应当及时解除；对于复杂、疑难案件，期限届满仍有必要继续采取技术侦查措施的，经过批准，有效期可以延长，每次不得超过三个月。

● **说明及理由**

在一定期限对于公民采取技术侦查措施没有预期的效果，即应终

止。因为在此情况下，以公民的重大宪法性权利和昂贵的司法资源为代价的技术侦查措施并没有发挥准确、迅速、有效地打击犯罪的作用。在解除对公民的技术侦查措施之后，首要问题便是是否应当通知被采取技术侦查措施的人员，其曾被侦查机关秘密采取技术侦查措施。

《刑事诉讼法》所规定的三种技术侦查措施中，电子监控包括了对公民的通讯监听等手段，对于公民的隐私侵害最大，而且在秘密状态下实施证据材料收集，这一特性决定了侦查机关不能向被监听人出示监听决定书后再进行监听。所以监听结束后，应通知被监听人已受监听的事实、监听的期限以及被监听的理由等相关事项，赋予其事后请求救济的机会与途径①。德国《刑事诉讼法》第 100 条 c 款规定，在监听结束时，一旦对于侦查目的、公共安全、他人人身或生命不会构成危险，即应将采取的措施通知利害关系人。意大利《刑事诉讼法》第 268 条规定，监听在一般情况下应通过检察机关院内的设备进行，在紧急情况下，可以通过公用设备或司法警察的设备；司法警察官监听时所制作的笔录和录音应当移送给检察官，并通知当事人有权查阅有关文书和录音。遗憾的是，无论是刑事诉讼法还是相关司法解释和行政解释，仅规定了侦查机关的事前审批程序，未规定侦查机关事后通知被监听人这一程序。在世界范围内，对于监听的事后通知主要有"强制通知"与"申请通知"两大立法例。前者系指为增强监听的透明度，消除公民的疑虑，执行机关应在监听结束后通知被监听人②。后者是指为了减轻执行机关的工作任务和不必要的劳费，执行机关可以在被监听人提出申请后再告知。针对我国公民权利意识和侦查机关法治意识都比较薄弱的现状，由公民在事后申请无疑会大大降低事后通知的实际执行效果。因此，采取"强制通知"原则较为适宜。

---

① [台]陈运财：《监听之性质及其法律规范》，《东海法学研究》第 13 期。
② [台]梁世兴：《监听与违法证据排除》，《中央警察大学法学论集》第七卷，第 128 页。

三、设立通过技术侦查措施所收集证据材料的非法证据排除规则

[新条文]

第一百五十条 采取技术侦查措施，必须严格按照批准的措施种类、适用对象和期限执行。

侦查人员对采取技术侦查措施过程中知悉的国家秘密、商业秘密和个人隐私，应当保密；对采取技术侦查措施获取的与案件无关的材料，必须及时销毁。

采取技术侦查措施获取的材料，只能用于对犯罪的侦查、起诉和审判，不得用于其他用途。

公安机关依法采取技术侦查措施，有关单位和个人应当配合，并对有关情况予以保密。

采取技术侦查措施收集的材料在刑事诉讼中作为证据使用的，适用本法第五十四条至五十八条的规定。

采取技术侦查措施收集的材料，违反本法第一百四十八条、第一百四十九条、第一百五十条的规定的，应当予以排除。

[原条文]

第一百五十条 采取技术侦查措施，必须严格按照批准的措施种类、适用对象和期限执行。

侦查人员对采取技术侦查措施过程中知悉的国家秘密、商业秘密和个人隐私，应当保密；对采取技术侦查措施获取的与案件无关的材料，必须及时销毁。

采取技术侦查措施获取的材料，只能用于对犯罪的侦查、起诉和审判，不得用于其他用途。

公安机关依法采取技术侦查措施，有关单位和个人应当配合，并对有关情况予以保密。

● **说明及理由**

（一）采取技术侦查措施收集的材料在刑事诉讼中作为证据使用的，适用本法第 54 条至 58 条的规定

本款设立了通过技术侦查所获取的证据的非法证据排除规则。侦查机关将科学技术手段运用于追诉犯罪，但技术侦查措施具有极易侵害公民宪法性权利的特点，决定了以法律的形式限制和规范监听的适用也就成为必然要求。虽然侦查机关广泛运用技术侦查措施，对打击犯罪发挥着重要作用。但是，由于 1996 年《刑事诉讼法》并未就技术侦查措施的证据采纳问题予以规定，侦查机关采取技术侦查措施所获取的只是证据材料，并不具备证据资格。2012 年《刑事诉讼法》再次修正，技术侦查措施受到刑事诉讼法的规范和明确，第 152 条规定，"依照本节规定采取技术侦查措施收集的材料在刑事诉讼中可以作为证据使用。"这就赋予了采取技术侦查措施所获取的证据材料在刑事诉讼法层面上的证据资格。但作为本次修法一大亮点的非法证据排除规则仅适用于言词证据和物证、书证，违反法律规定收集的视听资料则未被提及，这就导致技术侦查措施中收集的部分证据材料游离于非法证据排除规则的规制和约束之外。

中国的非法证据排除规则分别设立了对言词证据的"绝对排除"和对实物证据的"相对排除"的体系。根据相关法律规定，绝对排除只适用于侦查机关采用刑讯逼供等非法手段取得的犯罪嫌疑人、被告人供述和采用暴力、威胁等非法手段取得的证人证言、被害人陈述。这些非法言词证据绝对不得在法庭的裁判中加以适用，不得作为法庭裁判的根据，也不存在通过事后程序补救的可能性。非法言词证据在我国之所以会被强制排除，主要在于言词证据具有不同于实物证据和视听资料的自身特点，即言词证据的可靠性受外界影响较大，刑讯逼供和采用暴力、威胁等非法手段取得的言词证据具有不可靠的危险，最终呈现出的内容极易被人为塑造。而技术侦查措施获取的证据材料却因为真实性受到取证手段影响最小而未被纳入非法证据排除规则

中。《刑事诉讼法》所规定的技术侦查措施包括三种，即技术侦查、隐匿身份侦查、控制下交付。使用这三种侦查措施所获得的证据多为证人证言、录音录像等视听资料和犯罪工具、违禁品等物证。我国法律规定中隐含的是对非法证据可靠性的担心，是防止案件事实认定出现错误的心态。这一点突出地体现在刑事诉讼法"相对排除"程序中，物证、书证的排除依赖于法官对取证的违法程度和对法庭裁判的重要性等因素的衡量，并最终由法官决定是否在法庭的裁判中加以适用。在对不同证据的排除态度上，刑事诉讼法虽然体现了保障人权的立场，对违反法定程序的证据加以排除，但同时根据取证手段对证据真实性的不同影响，分别设立了"绝对排除"和"相对排除"，而技术侦查中电子监控获取的证据表现形式——视听资料，却因为真实性受取证手段影响最小而未被纳入非法证据排除规则中。法官在法庭裁判中审查判断的目的在于确保证据的真实性，而非取证手段的合法性，这就使得技术侦查措施部分游离于我国非法证据排除规则之外。

是否将技术侦查措施纳入非法证据排除规则，在一定程度反应了打击犯罪与保障人权之间的冲突。技术侦查措施相较于传统侦查措施，更易对公民的宪法性权利造成侵害，在取证手段上也更易出现违宪行为。因此，将监听行为纳入非法证据排除规则有其内在的合理性和必要性。

（二）采取侦查措施收集的材料，违反本法第148条、第149条、第150条的规定的，应当予以排除。

如前所述，前款已经将技术侦查措施所获证据材料纳入非法证据排除规则的框架之中，区分为"绝对排除"和"相对排除"，从实践考虑，将轻微违法获得的证据材料一概加以排除是不现实的，侦查机关前期收集的证据材料一旦被绝对排除，就可能使侦查工作毁于一旦，不得不重新进行侦查活动，这种做法在目前司法资源紧缺的情况是难以为继的。但是，对于一些严重违反了刑事诉讼程序而适用技术侦查措施的情形，继续采用技术侦查措施所获取的证据材料是极不适当的。违反法定程序采取的技术侦查措施，不仅仅违反了法律的强制性规定，而且对公民基本人权造成了严重侵害，在程度上同刑讯逼供等非法取证手段基本相同。由于侦查人员在主观上恶意违反法定程序，客观上严重违反基本法律原则，造成了侵害公民基本权益的恶劣后果，其所涉及的法律程序已不再是技术性的程序瑕疵。为了保障公民基本人权，抑制侦查权，对于此类技术侦查措施获得的证据材料应当绝对予以排除。有必要对此在法律草案中进行特别规定，以凸显对于此类违法行为的否定评价。因此，违反法定程序采取技术侦查措施的，应当特别规定绝对予以排除。

技术侦查措施的法定程序涉及监听的合法性要件，《刑事诉讼法》第148条、第149条、第150条包括了技术侦查措施适用的案件范围、期限和被采取技术侦查措施的对象范围，这些合法性要件共同构成了技术侦查措施的适用界限，确保技术侦查措施仅在必要的范围内适用。

根据《刑事诉讼法》及相关的司法解释、行政解释，技术侦查措施的法定程序要件包括重大案件的范围、法定期限和被采取技术侦查措施的对象范围。具体的技术侦查措施只有在同时符合上述程序时才是符合法定程序的侦查行为。违反法定程序的技术侦查措施主要有以下三种类型：一是超出法定的案件范围。《刑事诉讼法》第148条列举的罪名可以称为适用技术侦查措施的"罪名条件"。二是逾越法定期限。《刑事诉讼法》第149条规定，"批准决定应当根据侦查犯罪的需要，确定采取技术侦查措施的种类和适用对象。批准决定自签发之日起三个月以内有效。对于不需要继续采取技术侦查措施的，应当及时解除；对于复杂、疑难案件，期限届满仍有必要继续采取技术侦查措施的，经过批准，有效期可以延长，每次不得超过三个月。"适用技术侦查措施的代价是公民的重大宪法性权利和昂贵的司法资源，因此，将技术侦查措施限定在一定期限内对于保障人权和节省资源都有重要意义。不仅如此，在证据材料已经收集完成，没有继续监听之必要时，继续采取技术侦查措施也是违法侦查行为。三是扩大被采取技术侦查措施的对象范围。《刑事诉讼法》第150条规定，"采取技术侦查措施，必须严格按照批准的措施种类、适用对象和期限执行"。刑事司法实践中犯罪嫌疑人往往不直接参与有关通信活动，而是指使与被采取技术侦查措施的犯罪案件无关的第三人传递犯罪信息，因而侦查机关有必要对该第三人适用技术侦查措施。但是，该第三人必须同样符合《刑事诉讼法》技术侦查措施一节的规定，否则，扩大被采取技术侦查措施的对象范围也是违法侦查行为。

图书在版编目（CIP）数据

中国网络法律规则完善思路·刑诉法卷／田刚主编．—北京：中国法制出版社，2016.1
（法学格致文库系列／于志刚主编）
ISBN 978－7－5093－6809－1

Ⅰ.①中… Ⅱ.①田… Ⅲ.①计算机网络－刑事诉讼法－研究－中国 Ⅳ.①D922.174②D925.204

中国版本图书馆 CIP 数据核字（2015）第 249828 号

策划编辑／刘　峰（52jm.cn@163.com）
责任编辑／孙璐璐　　　　　　　　　　　　　　　封面设计／杨泽江

中国网络法律规则完善思路·刑事诉讼法卷
ZHONGGUO WANGLUO FALÜ GUIZE WANSHAN SILU·XINGSHISUSONGFAJUAN

编者／田刚
经销／新华书店
印刷／北京京华虎彩印刷有限公司
开本／640 毫米×960 毫米 16　　　　　　　印张／14.5　字数／172 千
版次／2016 年 1 月第 1 版　　　　　　　　　2016 年 1 月第 1 次印刷

中国法制出版社出版
书号 ISBN 978－7－5093－6809－1　　　　　　定价：49.00 元

北京西单横二条 2 号　　　　　　　　　值班电话：010－66026508
邮政编码 100031　　　　　　　　　　　传真：010－66031119
网址：http://www.zgfzs.com
市场营销部电话：010－66033393　　　邮编辑部电话：010－66037087
　　　　　　　　　　　　　　　　　　邮购部电话：010－66033288

（如有印装质量问题，请与本社编务印务管理部联系调换。电话：010－66032926）